国家社科基金
GUOJIA SHEKE JIJIN HOUQI ZIZHU XIANGMU
后期资助项目

U0825285

新型城镇化背景下的工业用地效率研究

Study on Industrial Land Efficiency under the Background of New Urbanization

郭贯成 等 著

科学出版社
北 京

内 容 简 介

本书构建了新型城镇化影响工业用地利用效率的分析框架，从宏观和微观两个尺度系统研究了新型城镇化背景下工业用地的利用效率；全面分析了我国省级新型城镇化发展水平和工业用地效率的现状、变化趋势与特征，探讨了新型城镇化对工业用地利用效率的影响机理；以江苏工业企业为例，研究了不同经济发达区域工业企业用地效率、同一行业不同地域工业企业用地效率以及全域全行业工业企业用地效率，并分析影响工业行业用地效率的因素；从地方政府、企业和员工等不同利益主体的视角，对工业用地社会效率进行了深入、系统研究，体现了新型城镇化“以人为本”的根本要求。

本书可以为土地资源管理、城市经济与管理、产业经济等领域的学者及决策者提供参考。

图书在版编目（CIP）数据

新型城镇化背景下的工业用地效率研究 / 郭贯成等著. —北京：科学出版社，2021.11

ISBN 978-7-03-070837-3

Ⅰ. ①新… Ⅱ. ①郭… Ⅲ. ①城市-工业用地-土地利用-研究-中国 Ⅳ. ①F429.9

中国版本图书馆 CIP 数据核字（2021）第 256958 号

责任编辑：陶　璇 / 责任校对：贾娜娜

责任印制：张　伟 / 封面设计：无极书装

科学出版社 出版

北京东黄城根北街 16 号

邮政编码：100717

http://www.sciencep.com

北京中石油彩色印刷有限责任公司 印刷

科学出版社发行　各地新华书店经销

*

2021 年 11 月第　一　版　开本：720×1000　1/16

2021 年 11 月第一次印刷　印张：13 1/2

字数：270 000

定价：135.00 元

（如有印装质量问题，我社负责调换）

国家社科基金后期资助项目
出版说明

后期资助项目是国家社科基金设立的一类重要项目，旨在鼓励广大社科研究者潜心治学，支持基础研究多出优秀成果。它是经过严格评审，从接近完成的科研成果中遴选立项的。为扩大后期资助项目的影响，更好地推动学术发展，促进成果转化，全国哲学社会科学工作办公室按照“统一设计、统一标识、统一版式、形成系列”的总体要求，组织出版国家社科基金后期资助项目成果。

全国哲学社会科学工作办公室

本书得到国家社会科学基金后期资助项目“新型城镇化背景下的工业用地效率研究”（18FJY019）的资助

目　　录

第一篇　总　　论

第二篇　新型城镇化背景下工业用地效率研究：宏观尺度

第三篇 新型城镇化背景下工业用地效率研究：微观尺度

第四篇 总 述

第一篇

总　论

第1章 绪　论

1.1 研究背景

土地制度变革开启了中国的全面改革与转型。1978~2017年，中国的国内生产总值（gross domestic product，GDP）年均增长率高达14.49%，工业增加值率年均增长13.77%，城市化率年均提高3%以上，被称为“经济奇迹”（林毅夫，2018）。工业作为驱动城市进步、带动区域发展、拉动经济增长的关键动力之一，在中国经济社会发展中发挥着重要影响。基于世界上最大的发展中国家的角色定位，中国快速而又极具规模的工业及城市化过程共同促进了各行各业的迅速发展。进入21世纪，中国从一个农业大国开始逐渐向工业大国转变，工业门类逐渐齐全，工业结构日趋完整，工业创新与日俱进，工业生产技术不断提高。2018年全部工业增加值达到305 160亿元，比2017年增长6.1%；以工业为主体部分的第二产业在GDP比重中高达40.7%。然而，高速增长的“工业经济”福利是建立在资源消耗和环境成本之上的，粗放、浪费、低效率的工业用地运作方式成为中国工业化模式的显著标签，低廉的工业用地价格同时支撑这一进程。中国城市中心区的工业用地比例达到21.79%，而该指标在国外不超过10%。中国300多个国家级开发区经过整体调查统计，工业用地容积率仅为0.83左右，接近50个开发区工业整体用地容积率均处于0.5以下（郑凌志，2013）。

党的十八大提出了新型城镇化，开启了中国新型城镇化的新征程。2014年3月，《国家新型城镇化规划（2014~2020年）》正式发布。2019年，国家发展和改革委员会发布了《2019年新型城镇化建设重点任务》，提出了以人的城镇化为核心，推动大中小城市协调发展等任务，这对于优化我国城镇化布局和形态，进而推动新型城镇化高质量发展具有重大的积极意义。在国家推进新型城镇化的战略任务上，如何提高工业用地利用效率是亟待厘清和解决的问题。

毋庸置疑，工业化能极大地促进我国经济社会的快速发展，但是长期以低廉的工业用地价格和粗放的用地方式支撑的高速增长难以为继（陈伟，2014）。特别是20世纪90年代中期以来，我国城镇化、工业化进程明显加快，建设用地需求剧增，全国各地工业用地大量供给，大量耕地被侵占，严守 18 亿亩（1 亩≈666.67 平方米）耕地保护红线已成为全社会的共同责任（陈立定，2013）。工业用地供需矛盾的严峻形势在短期内难以改变，如果不破解这一供需矛盾，将严重制约我国经济长期的持续健康发展和全面建成小康社会目标的顺利实现。

已有研究数据表明，城市扩张与工业用地规模膨胀、利用粗放有直接关系。中国城市中心区的工业用地面积占城市面积的比例是 21.8%，远远超出了国际平均标准的 10%（贾宏俊等，2010）。许多重点城市的工业用地面积占比则更高。例如，2015 年上海、苏州和宁波的工业用地面积占比分别为 25.1%、28.4%和 36.6%（严思齐等，2018）。可见，在我国城镇化快速推进和工业化水平迅速提升的今天，许多城市的工业发展都属于粗放型模式，片面追求总量的飞跃，忽视了效率的提升（张源和周丽亚，2007）。同时，我国已经进入城镇化的加速发展阶段（朱莉芬和黄季焜，2007）。2013 年相较于 1978 年，城镇常住人口增加了 5.8 亿人，城镇化率提升了 35.83%，城镇化率基本达到世界平均水平。预计到 2030 年，我国城镇化率将达到 70%，人口将达到 14.85 亿人的高峰。未来 20 年是我国城镇化推进最剧烈的时期。

在宏观工业行业转型升级的背景下，基于不同行业的工业用地效率微观分析同样不可或缺。从微观企业用地入手，从不同工业行业类别入手，才能由点及面真正带动整个工业体系的转型升级。长三角地区是中国经济发展最为强劲与活跃的区域之一，由于其发展早，根基深，传统与现代并存，落后产能与先进产业并存，故也是面对工业行业转型升级，实现工业用地节约、高效利用最为紧迫的地区之一。江苏在长三角经济区具有十分重要的战略地位，尤其是苏南地区，作为长三角“两翼”中的“一翼”，更加显示其地域的重要性。同时，江苏是我国工业强省，工业用地利用管理走在全国前列，具有一定的示范性和典型性。本书以江苏省为例，从微观尺度方面对新型城镇化背景下的工业用地效率展开研究。

总之，从目前全国范围内普遍存在的工业用地低效利用问题的严重程度来看，坚持新发展理念，集约利用土地，切实转变经济发展方式，实现产业优化升级和工业用地效率提升是现阶段必须要坚持的正确道路且刻不容缓。由于城镇化在未来将继续其增长趋势，以及新型城镇化要求城镇化在推进模式上发生转变，如何推动城镇化又快又好地发展、如何发挥城镇化和工业化的交互作用来促进工业用地效率的提高等，这些问题成为社会各界近年来极为关注的焦点，对这些问题的探索也显得尤其重要。考察新型城镇化背景下工业用地利用效率的影响因素以及提高工业用地效率将成为破解经济发展瓶颈的一个重要出口，具有重要的理论意义和实践意义。另外，本书从微观企业数据入手，对工业用地效率的行业间差异以及地域间差异进行对比分析研究，针对性地提出更加合理的政策建议，以期更好地协调经济社会发展和工业用地效率之间的关系，同时也为今后有关部门制定产业转型升级政策，实行因地制宜的差异化发展方式与优化国土空间战略提供理论依据。

1.2 研究目的及研究意义

1.2.1 研究目的

本书在明晰（新型）城镇化、工业用地、工业用地利用效率相关概念的基础上，构建了一个基于城镇化、工业要素投入改变、工业用地报酬曲线移动的理论框架。在宏观尺度上，测算和分析我国省级行政区域城镇化水平与工业用地利用效率，以及两者之间的耦合关系，检验城镇化对工业用地利用效率的促进作用，从而为提高城镇化水平以促进工业用地利用效率提升和利用方式转变提供依据和参考。在微观尺度上，以江苏省工业用地调查的工业企业数据为基础，分别测算不同区域、不同行业、不同等级开发区工业用地效率，以及影响工业行业用地效率的因素，并在新型城镇化背景下从利益相关者视角探讨工业用地社会效率，从而为政府制定工业政策、提高工业用地效率提供相关理论与实证支撑。

具体来说，主要有下述几个方面的目标。

（1）根据新型城镇化的内涵建立评价指标体系，对不同等级行政区域的城镇化水平进行定量评价，从而对分析期内全国城镇化发展总体水平、发展质量与重心有所了解。

（2）通过辨析土地生产率与效率，选择合适的方法对不同等级行政区域工业用地利用效率进行测算，试图阐明当前我国工业用地利用效率的总体水平、区域差异与分布特征。

（3）分析、识别城镇化对工业用地利用效率产生影响的作用路径，对新型城镇化影响工业用地利用效率的机理进行总结，并借助经验数据验证新型城镇化对工业用地利用效率具有正向作用。

（4）以江苏省工业用地调查的工业企业数据为基础，分别从地级市层面、行业层面、开发区层面测度工业用地利用效率，将江苏省 13 个地级市、各用地行业、开发区各用地行业抽象化为具有相同投入产出指标的体系的工业生产单元，对各个单元的工业用地效率进行比较研究，以期发现工业企业用地效率差异的规律。

（5）在考虑空间因素的条件下，运用探索性空间数据分析法和空间经济计量模型，研究新型城镇化背景下江苏省工业企业的用地效率空间分布及其影响因素，并从利益相关者视角探讨工业用地社会效率的区域差异及其影响因素。

1.2.2 研究意义

1. 理论意义

我国工业用地的低效利用具有一定的普遍性，目前在学术研究上，少数学者针对工业用地整体效率进行过研究，有的采用一种或多种评价方法对工业用地效率进行综合评价，有的通过构建工业用地效率评价模型进行测算，还有的采用非参数估计方法评价工业用地效率。目前的研究大多测算的是工业用地综合效率，未分离出单纯的土地效率，研究方法需要进一步完善。

基于此，本书尝试宏观和微观结合，运用 DEA（data envelopment analysis，数据包络分析）理论方法构建模型对工业行业用地效率进行测算，以期弥补现有研究的不足。紧密结合新型城镇化发展和转变经济发展方式的时代背景，通过全国省级行政区域城镇化水平的动态评价揭示城镇化发展水平和模式转变的规律；科学选择并构建工业用地利用效率的测度方法，更加清晰地反映工业用地要素的效率特征；利用利益相关者理论，从地方政府、企业和员工等不同利益主体的视角，对工业用地社会效率及其影响因素进行深入、系统的研究，体现了新型城镇化“以人为本”的根本要求。本书有效结合土地经济学、新经济地理等相关理论，深入、系统地研究了新型城镇化对工业用地利用效率影响的内在机理，提出在新型城镇化背景下工业用地利用效率的提升路径，扩展了相关主题的研究方向和思路，丰富了土地评价学科的内容，为构建工业用地长效管理机制提供了科学依据。

2. 实践意义

宏观尺度研究的实践意义主要体现在两个方面：一方面，对新型城镇化发展水平进行定量评价，有利于综合全面地了解我国城镇化发展水平现状、变化趋势与特征。另一方面，通过科学测度不同区域工业用地利用效率，客观反映工业用地利用水平的变化趋势，并从新型城镇化的角度探讨工业用地利用效率的影响因素与影响机理，为实现“十三五”期间推进以人为核心的新型城镇化、工业结构升级与布局优化等目标提供科学依据，有助于达成城镇化推进和工业用地利用效率提高的双赢局面。

以江苏省工业调查企业为例的微观尺度研究，一方面能够摸清现江苏省工业企业用地效率的现状，揭示区域间、行业间工业用地效率差异的规律；另一方面，可以为江苏省改善工业企业用地效率、实现工业转型升级提供有针对性的政策建议。

1.3 国内外研究进展

目前国内外对城镇化和工业用地的研究非常丰富，涉及面也较广，通过对文献回顾可以发现相关研究主要集中在以下方面：工业用地相关研究；城镇化相关研究；城镇化与土地利用效率的关系研究；等等。

1.3.1 工业用地相关研究

20 世纪初德国著名经济学家、社会学家阿尔弗雷德·韦伯（Alfred Weber）在他的著作《工业区位论》中系统阐述了工业区位和企业选址的问题，由此开启了国内外学者对于工业用地的研究。目前国内外对工业用地的研究非常丰富，涉及面也较广，通过对已有文献的回顾可以发现，工业用地的研究主要集中在以下方面：基于供求关系理论的工业用地需求的研究；基于区位理论的工业用地优化布局研究；基于价值理论的工业用地价格研究；基于 DEA 的工业用地效率研究；等等。基于本书的研究内容，主要阐述集约利用与利用效率两方面的已有研究。

1. 工业用地集约利用研究

对于土地集约利用的研究始于对农地利用的研究，由大卫·李嘉图（David Ricardo）等古典政治经济学家们在地租理论中提出。经典的地租理论指出土地集约利用是在单位面积的土地上，集中加大物质生产资料和劳动力等要素的投入，并且运用先进的技术，采取科学的管理方法，以求在较少土地资源上获得高额产量，取得高额收入的一种农业经营方式（陶志红，2000）。毕宝德（2005）指出，合理的土地集约利用一方面要看到当时整个社会环境对产品的需求状况、整个农业科学技术生产发展的水平以及当前条件下的投入能力；另一方面还要看到土地资源本身的肥力状况，如其内含的化肥结构、有机质含量状况、土地区位条件、交通状况等。可见，土地集约利用是研究一定区域范围的土地资源利用状况、变化趋势的重要内容（伊利和莫尔豪斯，1982）。随着研究的深入，集约利用已经从农地推广到其他类型的土地用地。最直接研究土地合理集约度的经典理论当推土地报酬递减理论。新古典学派创始人马歇尔（1981）发现土地报酬递减理论适用于各行各业中为了生活、生产等活动对土地资源进行的利用，很明显土地报酬递减规律所阐释的核心是在生产、生活中土地要素的合理投入问题，集中表现就是研究土地资源的合理集约度。Hui 等（2015）通过主成分分析法建立城市土地利用集约度指数，然后应用结构方程模型对城市规模与土地集约利用耦合关系进行实证研究。研究结果表明，城市土地集约利用程度对城市规模既有正向影响，也有负向影响。特别是，土地与资本的集聚效应是正的，但两者之间的替代效应是负的。D’Amato 等（2019）分析了包括工业用地等在内的土地集约利用行业的公司在循环经济、绿色经济和生物经济发展方面如何与可持续发展理念保持一致的问题。

国内对工业用地集约利用的理论研究和应用研究都较丰富，尤其是应用研究文献众多。谭丹等（2008）从企业角度建立了土地集约利用评价指标体系。在问卷调查的基础上，对江苏省常州、南通、盐城电机设备制造业用地集约利用水平进行了评价。赵小风等（2011）从用地结构、强度、投入和产出等 4 个维度建立工业行业土地集约利用的评价指标体系，引入实码加速遗传算法，很好地估计了省域的工业用地状况。黄金升等（2015）运用对比分析的方法，通过与国家、地区工业用地控制标准的对比，采用了熵权法的权重赋值方法，测算义乌市的工业用地集约度，并与 AHP（analytic hierarchy process，层次分析法）测算结果进行对比，指出现有的工业用地控制标准有待进一步完善。曹文慧等（2016）在对典型工业企业调研的基础上，根据企业所属行业类型将工业企业划分为 10 类，通过 RAGA-AHP（real coding based on accelerating genetic algorithm-analytic hierarchy process，实码加速遗传算法–层次分析法）评价模型和多元回归模型测算江苏省不同类型工业企业用地集约度，剖析工业企业土地集约利用的影响机制。周咏馨等（2017）通过编制江苏省盐城市盐都区工业用地绩效编码，分析绩效编码的含义对工业用地集约利用现状的解释能力，验证责任定位法是科学实用的绩效评价方法。张洪等（2017）从用地结构、用地强度、用地投入和用地产出 4 个方面构建评价指标体系，利用数据测算出的综合分值分析云南省坝区不同工业行业之间以及行业内部各企业之间的集约利用水平差异。吴振华等（2018）对以往静态评价土地集约利用思维加以改进，提出了新型的动态评价模型，并建立了指标体系，运用改进的逼近理想解排序法对指标求权重后得出综合评价值，并以南昌小蓝经济技术开发区为例进行了案例研究。谢花林等（2015）基于可扩展的随机性的环境影响评估模型，估算了 2006~2015 年中国人口规模、财富水平、技术水平和 4 个具有代表性的工业用地集约利用指标对 CO_2 排放的影响。

2. 工业用地利用效率研究

城市土地利用效率研究方面有十分可观的学术产出，且研究的角度各异，方法新颖，发展与创新不断。Selvaggi 等（2018）从确定“第一作物用地需求”的标准公式中测算了生物甲烷工业用地效率。Ibrahim 等（2019）从水能—土地—粮食的角度评价了经济合作与发展组织（Organisation for Economic Co-operation and Development，OECD）成员国的效率，以确保今世后代的可持续性和环境生存能力，在跨国层面构建投入产出指标体系并引入综合和内在指标，以探究包括产业用地效率结果之间的相互联系。吴得文等（2011）基于 DEA 理论测算了我国 655 个城市的土地资源投入与产出效率和规模效率，并进行了深入分析与探讨。陈伟等（2015a）以我国 30 个省（区、市）为研究对象，构建容积率指数（volume rate index，VRI），分析了不同区域工业用地利用强度变化，并消除工业产业结构对不同区域工业用地面积的影响，在此基础上利用单要素 DEA 方法分析了全国 2001~2011 年不同区域工业用地利用效率的特征及变化趋势。谢花林等（2015）基于松弛变量模型分析了 2002~2012 年我国 6 个主要经济区城市工业用地利用效率的空间差异，然后用 Malmquist 指数揭示工业用地全要素生产率（total factor productivity，TFP）的动态变化，并对其做收敛性分析。聂雷等（2017）基于我国 238 个地级市 2000~2014 年的面板数据，利用 SBM-Undesirable 和 Metafrontier 模型，考察了共同前沿、群组前沿下不同类型城市的建设用地利用效率。

对工业用地效率方面的研究多是从较宏观的省或者国家的层面来对比研究，或者从工业园区、开发区等中观角度研究。方法多种多样，有综合评价、DEA 模型和 Cobb-Douglas 生产函数（以下简称 C-D 生产函数）等。朱明峰和朱潇璇（2011）以供地后投入建设的工业项目为研究对象，设计了与之紧密相关的 7 项指标，利用翔实的数据从项目特征值、项目所属产业、项目投资规模等角度进行分析，提出了提高工业项目投入与产出效率的多项措施。赵爱栋等（2016）使用随机前沿分析方法测算工业用地投入产出技术效率（technical efficiency，TE），基于2007~2013年中国省级面板数据，实证检验工业用地市场化改革对工业用地利用效率的影响及其区域异质性。罗能生和彭郁（2016）以规模以上工业总产值除以该城市的工业用地面积得到工业用地效率，研究2003~2011年全国102个主要城市工业用地效率年度变化以及不同层面的地方政府竞争对其产生的影响。许港（2019）基于信息不对称视角，从微观主体的效用函数出发，对城市工业用地集约利用效率的变化规律进行了研究，他认为，在信息不对称条件下，政府的土地配给行为使得项目的成功概率上升（风险下降），项目的期望产出水平上升，即等成本曲线发生移动，反而使得土地的集约利用效率出现上升。Sun等（2020）使用方差划分来比较工业用地效率决定因素的相对重要性，并运用地理加权回归来检验工业用地效率与潜在决定因素之间的空间非平稳关联，以验证开发区的建立对提高工业用地效率的重要影响。

1.3.2 城镇化相关研究

"Urbanization"被称为都市化、城市化或城镇化（以下均指城镇化），其概念提出至今已有一百多年的历史，国内外对城镇化的研究成果也很丰富。

测度城镇化水平的方法早期一般使用单一指标法，随着城镇化内涵的丰富，现在的研究多使用复合指标法。McGowan和Vasilakis（2019）在美国用一个自然实验研究了提高生产力的农业技术如何通过引发结构变化来影响城镇化水平。结果表明，随着经济活动从制造业和服务业向农业转移，提高作物生产率的技术导致经济城镇化水平及程度降低。这种影响持续性很强，是由技术推动的农业劳动力需求增加。Kalhor和Emaminejad（2019）利用不同卫星和任务的遥感数据评估城市化与土地覆被变化对地下水位波动的影响，认为城镇化与地下水变化之间的关系是存在的，研究的新方法可用于其他快速增长的城市，特别是中国和印度。

单一指标法具有代表性的是将城市人口作为城镇化指标，这也是国际上比较通用的对城镇化水平测度的简单方式。由于我国行政区划的复杂性，加之存在着人口统计口径的差异，故国内学者沈迟（1997）、张再生（1997）、马侠（1988）对传统的测度方法提出了改进，设计了符合我国国情的人口城镇化指标。此外，辜胜阻（1991）也探究了利用城镇化、工业化和非农化之间的相互关系来测度城镇化水平的方法。

近年来，单一指标测度方法经常受到质疑，考虑到城镇化水平不仅体现了一个地区人口的变化，还应当体现出当地的经济进步、环境改良、文化繁荣、社会生活水平提高等多个方面，因此越来越多的学者在对城镇化水平进行测度和分析时采用复合指标方法。欧名豪等（2004）以江苏省 13 个地级市为例，将城市化的过程看作社会、经济、文化等多种要素综合发展的过程，通过经济、空间、人口、生活质量等能够反映城市化内涵的 4 个方面来构造多指标综合评价体系。欧向军等（2008）从人口、经济、地域景观和生活方式4个方面的城镇化，以江苏省1991~2005年数据为例，并以熵值法确定权重，构建区域城市化水平评价体系。柯新利和马才学（2013）考虑到城镇化水平不仅包含了人口向城镇的集聚过程，还包括了经济结构的调整，经济增长方式的转换，社会结构的调整和生活方式的转变，空间结构的调整和土地利用方式的转变，因此从人口、经济、社会、土地等方面综合考察城镇化的发展水平。

从党的十八大提出“坚持走中国特色新型工业化、信息化、城镇化、农业现代化道路”到《国家新型城镇化规划（2014~2020）》的出台，关于新型城镇化的研究层出不穷。学者们也从各自研究的领域出发对新型城镇化的理论与实践问题展开了热烈的讨论。

姚士谋等（2014）从地理空间的角度认为应该加强重点小城镇和大中小城市协调发展，拒绝盲目“摊大饼”的模式胡乱开发；也从自然资源保护的角度出发提出当前中国新型城镇化应走因地制宜、节地、节水、节能、低碳经济的发展道路。张鸿雁（2013）认为要保证新型城镇化可持续发展，首先，从法理和法治的高度出发推行城镇化顶层设计的国家级战略模式，着重在城镇的产业分工体系和就业体系上创新。还有学者把关注的重点放在新型城镇化的协调思想上，认为新型城镇化的本质是“协调”，包括城乡协调、市场协调、内部协调、上下协调等内容（李小建和罗庆，2014）。同样基于发展协调度的评价体系，杨剩富等（2014）运用综合评分法、变异系数分析法、地统计全局趋势分析法等方法探索了2001年以来中部地区80个城市的城镇化发展协调度时空变化及形成机制。高宝棣等（2016）分别从人口城镇化、经济城镇化、空间城镇化 3 个维度及其相关关系出发，构建城镇化发展评价体系，选取山东省 2006 年、2013 年截面数据，运用均方差赋权法、耦合度分析法、Jenks 自然最佳断裂点分级法，比较分析了人口、经济、空间城镇化程度及其耦合协调的时空演变。杨彬和宁小莉（2017）基于“人口–经济–社会–空间”四位一体的研究视角，综合构建了城镇化测度指标体系，对 2000~2013 年吉林省城镇化发展的时空演变特征进行分析。朱艳娜和何刚（2019）采用灰色关联度综合评价模型，筛选人口、经济发展与生态环境综合指标，测度了2016年皖江示范区新型城镇化发展水平。李倩倩和董会忠（2020）以山东半岛蓝色经济区为研究对象，基于熵权可拓理论构建城镇化评价指标体系，对城镇化发展水平进行评价，结果表明山东半岛蓝色经济区城镇化发展水平在不断稳步提升，整体处于中等水平。马文月等（2019）从人口、经济、服务设施、宜居和城乡统筹 5 个方面构建新型城镇化发展水平评价的指标体系，分析评价了宁夏沿黄城市带的10个地区的新型城镇化发展水平。李海英（2019）依据国家规划构建了民族地区新型城镇化质量评价指标体系，运用熵值法对民族地区新型城镇化质量进行实证分析。

1.3.3 城镇化与土地利用效率的关系研究

城镇化与土地利用效率到底存在何种关系一直是学术界争论的问题，相关研究不在少数，但学者们的观点并不一致。

国外学者 Wieand（1987）研究发现城镇化能够促进生产要素集聚和高效利用，特别是土地这类生产要素。Braid（1988）、Lockeretz（1988）等认为由于城镇化造成城市人口的增长，故人口居住区开发挤占了大量工业用地，不利于土地的有效利用。Ramankutty 等（2002）从解决人口压力的角度出发，认为高质量的城镇化发展可以促使品质较劣的土地集约利用，从而解决大量人口的生存问题。廖进中等（2010）在对城镇化水平与城镇土地利用综合指数进行测算的基础上，通过建立动态计量模型对长株潭地区城镇化对土地利用的影响进行实证分析，发现城镇化水平与土地利用综合指数存在长期稳定的均衡关系。短期内，城镇化水平的提高会在一定程度上使土地利用状况恶化，但从长期来看，城镇化水平是影响土地利用综合指数的主导因素，它的提高有利于土地集约利用。Wu 等（2011）研究了城镇化政策的不同对土地利用变化造成的影响，虽然都会使农村面积减少、城市面积增加，但是如果采用计划政策，农村土地面积会有大幅度的下降，城市建设用地面积上升很缓慢，未利用土地面积略微减少；如果采用市场主导政策，城市建设用地面积上升幅度较大，农村土地和未利用土地面积的减少幅度较小。曹飞（2018）构建河南省城镇化和土地利用效率耦合度模型并进行分析，结果显示，全省城镇化水平和土地利用效率的耦合度水平要比耦合协调度水平差。

关于城镇化对工业用地影响的研究并不多，多从城镇化和工业化的关系入手研究两者的互动。国际经验表明，城镇化和工业化的发展在很长的历史阶段都是高度一致的，具有显著的正向相关性（姜爱林，2004）。城镇化的推进会影响地区资源要素的供给、需求及空间配置，从而影响产业结构的升级。以中国山东为例，通过Granger因果检验证明城镇化在工业发展中起到不容忽视的作用，但反过来产业结构对城镇化的推动却不明显（Han et al., 2012）。在省级层面，王军（2013）着重论证了甘肃省的城镇化与工业化之间存在一种自我协调、自我增强和自我循环演进的互动机制。王军和陈健（2013）则通过计算江苏城镇化率和工业化率发现了江苏省的工业化发展正处于中期阶段并且工业化和城市化互动发展中存在偏差。郭进和徐盈之（2016）研究认为城镇化与工业化协调发展包含工业化促进城镇化发展和城镇化带动工业化发展两个层面，采用非参数估计方法测算得出 2005~2012 年我国省级工业化促进城镇化发展水平和城镇化带动工业化发展水平均呈现出不断上升的趋势，但由于城镇化带动工业化发展水平的提升速度小于工业化促进城镇化发展水平的提升速度，故二者之间的差距不断扩大，且在省际呈现出较大的差异性。郭贯成等（2016）构建一般化的理论框架，探讨新型城镇化对工业用地利用效率的影响机制，基于 DEA 方法、全局主成分分析方法、个体固定效应模型，研究发现新型城镇化对工业用地利用效率具有显著的正向促进作用，并且中西部地区新型城镇化更能刺激工业用地利用效率的提升。陈国生等（2018）运用误差修正模型、脉冲响应函数和方差分解等现代计量经济学方法对新型工业化、新型城镇化与乡村振兴水平之间的关系进行实证研究，发现新型城镇化对新型工业化有正向影响，新型工业化对新型城镇化具有显著的正向效应，但这一效应会略微减弱并逐渐趋于稳定。任彧（2019）认为注重土地资源的优化配置，改进土地审批效率、优化用地结构和布局，可提升土地综合利用效率，推动绿色城市发展。何如海等（2020）以安徽省为研究区域，借助耦合协调评价模型，分析安徽省 2008~2017 年城镇化发展与土地集约利用之间的耦合协调关系。研究发现：安徽省城镇化发展和土地集约利用水平不断提高；城镇化发展和土地集约利用综合评价指数、耦合协调度等指标呈总体上升趋势。

1.3.4 研究综述

综上所述，现有研究已从理论、方法、实践等方面为本书的开展提供了广泛的参考。近年来对工业用地利用效率的研究多从设定具体函数形式或者构建指标体系出发对工业用地利用效率进行评价（赵爱栋等，2016；刘向南等，2016）；或者将工业用地利用效率作为一种工具，借以分析其他内容，如行业调整目标和产业结构发展方向（顾湘等，2006；罗能生和彭郁，2016）；或者有些学者虽然未直接提及工业用地利用效率，但是研究开发区闲置土地、新区建设等与工业用地联系紧密的相关问题（龙开胜等，2014；刘耀林等，2016；施建刚和徐天珩，2017）。关于城镇化对土地利用效率的影响研究则主要集中在对耕地的影响方面（Pandey and Seto，2015；Den et al.，2015；杨州等，2018）；或直接从计量关系上给出城镇化进程对土地利用效率的影响（彭冲等，2014；牛乐德等，2015；李佳佳和罗能生，2015；郭贯成等，2016）；或研究城镇化和土地利用效率的耦合关系（王芳萍等，2016；赵丹丹和胡业翠，2017）。

工业是我国国民经济的主导产业，但整体来看，当前针对工业用地的研究还较为薄弱，针对工业用地利用效率的系统性研究较为缺乏，已有研究多从土地产出、指标比较、扩张特征等方面对工业用地利用效益进行量化。从城镇化对工业用地利用效率的影响这一角度进行直接研究的文献并不多，现阶段大部分是关于城镇化与城市土地利用效率关系的研究，考虑到当前推进的城镇化建设在未来相当一段时间内，是我国经济能够持续发展，实现现代化宏伟目标的重要途径，而工业未来也将是国民经济的重要组成部分，工业用地利用效率的高低在很大程度上决定了我国工业发展的健康性与持续性，因此有必要将工业用地抽离出来进行重点研究。

目前对工业行业用地效率影响因素的研究还不够，现阶段对农用地和城市用地效率影响因素的研究相对丰富一些，运用的研究方法也各异，如时间序列、Tobit 回归分析、协整分析、脉冲响应函数、面板模型分析等，且在研究影响因素时并不力求全面。一些学者着重研究某一两个因素对土地利用效率的影响机制，有了更加深入的探讨。同时我们也看到对工业用地影响因素的研究依然较为薄弱。另外，目前的研究也没有深入探讨城镇化对工业用地利用效率的影响机制与途径。

鉴于此，本书将在分析工业用地对工业经济影响的基础上，紧密结合城镇化与工业用地利用效率的关系，分析新型城镇化影响工业用地利用效率的路径与机制。从宏观和微观的尺度，对新型城镇化背景下工业用地利用效率进行系统、深入、全面的研究，以弥补此类研究的不足。

1.4 研究内容与技术路线

1.4.1 研究内容

本书主要包括以下几个方面的研究内容。

（1）工业用地对工业经济的影响。本书采用中国 2006~2016 年地级市层面的面板数据，建立地理距离空间权重矩阵和工业产值比重加权的工业经济距离空间权重矩阵，构建空间计量面板模型，深入分析工业用地对工业经济的影响以及这种影响在东、中、西三大区域的差异。

（2）应用全局主成分分析法测算中国省级行政区域的城镇化水平。根据新型城镇化的内涵，搜集 2006~2016 年中国省级行政区域城镇化指标相关统计数据，应用主成分分析统计模型对其进行分析，计算出各地区城镇化水平评价的各主成分得分值及综合得分值。之后通过因子旋转，并对各公因子命名，考察城镇化发展模式的变化趋势。

（3）运用 DEA 方法测算中国省级行政区域的工业用地利用效率。选择中国省级行政区域作为工业用地利用效率的宏观决策单元，根据2006~2016年省域层面的工业产出与投入要素面板数据，采用单要素DEA测算省级工业用地利用效率，并通过传统分区和聚类分区两种方式考察工业用地利用效率的区域差异。

（4）工业用地利用效率与城镇化水平的耦合关系研究。首先对省级行政区域城镇化水平和工业用地利用效率进行比较分析，其次通过构建工业用地利用效率与城镇化水平的耦合系统，分析工业用地利用效率与城镇化水平的耦合协调度，探讨工业用地利用效率与城镇化之间的关系。

（5）分析新型城镇化对工业用地利用效率的影响机制。城镇化对工业用地利用效率具有多方面的影响。根据新型城镇化推进过程中的特征，围绕城市规模扩大、生产要素集聚、工业产业结构升级、技术创新与管理投入、各类投资增长等具体内容及视角，归纳新型城镇化对工业用地利用效率的影响路径及机制。从实证上检验城镇化对工业用地利用效率的影响，为制定工业用地利用效率提升的政策和措施提供参考与依据。

（6）江苏省工业企业用地效率行业与区域差异比较研究。在对江苏省城镇化与工业用地现状分析的基础上，从微观层面的工业企业入手，根据江苏省工业企业用地调查数据，在约束工业产出的情况下，分别从地级市层面、行业层面、开发区层面测度工业用地利用效率。将江苏省 13 个地级市、各用地行业、开发区各用地行业抽象化为具有相同投入产出指标的体系的工业生产单元，对各个单元的工业用地效率进行比较研究，以期发现工业企业用地效率差异的规律。

（7）江苏省工业企业用地效率影响因素研究。基于微观视角，依托2015 年江苏省工业用地调查数据，在考虑空间因素的条件下，运用探索性空间数据分析法和空间经济计量模型，研究新型城镇化背景下江苏省工业企业的用地效率空间分布及其影响因素。

（8）新型城镇化背景下江苏省工业企业用地社会效率研究。利用利益相关者理论，以江苏省工业企业用地为对象，从地方政府、企业和员工等不同利益主体的视角，对工业用地社会效率及影响因素进行研究。

（9）新型城镇化背景下工业用地效率提升路径研究。首先对国外工业用地利用管理的有益经验进行比较研究，在此基础上，从土地利用管理和工业发展两个方面分析工业用地效率提升的路径。另外，提出了宏观尺度的对策建议和微观尺度的对策建议。

1.4.2　技术路线

本书的技术路线如图 1-1 所示。

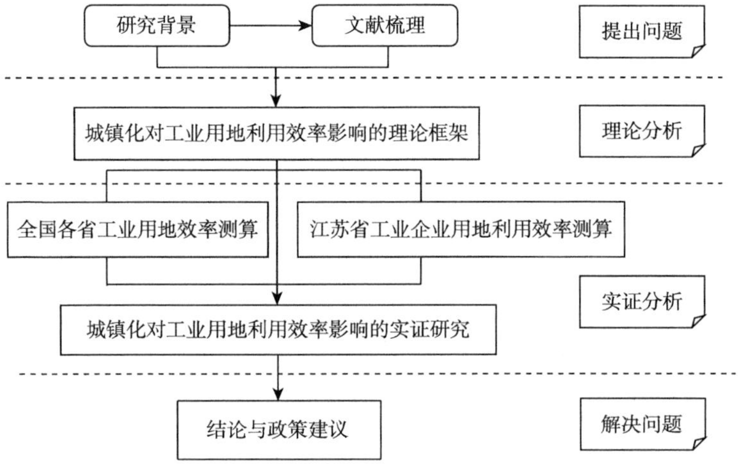

图 1-1　本书的技术路线

第2章 理论分析

2.1 城镇化与工业用地概念

2.1.1 城镇化与新型城镇化概念

“Urbanization”被称为都市化、城市化或城镇化，最早由西班牙工程师赛达于1867年在《城镇化基本理论》中提出（周一星，2007）。直到今天，“城镇化”尚未定论，仍是一个值得继续研究的概念，不同学科的众多学者们对于城镇化的定义有着各自的侧重点。

经济学家从经济理论出发，侧重从城乡关系之间的生产要素流动和经济方式转变的角度来解读城镇化，认为城镇化是从以人口稀疏并相当均匀遍布空间、劳动强度很大且个人分散为特征的农村经济转变为具有基本对立特征的城市经济的变化过程（赫希，1990）。人口学家对于城镇化的理解是人口在地理空间上的分布变化，观察城镇人口比例增加及变动等，进一步研究该变化背后的社会、经济原因（周毅，2004）。地理学家更加关注城镇的空间格局演变过程，包括城市数量的增加，以及城市地域范围的扩大（许学强和李郇，2009）。社会学家则认为城镇化是社会结构和社会关系的统一（崔功豪等，1992），强调生活方式的改变。

不同学科由于各自研究的领域、研究的对象不同，对城镇化的解释也不尽相同，赋予了城镇化不同的定义，并且随着经济、社会的发展，城镇化的内涵也发生变化。正缘于此，十八大提出的“新型城镇化”概念更加全面且优化。健康的新型城镇化是可以适应和推动生产力的提高、社会的进步的城镇化（王发曾，2010），也是以发展权为核心的关注城乡居民共同发展的城镇化（刘嘉汉和罗蓉，2011），更是能够在生态文明建设、社会管理方式、公共服务保障等层面得到了初步揭示的城镇化（黄亚平等，2011；叶裕民等，2013）。究其实质，新型城镇化需要更为全面的理解，它是综合考察城市生态可持续、宜居性、文化软实力、经济发展方式转变、服务设施均等化等方面（徐林和曹红华，2014），强调民生、强调质量、强调可持续发展等内涵（单卓然和黄亚平，2013）的一个社会经济转变过程。

在经济新常态的社会大背景下，新型城镇化需要在贯彻以人为本的思想内核基础之上，全面发挥市场调节的优势，走内生型城镇化发展道路，转变以政府为主体的发展模式，充分发挥市场机制在人口向城镇迁移、要素向城镇集聚、城镇内部功能调整和外部扩张、产业结构的调整升级、城镇之间的发展协调，以及城乡关系调整等方面的基础性和主导性作用（丛茂昆和张明斗，2016），促进人口城镇化和土地城镇化在发展中的关联互动（刘欢等，2016），以达到高效推动城镇化的目的。刘晓佳（2019）认为，新型城镇化的发展需要从人口城镇化、经济城镇化和社会城镇化三方面来测度。总之，新型城镇化的真谛是人的发展，注重城乡统筹发展，这是新型城镇化最本质、最核心、最关键的东西。

本书认为，新型城镇化是一个综合概念，坚持贯彻以人为本的理念，有序推进农业转移人口市民化；以城市群为主体形态，推动大中小城市和小城镇协调发展；以综合承载能力为支撑，提升城市可持续发展水平；以体制机制创新为保障，通过改革释放城镇化发展潜力，走以人为本、四化同步、优化布局、生态文明、文化传承、城乡统筹的可持续城镇化道路。

2.1.2 工业用地概念

土地利用现状分类和城市用地分类中对工业用地内涵都有表述，前者是从土地利用的现状用途进行认定的，而后者不仅体现了土地用途，同时还体现了地上建筑物的情况。从产权性质来看，两者也存在较大区别，前者是不区分产权性质的，既包括城镇国有建设用地中的工业用地，也包括农村集体建设用地中用于工业用途的土地；而后者仅指国有建设用地中的工业用地。

考虑到数据的可获取性，本书所研究的工业用地与城市用地分类中工业用地的内涵更为一致，将其界定为国有建设用地中的工业生产及其直接为工业生产服务的附属设施用地。

2.2 工业用地利用效率内涵界定

2.2.1 效率

效率包括技术效率与配置效率。技术效率的定义最先来源于 Farrell（1957）的研究，是从投入角度给出的技术效率的定义：在一定的市场价格和生产技术的条件下，按照一定的要素投入比例所生产的产品需要的最低成本与实际成本的比值。Leibenstein（1966）则从产出角度给出了另一种定义：在相同的投入比例、投入规模、市场价格的条件下，技术效率是实际产出与最大产出的比值。配置效率则是指在一定的资源要素价格条件下，实现投入（产出）最优的组合能力。然而在现实的经济活动中，市场竞争往往是不完全、不充分的，资源要素价格的取得和测度都存在相当大的难度，对效率的评价和测度普遍都是针对技术效率的。

用图2-1来说明投入导向下的技术效率与配置效率。为了简化起见，假设规模报酬不变（constant return scale，CRS），生产单元使用两种投入要素（x_1，x_2），得到产出 y。SS' 表示不同投入组合的最大生产量集合——生产前沿面（production frontier）。如果该生产单元使用给定数量的生产要素，如图2-1中 P 点所示，去生产一单位的产出，则该生产单元的技术无效率就可以用距离 QP 来表示，QP 即在产出不减少的情况下所有生产投入按比例可能减少的量，通常可以用 QP/OP 来表示要达到技术上有效率的生产需要减少所有投入量的百分比。该生产单元 P 的技术效率可表示为 $\text{TE} = OQ / OP$，等于1减去 QP/OP，TE的取值在0和1之间，当TE=1时表示生产单元完全技术有效，如 Q 点是技术有效率的，它位于有效的生产前沿面上。如果投入要素（x_1，x_2）的价格比率由图 2-1 中的 AA' 表示，那么生产单元的配置效率就可以表示为 $\text{AE} = OR / OQ$。这是因为 RQ 的大小代表了生产成本可以降低的幅度，如果生产发生在配置有效率的 Q' 点而不是技术有效率但配置无效的 Q 点，就可以在同样产出数量下降低生产成本。

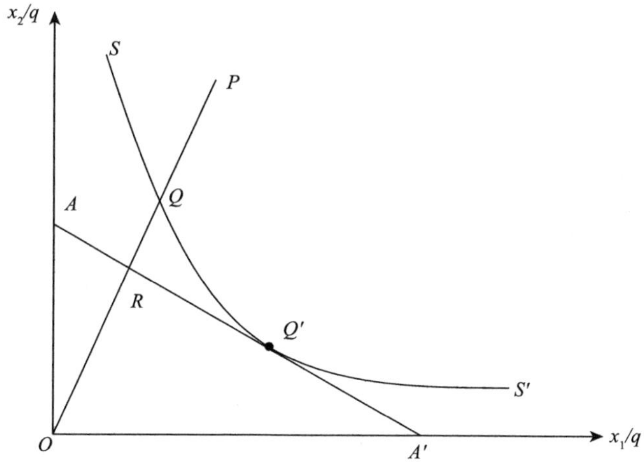

图2-1 投入导向下的技术效率与配置效率

2.2.2 概念辨析

从上述的表述可以看出，土地生产率与土地效率是截然不同的两个概念，本书的土地利用效率与技术效率有一定的关联，而与生产率存在明显差异，指在一定的经济产出约束条件下，土地资源充分利用的程度。在现实中，由于受到客观环境和技术的制约，土地往往无法充分利用，也就很难达到理想的最优产出。实际中的投入（产出）与有效利用的投入（产出）之间的差距越大，说明土地资源的利用效率越低，浪费的情况也就越严重。

从土地资源投入的角度，可以将土地利用效率定义为

$$\mathrm{LUE}_{it}=\frac{\mathrm{ALI}_{it}-\mathrm{LI}_{it}}{\mathrm{ALI}_{it}}=1-\frac{\mathrm{LLI}_{it}}{\mathrm{ALI}_{it}}=\frac{\mathrm{TLI}_{it}}{\mathrm{ALI}_{it}} \tag{2-1}$$

式中，LUE 表示土地利用效率；ALI 表示实际生产中土地资源的投入量；LLI 表示损失的土地资源投入数量；TLI 表示土地资源目标投入量。也就是说，在目前的生产条件和技术水平下，为实现一定的产出或输出量所需的最少（最优）的土地资源投入数量。因此，土地利用效率 LUE 就等于最优土地资源投入量与实际土地资源投入量的比值，且 LUE 取值处于 0 和 1 之间，当 LUE=1 时，意味着该生产单元不存在土地资源的浪费，此时土地利用效率最高。

综上所述，本书将土地利用效率定义为土地资源单一生产要素的效率，其本质仍然属于技术效率，是对技术效率的进一步分解，考虑了产出和其他生产要素的影响，并假设产出和其他生产要素在保持不变的情况下土地资源要素的技术效率，更好地体现了资源利用效率的内涵。

2.3 理论基础

2.3.1 区位理论

区位理论研究特定区域内关于人类经济活动与社会、自然等其他事物和要素相互之间的内在联系和空间分布规律，关注人类活动空间场所选择及其空间的组织优化。德国农业经济学家杜能（Johann Heinrich von Thünen）提出了农业生产方式配置的同心圆结构，即“杜能圈”。根据运输成本选择种植不同价格的作物，在距离城市越近的地区越应该选择种植运输成本相对高的作物，而距离城市越远的地区则应该种植运费较少的作

物（李小建，2006）。德国经济学家韦伯工业区位理论的核心思想是，通过对运输、劳力及集聚因素相互作用的分析和计算，找出工业产品的生产成本最低点，作为配置工业企业的理想区位。德国经济学家廖什（Losch）从总体均衡的角度去考察每个企业放入产业体系的情况，将市场和生产区位结合来考察整个系统，该理论用利润引导企业配置的方向，而且把产品的销售范围也一并联系起来（顾湘，2007）。

区位理论对工业土地利用具有重要的指导作用，是政府规划工业园区和开发区、指导工业企业选址的重要理论依据。

2.3.2 土地规模报酬递减理论

17 世纪中期，威廉·配第（William Petty）发现一定面积土地的产出是有最大值的，超过这一值后，土地产出就不会再随着劳动力的投入而增加了。英国知名学者威斯特（West）在 1815 年第一次正式地提出了“土地报酬递减”这一规律（毕宝德，2005）。从整个土地利用过程来看，在一定条件下，随着单位面积上生产要素的不断投入，土地报酬先是出现递增然后趋向递减；在递减阶段之后，如果出现了制度或科学技术上的重大变革，生产投入要素组合上再一次趋于合理，那么土地利用可以继续递增；一旦外部稳定，那么土地报酬会再次趋于递减（刘书楷和曲福田，2018）。在工业土地利用过程中，应在土地规模报酬递增范围内尽可能地追加单位面积土地上的资本、劳动要素投入，提升工业土地利用效率。此外，产业优化升级、工业生产设备更新和工业生产技术改善都能够推动土地规模报酬曲线向外移动，扩大土地报酬递增区间。所以，充分理解土地规模报酬递减规律对于提高工业用地利用效率能产生重要作用。

2.3.3 新经济地理理论

长期以来，经济学和地理学两大独立的阵营之间缺乏交流。直到保罗·克鲁格曼（Paul Krugman）发表了《规模报酬和经济地理》一文后，关于新经济地理的研究开始不断涌现。借助于规模报酬递增、冰山运输成本、垄断竞争等已有研究，Krugman（1991）建立了新经济地理理论的基本框架。随着新经济地理的发展，学术界开始希望新经济地理学能够与企业异质性结合碰撞出灵感的火花，从而形成新新经济地理学（颜银根，2013）。

新新经济地理理论将企业差异性引入新经济地理的分析框架，发现产业集聚的“中心–外围”的分布差异是由企业生产率不同造成的，生产率低下的企业会“自我选择”到城市外围从而避免中心的竞争。新新经济地理学对此的解释可以归纳为三类效应：产业集聚效应，这种效应指的是当企业集中于某一区域时，会产生规模经济和知识溢出等现象，有利于企业提高生产率；人才归类效应，即优秀的人才为了寻求自身更好的发展机会和就业前景而向大城市集中的现象；市场选择效应，是指由于优胜劣汰的竞争法则，唯有生产率高的企业才能在激烈的竞争环境中生存下去，一般城市越大，竞争也就越激烈（刘海洋等，2013）。可见，新新经济地理是一种可以将宏观环境与微观效率结合起来的理论。

2.3.4　生产前沿理论

生产前沿面描述的是在一定的生产技术条件下，各种生产要素投入组合得到最大产出的理论生产函数所刻画的生产可能性边界。Farrell（1957）在论文《生产效率度量》中完整地提出了该概念并进行了经验研究，他采用数学线性规划的方法，通过决策单元的投入产出数据确定一个非参数逐段线性的随机前沿面，用一个线性规划模型表示为

$$\begin{aligned} &\min{}_{\beta} g_k = \sum_{m=1}^{M} x_{km}\beta_m \\ &\text{s.t.}\ \sum_{m=1}^{M} x_{km}\beta_m \geqslant y_k \\ &k = 1,2,\cdots,K \\ &\beta_m \geqslant 0 \\ &m = 1,2,\cdots,M \end{aligned} \qquad (2\text{-}2)$$

若 $\sum_{m=1}^{M} x_{km}\beta_m^*(k) = y_k$，则第 k 个生产单元是有效生产，则它的前沿生产函数为

$$y_k^* = \sum_{m=1}^{M} x_{km}\beta_m^*(k) \qquad (2\text{-}3)$$

Farrell 前沿面线性规划模型的构造原理是，以所有样本生产决策单元的投入产出观测值为基础，以所有样本决策单元可以实现的所观测产出的生产要素组合为约束，通过线性规划模型求解最小生产要素组合的 $\left\{\beta_m^*(k), k = 1,2,\cdots,K\right\}$。

在 Farrell 开创性工作之后，生产前沿面理论得以快速发展，研究的学者不但丰富了生产前沿面理论的成果，而且创新了研究方法，演化出参数

方法和非参数方法两大分支。本书利用生产前沿面理论演化出的 DEA 方法来实现工业用地利用效率的度量。

2.3.5 协同理论

协同理论是 20 世纪 70 年代由德国著名学者哈肯（Haken）创立的。协同理论主要研究非平衡状态下开放系统在与外界有能量和物质交换的情况下，通过自己内部的协同作用及子系统间的协调作用，达到时间、空间和功能上的有序结构。协同理论认为，每个系统都有其独特的结构、特征及运动方式，但在整个环境中，每个系统不可能孤立地存在，总会与其他系统存在着相互影响又相互合作的关系，即各个系统之间存在着协同作用。协同作用是系统逐渐走向有序的驱动力，协同作用能够促使系统发生质变，使系统从低级到高级、从简单到复杂、从有序到无序，使得系统产生某种稳定结构，整体功能大于各个子部分功能之和。另外，协同理论是一门自组织理论，自组织是相对于他组织而言的。与他组织的组织命令和组织能力来自系统外部所不同的是，自组织并没有外部指令，完全是其内部子系统按照某种规则自动形成的结构与功能，具有自生性和内在性的特点。

根据协同理论，我国工业用地利用效率系统与城镇化水平系统都不是孤立存在的系统，而是处于我国经济社会发展的大环境中，因而两个系统之间必然会相互影响、相互作用，因此，本书在研究我国工业用地利用效率与城镇化水平之间的关系时以协同理论作为指导。

2.3.6 产业结构优化理论

产业结构优化理论论述的是，通过采取各种调整产业结构的措施，使得各产业之间实现协调、更高水平的发展，满足社会不断增长的需求，并逐步实现产业结构的合理化和高级化。产业结构优化遵循产业结构演化规律，是通过科技的发展与技术的进步，使得产业结构整体素质与效率向着更高层次不断发展变化的趋势和过程。产业结构优化往往需要政府对有关产业政策的调整来影响产业结构的供给结构和需求结构，从而实现资源的优化配置。产业结构合理化根据经济发展水平、科学技术水平、消费结构等方面的基础条件，对不合理的产业结构进行优化，实现产业之间的合理配置和有效利用，促进经济效益的提升。产业结构高级化是指产业结构从低水平向高水平发展的动态过程，具体表现为由第一产业占优势逐渐向第二、三产业占优势转换，由劳动密集型产业逐步向资本密集型产业、技术密集型产业转变，由低附加值产业转换为高附加值产业，由制造初级产品的产业转换为制造高级产品的产业。产业结构合理化与产业结构高级化不是相互孤立的，而是相互联系、相互影响的，产业结构高级化要求产业结构合理化，产业结构合理化促进产业结构高级化。产业结构优化是一个长期的、循序渐进的发展过程。

土地作为产业发展的载体，产业结构合理化和高级化必须以土地为基础，不同区域所实行的政策、所选择的产业也是不同的，因地制宜地选择政策和产业有助于实现区域产业结构优化升级。优化城市土地利用结构和工业用地利用结构，有助于提高我国城镇化水平和工业用地利用效率。

2.4 分析框架

城镇化是伴随工业化发展，非农产业在城镇集聚、农村人口向城镇集中的自然历史过程，是人类社会发展的客观趋势，是国家现代化的重要标志，对工业用地利用效率具有多方面的影响。本章基于已有文献成果和案例研究，根据城镇化推进过程中的特征和新型城镇化的内涵，围绕城市规模扩大、生产要素集聚、工业产业结构升级、技术创新与人才归类、各类投资增长等具体内容及视角，归纳城镇化推动工业用地利用效率提高的因素，并据此提出新型城镇化影响工业用地利用效率的理论分析框架。

2.4.1 新型城镇化对工业用地利用效率的影响分析

1. 城市规模扩大

城镇化推进过程的显著特征之一就是城市规模扩大。

一方面，城市规模扩大会对工业用地效率产生正外部性。大城市由于其具有更大的市场规模、更便利的贸易条件和更优秀的基础设施，会吸引更多更好的工业企业，这往往意味着更为激烈的竞争。Melitz 和 Ottaviano（2008）证明了市场规模的大小和贸易的发展程度会影响竞争的激烈程度，同时竞争的激烈与否也会成为企业是否加入该市场的决策因素。市场选择效应也说明因为激烈的竞争，只有生产率高的企业才能在大城市中继续生存。因此，当城市规模扩大后，激烈的市场竞争会选择更高生产效率的工业企业。这种市场选择效应造成的“优胜劣汰”使得该地区工业用地利用效率低的企业逐渐被拥有更高用地效率的工业企业淘汰，从而推动整体的工业用地报酬曲线上移。

另一方面，城市结构不合理造成工业用地利用效率降低。现在中国许多城市用“摊大饼”的方式尽量扩大规模，把各种各样的制造业企业都堆放在城区里面，造成城市的专业化水平不高（吴敬琏，2012）。因为城市的专业过杂，无法很好地发挥同专业的集聚效应，这样就很难提高行业的营运效率，拉低了行业的工业用地报酬曲线。另外，城市规模的扩大需要第三产业快速发展，服务业由于具有高附加值会对工业企业产生挤出效应，如金融业通过影响利率水平、行业工资差距和行业利润差距来影响制造业获取利润，导致资本配置不合理，阻碍工业等实体部门的资本积累，从而给工业发展带来消极影响（孙国茂和陈国文，2014），同样会拉低工业用地报酬曲线。

2. 生产要素集聚

城市既是非农人口的集聚地，也是非农产业的集聚地，所以城镇化是一个劳动力、物质资源等要素流动和集聚的过程。

1）人口集聚

城镇人口集聚不仅是人口数量的增长，同时也会伴随着人口质量的变化，而城镇人口质量的变化速率会对工业用地利用效率产生不同的影响。当人口质量随着人口数量的增加同步提升时，新增人口能迅速成长为人力资本，有助于转化为现实生产力，从而增加产出，提高单位工业用地利用效率；当人口数量增长但人口质量未能同步提升时，低素质的人口增长必然会对土地要素资源产生巨大的压力，挤占大量的工业用地（廖进中等，2010），所以城镇人口集聚对于工业用地利用效率的影响将随人口数量增加的速度、人口质量的不同而不同。适度的城镇人口增长将对土地利用产生适当的压力，城镇化带来的劳动力素质、人口质量的提高将使得现实的劳动投入增加，并在技术上使得工业用地利用效率的提升成为可能。

2）产业集聚

马歇尔（2012）提到，“工业地区分布就是将许多性质相似的企业集中在特定的地方”。产业集聚可以对各类功能性用地进行结构调整和优化，改变工业用地投入成本和产出收益，从而影响工业用地利用效率。

从投入成本的角度来看，产业集聚能够通过交易成本降低、劳动力市场经济、技术外溢等途径降低投入成本从而提高工业用地利用效率。具体来说，首先，由于现代分工的存在，企业垂直联系越来越强，上游企业的产品依赖于下游的中间投入品，如果这样相互联系的企业集聚在同一区域就可以减少原材料及中间投入品的储存空间和成本，从而节约企业的交易成本与用地数量。其次，由于同类企业的增多，与其相关的特定劳动力也会往产业集聚区里流动，共享劳动力市场的存在不仅减少了雇佣双方的搜寻成本，而且提高了劳动力市场本身的效率（范剑勇，2006）。最后，根据马歇尔（2012）提出的“产业空气”理论，即产业集聚区域由于相关企业的人员之间的交流以及劳动力流动比较多，新的思想、知识、生产诀窍等信息流动得较快，具有较强的技术外溢。

从产出收益的角度来看，产业集聚区域内可以通过各种不同产业的共同作用分享投入、分享劳动力市场、扩展上下游相互关联的产业链等途径提高产出收益，从而提高工业用地利用效率。具体来说，产业集聚区域内由于分享共同的公共物品，如银行、道路，实现规模经济；存在共同的劳动力市场使搜寻工作和搜寻工作者的成本都降低，获得递增报酬；不同行业之间的上下游关联使得某一行业能够为其他的行业提供生产投入品及消费品，或者提供一个巨大的市场（叶依广，2006），增加工业企业的产出功能。

综上所述，产业集聚主要通过降低劳动搜寻成本、共享投入品和公共服务、获得技术外溢及扩展相互关联的产业链等方式降低工业用地要素投入成本，进而促进工业用地利用效率的提高。

3. 工业产业结构升级

城镇化能够推动产业结构升级，显著提升产业发展层次（蓝庆新和陈超凡，2013）。产业结构升级的过程是促使工业用地从低结构水平向高结构水平演进的过程。其中，低结构水平的产业包括劳动密集型工业、低附加值工业、低加工度工业、上游产品制造业等形式，高结构水平的产业包括高级生产要素（技术、资金等）密集型工业、高附加值工业、高加工度工业、中下游产品制造业等（张志永，2011）。

在这种从低结构向高结构升级的过程中会推动工业用地往高结构水平的工业企业分配，从而优化工业用地利用结构。并且，在此过程中，知识密集型和技术密集型的工业企业由于其占地少、耗能低、产出高的特点而得到迅速发展，从而使得更多的工业用地配置到拥有更高用地效率的工业行业中，推动整体工业用地报酬曲线的上移，对于工业用地利用效率的提高具有正向作用。

4. 技术创新与管理投入

城市除了有利于要素的集中布局，还是技术创新活动的高发区（Wieand，1987）。有需求才有创新的动力，而城市恰恰是各类新需求最集中的地方。无论是新知识、新观点还是新技术都能够在城市中密集的经济交往环境里得到低成本的传播，降低创新的成本。以申请专利为例，美国专利局把 92%的专利权授予了占美国总人口 75%的城市居民（孙祁祥等，2013）。因此，城镇化推进的过程，不仅是人口、资本集聚的过程，也是技术创新、集聚、普及与传播的过程。由于劳动力与资本存在着边际报酬递减的约束，而技术进步则不存在这样的问题，故技术进步对于工业用地利用效率的影响比人口集聚、资本集聚的影响要更为深远。技术进步使得劳动力和资本的"效用"提高，也就是说，同等质量的单位劳动与资本的投入将得到更多的产出。

相比于乡村，城镇对于管理人才（如企业家）具有更大的吸引力。人才归类效应指出为了寻找更多的就业机会，优异的人们会涌向大城市。高质量、多层次的人力资本集聚不仅意味着先进的管理方式和创新的理念，能够为技术创新提供条件，有助于工业研发部门的发展，推动劳动生产率的提高（常艳，2005），而且可以促进工业产业结构升级，让高技术含量的新兴工业迅速发展，知识技术密集型工业占据工业产业的主导地位，提高工业用地的利用效率。

5. 各类投资增长

1）基本公共服务投资

以促进农业转移人口市民化为核心的城镇化道路必然会带来城市基本公共服务投资的大幅扩张。基本公共服务投资包括两方面：一方面是指对教育保障、医疗保障、住房保障等社会保障的投资；另一方面是指对城市交通、市政公用设施等公共基础设施的投资。

随着教育保障、医疗保障、住房保障等社会保障的完善，城镇化为企业提供了高效的劳动力市场，能够规避城镇化过程中由于要素流动的无序出现的"城市病"现象，有效地带动劳动人口的就业转移以及劳动素质的普遍增加（孙祁祥等，2013）。劳动力流动的自由程度、劳动者素质的提高都能有效增加工业企业要素的投入。另外，各项保障措施的完善能够创造一个更加公平的社会环境氛围，提高劳动者的积极性，优秀的科技人才和管理人才为了寻找更公平的发展机会会向该地区集中，有效提高工业企业的创新能力和管理能力，从而提高工业用地的利用效率。

随着城市交通、市政公用设施等公共基础设施的完善，城镇化为企业提供了便利的交通、良好的基础设施和畅通的信息渠道，有效地降低了企业的相关交易成本。交易成本的节约会使企业层面的规模报酬递增，进而提高工业用地效率。

2）外商投资

城镇化是外商投资企业空间集聚中重要的影响因素。城镇化以范围经济、溢出效应、发达的基础设施和专业化企业服务等形式产生正的外部利益，所以外商投资企业通常定位于高度城镇化区域以使得风险最低（朱英明，2004）。从直观分布上看，利用外资最多的东部沿海地区同样是我国城镇化水平最高的地区。

一方面，外商投资工业在工业结构变化与升级中居主导作用（黄敏，2008）。外商对我国工业部门的直接投资大部分在制造业，其中加工工业、轻加工工业、技术密集型产业的占比较高，而原料工业、重加工业及一般加工工业的占比较低。可以看出，外商投资对于优化工业产业结构发挥重要作用，并且为了吸引外商投资，必然要求较低用地效率的工业用地配置到较高用地效率的工业产业中。

另一方面，中国外资工业企业的全要素生产率始终呈现出快速增长的态势（张建波和张丽，2012）。外商投资会带来先进的生产力和技术水平、优秀的人才、创新的管理理念和模式、较高的薪资标准等，可以调动企业员工的工作积极性和挖掘员工的潜能，这对促进工业用地利用效率有着积极的影响。

2.4.2 理论分析框架

为进一步探讨新型城镇化对工业用地利用效率的影响机制，本节围绕工业用地报酬曲线这一核心概念，集合运用上述影响因素，构建新型城镇化影响工业用地利用效率的理论框架。

根据上文所述，新型城镇化从微观和宏观两个层面影响工业用地利用效率。从微观层面来看，城镇化促进要素集聚、提高要素质量、降低投入成本、提高产出收益，从而影响工业用地的要素投入情况；从宏观层面来看，城镇化改进工业用地的重新配置，改善工业用地的利用环境，从而移动工业用地的报酬曲线，并且这两个层面的影响并不相互独立，而是相互影响、相互支撑。因此，本节将构建基于城镇化、要素投入改变、报酬曲线移动的理论框架，以阐述新型城镇化对工业用地利用效率的影响机制。

1. 城镇化、要素投入改变与工业用地利用效率

经济学认为，劳动力、资本、土地和管理是生产四要素。对于一定工业用地的利用而言，要素投入包括劳动力、资本和管理。在工业用地报酬曲线上升范围内尽可能追加劳动、资本等要素的投入以及投入要素的质量。如图 2-2 所示，在产出曲线 Q_1 上，要素投入由 X_1 增加到 X_2，产出也将随之由 Y_1 增加到 Y_2，通过提升工业用地利用强度提高工业用地的利用效率。

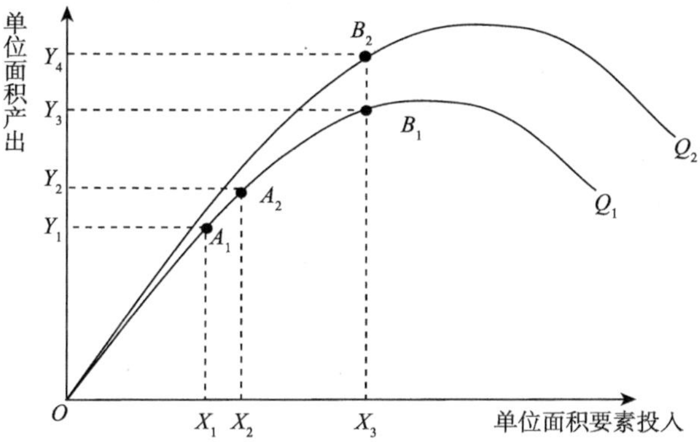

图 2-2 工业用地要素投入与报酬曲线关系图

新型城镇化通过四种方式促进要素集聚、提高要素质量、降低投入成本、提高产出收益，从而影响工业用地效率。一是人口集聚，城镇人口的增多为工业企业提供了更多的劳动力，若人口质量随着人口数量一并提高，那么劳动者素质提高有助于将自身劳动力转化为现实生产力，从而增加工业企业产出，提高单位工业用地利用效率。二是产业集聚，产业集聚不但能够通过交易成本降低、劳动力市场经济、技术外溢等途径降低要素投入成本，而且可以通过各种不同产业的共同作用分享投入、分享劳动力市场、扩展上下游相互关联的产业链等途径提高产出收益，从而提高工业用地利用效率。三是外商投资，外商投资主要投资于高效率的工业企业，为其带来大量的资本，以及重要的无形资本，如先进的生产力和技术水平、优秀的人才、创新的管理理念和模式、较高的薪资标准等。这些有助于提高劳动力素质和企业家才能的途径，促进工业用地利用效率提高。四是技术创新与管理投入，一方面，技术创新具有的正外部性促进其他生产要素质量的提高；另一方面，管理投入可以提高企

业家才能和管理水平，两者都能够使在同样条件下的生产资源的组合能够生产出更多数量、更好质量的产品，对于工业用地利用效率的提高具有正向的驱动作用。

2. 城镇化、报酬曲线移动与工业用地利用效率

工业用地的报酬曲线移动可以通过城市规模扩大、产业结构升级、工业生产设备更新和生产技术改善等途径实现，同样的数量和质量的要素投入可以获得更多的产出，并且扩大其报酬递增区间，如图 2-2 所示，产出曲线由最初的 Q_1 上升到 Q_2，相同水平的要素投入 X_3 由于报酬曲线的移动，产出由 Y_3 增加到 Y_4，能够获得更多的产出，从而提高工业用地利用效率。

新型城镇化通过三种方式促进工业用地的重新配置，改变工业用地的利用环境，从而移动工业用地的报酬曲线。一是城市规模扩大。一方面，城市规模扩大造成的市场选择效应会使得该地区工业用地利用效率低的企业逐渐被拥有更高用地效率的工业企业所淘汰，推高工业用地报酬曲线，在同等要素投入的情况下提高工业用地利用效率；另一方面，城市专业过杂和第三产业快速发展，会降低行业的营运效率，阻碍工业的资本积累，拉低工业用地报酬曲线，在同等要素投入的情况下降低工业用地利用效率。二是产业结构升级。从低级向高级产业结构升级的过程中会使得工业用地配置到知识密集型和技术密集型等拥有更高用地效率的工业企业中，推动工业用地报酬曲线的上移，促进工业用地效率的提高。三是基本公共服务投资。基本公共服务投资扩张能够增加基本公共服务供给，提升社会承载力和社会环境，改变企业生产的外部环境，推动工业用地报酬曲线向外移动，从而提高工业用地利用效率。

综上所述，新型城镇化对工业用地利用效率影响的分析框架可以概括为图 2-3。在新型城镇化的一系列制度安排和影响因素的作用下，不同因素按照不同路径调整工业用地的要素投入和报酬曲线，这两种调整最终导致工业用地利用效率的改变。由此形成“影响因素—要素投入改变—工业用地利用效率”和“影响因素—报酬曲线移动—工业用地利用效率”两条作用路径。综上所述，本书提出的理论假设如下：新型城镇化对工业用地利用效率的影响是正向的。

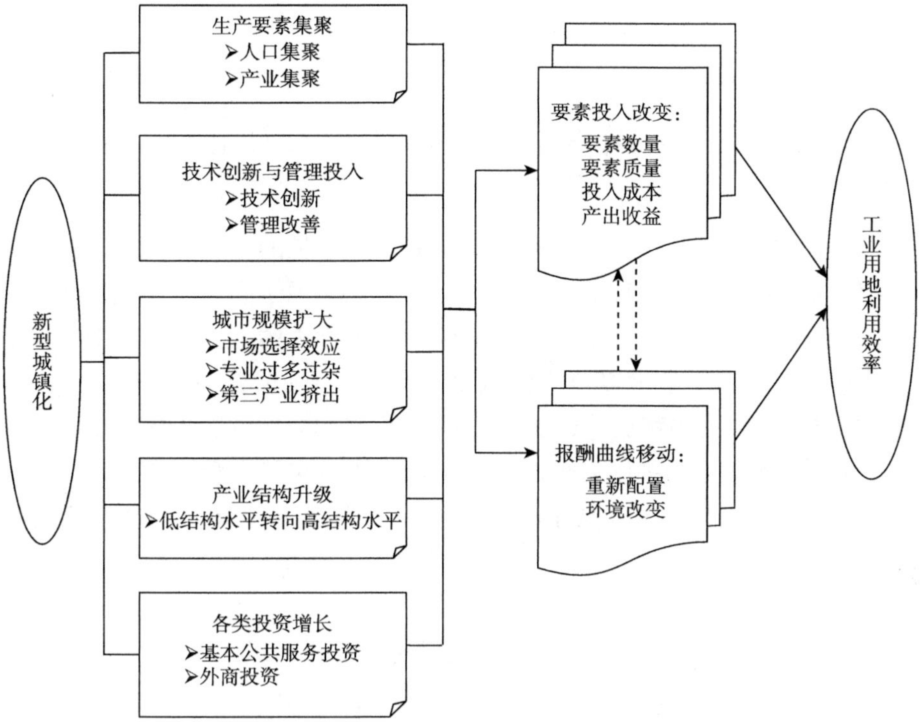

图 2-3 新型城镇化对工业用地利用效率影响的分析框架

第 3 章　工业用地对中国工业经济的影响研究

工业是实体经济的主体，是推动经济高速增长的基石。改革开放后，中国依靠独特的土地制度和工业用地配置方式实现了高速工业化，使中国成为世界工厂（刘守英，2018）。土地在中国过去的工业化发展中发挥了非常重要的作用，学术界也广泛认可土地对工业经济的促进作用（高辉娜，2015；饶映雪和戴德艺，2016；刘守英，2017a）。随着中国工业化的不断发展，土地作为中国特色的政策工具，也带来了资源配置效率下降、土地寻租行为增加、用地结构错配、生态环境质量下降等问题（高辉娜等，2014；闫昊生等，2019；沈坤荣和赵倩，2019；余吉祥和沈坤荣，2019）。有学者根据不同阶段工业化特征认为当前中国处于创新型工业化时期，土地肩负着调控和引导工业化科学发展的双重责任（王镝和唐茂钢，2019）。过去依靠工业用地的宽供应带来的低成本供应促进工业经济发展的模式已经不再适应当前的经济现状。刘守英（2017b）认为，土地对经济的作用可能出现阶段性变化，上一轮进程中土地是促增长的，但在经济发展阶段转换后，土地却在一定程度上产生阻碍作用。周咏馨等（2018）研究发现，工业用地对工业经济的贡献存在地区差异，工业用地投入对京津冀和长三角地区的工业产出有推动作用，而对珠三角地区则产生了负面效应。

上一阶段土地投入促进了工业经济的发展，而其副作用也正影响着下一阶段的工业经济发展。中国正处于经济发展转型时期，近年来中国政府开始关注土地对工业经济的影响（Ding and Erik，2011），工业用地供应比例明显下降，从 2006 年的 50.4%降至 2016 年的 23.17%[①]。尽管如此，目前中国的工业用地比重仍显著高于主要市场经济国家的当期水平，也高于这些国家在高速工业化阶段的工业用地水平（刘守英，2014）。本章试图探讨以下几个核心问题：中国工业用地供应比例开始下降后，工业用地对工业经济的作用到底如何，各地区效果是否存在差异，近年来中国降低工业用地供应比重的策略是否正确。这些问题对制定下一阶段中国工业经济发展策略具有重要意义，也可为土地参与宏观调控提供重要参考依据。现有

① 根据历年《中国国土资源统计年鉴》中的国有建设用地供应数据计算得出。

研究分析工业用地对工业经济的影响多采用面板数据模型，该模型假定各城市之间是相互独立的，然而地方政府工业用地出让存在相互竞争和模仿的行为（杨其静等，2014），不同地区工业用地效率存在明显的空间相关性（陈伟等，2014），忽略地区之间的空间相关性，可能会造成有偏估计（Anselin，1988；王建康和谷国锋，2015）。鉴于以上分析，本章收集工业用地比例下降的 2006~2016 年地级市层面数据，并基于包含工业用地的广义 C-D 生产函数构建空间计量模型，分析工业用地对工业经济的影响以及地区差异。

3.1 工业用地对工业经济影响的理论分析

在市场经济条件下，土地既是生产资源，同时也是资产和资本，这种特性决定了土地要素投入对经济增长具有重要作用。古典经济学派认为土地作为重要的生产要素，是“财富之母”，由于边际报酬递减规律的作用，土地是制约经济增长的关键因素。新古典经济学派提出了不同的观点，认为资本和技术进步是经济增长的关键因素，土地可以为资本所替代，且技术进步足以抵消土地要素对经济增长的制约（Cobb and Douglas，1928；Harrod，1948；Solow，1974）。将土地视为资本而不单独分析，对高度城市化、经济社会稳定、土地利用结构变化小的成熟市场经济国家而言是可行的，然而土地并不总能被资本和劳动所代替，土地客观存在的区位性以及相关的制度约束对经济增长有重要影响（向仁康和曾伟，2012）。此外，Rhee（1991）、Homburg（1991）在新古典经济增长模型的框架下研究认为，土地资源在平衡增长路径下是动态无效率的，不过他们的研究都将土地要素视为一个固定不变的量。与西方发达国家不同的是，中国城市化进程还在进行，城市用地总量还在扩张，土地利用结构也在不断变化，土地供应总量并不是固定的，因而有必要将土地与资本和劳动力要素一起纳入经济增长模型当中。

从工业化发展阶段来看，现代经济学把西方发达国家的工业化发展分为四个阶段，土地要素在早期阶段和自然资源一起促进经济的增长，之后则主要靠资本、效率和信息化带动经济的增长（吴敬琏，2006）。Harvey 和 Jowsey（2004）则提出土地与劳动一样是国民经济增长的要素，认为土地在长期经济增长和人口增长过程中的不同阶段均起到十分重要的作用。中国的工业化起步晚，发展快，且极具中国特色（饶映雪和戴德艺，

2016）。中国社会科学院工业经济研究所发布报告显示，2015 年中国已进入工业化后期阶段[①]。虽然阶段划分有一定差异，但可以肯定的是，土地在中国的工业化进程中绝不仅仅在早期阶段发挥作用，甚至有可能贯穿整个工业化过程。与西方不同的是，中国政府还掌握土地一级市场的主导权，掌控土地进入市场的时机和规模，土地可以参与宏观调控（饶映雪和戴德艺，2016），这表明土地在中国工业化发展中的作用要大于西方国家，因而有必要对工业用地进行单独分析而不仅仅是将土地视为资本。

本书借助广义 C-D 生产函数分析土地要素对中国工业经济的影响。我们假定：①土地与资本、劳动力和技术进步相互独立；②土地与资本、劳动力一样是可变且外生的。根据上述理论分析和传统 C-D 生产函数，工业产出（Y）与技术进步（A）、工业资本（K）、工业劳动力（L）、工业用地（N）之间的关系为

$$Y = AK^{\beta_k} L^{\beta_l} N^{\beta_n} \tag{3-1}$$

对式（3-1）两边取对数，建立线性回归模型：

$$\ln Y_{it} = \alpha + \beta_k \ln K_{it} + \beta_l \ln L_{it} + \beta_n \ln N_{it} + \varepsilon_{it} \tag{3-2}$$

式中，Y、K、L、N 分别为工业产出、工业资本、工业劳动力和工业用地；A 为技术进步率；β_k、β_l、β_n 分别为三种投入要素的产出弹性；ε_{it} 为随机误差项。

3.2 变量与数据说明

2006 年，为抑制地方政府低价甚至零地价出让工业用地引起恶性竞争，进而造成土地闲置或浪费，国务院发布《国务院关于加强土地调控有关问题的通知》（国发〔2006〕31 号），规定工业用地必须采用招标拍卖挂牌方式出让，其出让价格不得低于公布的最低价标准。此后全国工业用地供应比例逐年降低。本章旨在探讨工业用地供应比例开始下降后工业用地对工业产值的影响，因而采用中国 286 个地级市 2006~2016 年共 11 年的面板数据进行分析。因变量工业产出指标用地区规模以上工业总产值衡量。自变量包括工业用地、工业资本和工业劳动力。工业用地指标为各地区工业用地总面积；工业资本用地区规模以上工业企业固定资产净值年均余额衡量；工业劳动力用工业从业人员数衡量。为增加模型的有效性，在模型中加入了相关控制变量，包括人口规模、城市规模、科技投入和工业

① 参见《中国工业化进程报告（1995~2015）》。

水平。人口规模用年末总人口衡量，城市规模用建设用地面积衡量，科技投入用科技投入支出占地方财政一般预算支出的比重衡量，工业水平用第二产业占 GDP 比重衡量。以上变量除工业用地面积数据来自《中国城市建设统计年鉴》（2006~2016 年）外，其余数据均来自《中国城市统计年鉴》（2007~2017 年），并对个别缺失值进行了线性化处理。具体变量说明见表 3-1，变量数据描述性统计见表 3-2。

表 3-1　变量说明

变量	变量名称	代码	变量说明
因变量	工业产出	iopt	规模以上工业总产值
自变量	工业用地	iland	工业用地总面积
	工业资本	icap	工业企业固定资产净值年均余额
	工业劳动力	ilab	工业从业人员数
控制变量	人口规模	pop	年末总人口
	城市规模	ctl	建设用地面积
	科技投入	tec	科技投入支出占地方财政一般预算支出的比重
	工业水平	secp	第二产业占 GDP 比重

表 3-2　变量数据描述性统计

变量	观察值	平均值	标准差	最小值	最大值
工业产值/亿元	3 146	2 215.68	3 232.28	5.94	27 047.19
工业用地面积/千米^2	3 146	32.73	59.19	0.01	736.80
工业资本存量/亿元	3 146	685.88	872.64	3.45	7 624.26
工业劳动力数量/万人	3 146	19.69	31.79	0.10	510.89
年末总人口/万人	3 146	435.84	309.70	17.61	3 392.00
建设用地面积/千米^2	3 146	122 .05	180.01	6.00	3 203.00
科技支出比重	3 146	1.35	1.34	1.79×10^5	20.68
第二产业比重	3 146	49.26	10.78	14.95	90.97

为了消除物价变动的影响，本章对于工业产值和工业资本存量两个以现价表示的名义变量，以 2006 年为基期，采用居民消费价格指数进行平减，居民消费价格指数数据来自《中国统计年鉴 2017》。本章对数值型变量均进行了取对数处理。

3.3 研究方法

3.3.1 空间相关性检验

本章拟采用空间计量模型进行实证分析，但在空间计量分析之前，需要对模型的因变量和自变量进行空间相关性检验，以确定引入模型的主要变量是否存在空间相关性。常用的检验统计量包括莫兰指数（Moran's I）、Geary's C 和 Getis-old 指数 G。本书采用 Moran's I 来检验各变量的空间关联程度，计算公式如下：

$$\text{Moran's } I=\frac{\sum_{i=1}^{n}\sum_{j=1}^{n}W_{ij}\left(Y_i-\bar{Y}\right)\left(Y_j-\bar{Y}\right)}{S^2\sum_{i=1}^{n}\sum_{j=1}^{n}W_{ij}} \tag{3-3}$$

式中，$S^2=\frac{1}{n}\sum_{i=1}^{n}\left(Y_i-\bar{Y}\right)$；$\bar{Y}=\frac{1}{n}\sum_{i=1}^{n}Y_i$，$Y_i$ 为 i 地区的变量数值，n 为地区总数；W_{ij} 为空间权重矩阵，反映地区之间的空间相关性。Moran's I 取值范围为[−1，1]，数值为正说明变量空间正相关，数值为负说明变量空间负相关，指数绝对值越大，说明空间相关性越强，指数为 0 表示不相关。

3.3.2 空间面板模型设定

空间面板模型是在传统面板模型的基础上加入空间效应，并以空间权重矩阵的形式体现在空间滞后项或空间误差项中。相对于传统面板模型来说，因为考虑了变量之间的空间依赖性与空间异质性，因而所得估计结果更为可信。空间计量模型主要有以下几种。

（1）空间自回归（spatial autoregression，SAR）模型：直观来看，相邻地区的因变量可能相互依赖，并最终形成一个均衡的结果。SAR 将其他地区因变量对本地区因变量的影响纳入模型，认为因变量在空间上存在溢出效应，其空间相关性由因变量的空间自回归系数来反映。SAR 的形式设定为

$$\ln y_{it}=\alpha+\tau\ln y_{i,t-1}+\rho\sum_{i=1}^{n}w_{ij}\ln y_{jt}+\beta X_{it}+\gamma M_{it}+u_i+\sigma_t+\varepsilon_{it} \tag{3-4}$$

式中，y_{it} 为因变量；$y_{i,t-1}$ 为滞后一期因变量；y_{jt} 为相邻地区因变量；w_{ij} 为 $n\times n$ 阶的空间权重矩阵；ρ 为空间自回归系数，表示因变量的空间相关

性；X_{it} 为自变量；M_{it} 为控制变量；u_i 为个体效应；σ_t 为时间效应；ε_{it} 为扰动项。

（2）空间误差模型（spatial error model，SEM）：空间依赖性还可以通过误差项来体现，这意味着未被纳入模型当中却对因变量有影响的遗漏变量存在空间相关性，或者不可观测的随机冲击存在空间相关性。地区间的空间相关性通过误差项来体现。SEM 的形式设定为

$$\begin{cases} \ln y_{it} = \alpha + \beta X_{it} + \gamma M_{it} + u_i + \sigma_t + \varepsilon_{it} \\ \varepsilon_{it} = \lambda \sum_{t=i}^{n} w_{ij} \varepsilon_{jt} + v_{it} \end{cases} \tag{3-5}$$

式中，λ 为误差项空间自相关系数，表示误差项的空间相关性；ε_{jt} 为其他地区的误差项。

（3）空间杜宾模型（spatial Dubin model，SDM）：SDM 是在 SAR 的基础上纳入其他地区自变量的影响。本地区因变量除了受其他地区因变量的空间溢出影响外，还可能受其他未纳入模型的潜在因素外溢产生的影响，但如果模型中既包含空间滞后因变量又包含空间滞后误差项会导致模型参数无法识别（Moran，1950）。SDM 可以包含其他地区因变量的影响以及其他地区自变量的影响，且能在通常情况下给出无偏的参数估计（Manski，1993）。SDM 的形式设定为

$$\ln y_{it} = \alpha + \tau y_{i,t-1} + \rho \sum_{i=1}^{n} w_{ij} \ln y_{jt} + \beta X_{it} + \gamma M_{it} + \delta \sum_{i=1}^{n} w_{ij} X'_{jt} + u_i + \sigma_t + \varepsilon_{it} \tag{3-6}$$

式中，δ 为空间滞后自变量的回归系数，表示其他地区自变量对本地区因变量的影响；X'_{jt} 为其他地区的自变量。

3.3.3 空间权重的设定

进行空间计量分析的前提是度量地区之间的空间关系。空间权重矩阵用于反映各地区变量之间的相互影响程度，设置空间权重矩阵是空间计量分析中的关键环节。本章选择两种不同的空间权重矩阵来衡量地区间的相互影响，分别是地理距离权重矩阵 w 和工业经济距离权重矩阵 W。地理距离权重矩阵根据各城市中心之间地理距离生成，各城市中心距离根据经纬度计算得到，w_{ij} 为城市 i 和城市 j 中心之间距离平方的倒数，是地理权重矩阵中第 i 行和第 j 列的矩阵元素。

通常情况下，地理距离并不是决定各地区之间相互依赖关系的唯一因素。同时，考虑到中国各地级市工业发展水平的差异，本章根据各城市工业发展水平的差异赋予各城市地理距离矩阵不同的权重，构建新的工业经济距离权重矩阵 W，从而更为精确地衡量工业用地对工业经济的贡献。首先，根据各城市历年工业产值的平均值占全国工业产值总平均值的比重构建对角矩阵，工业发展水平加权的工业经济距离矩阵可以表示为地理距离权重矩阵 w 与该对角矩阵的乘积。为了简化模型，通常对空间权重矩阵进行“行标准化”，行标准化后的矩阵分别记为 w' 和 W'。两种空间权重矩阵的定义如下：

$$\begin{cases} w_{ij} = \left(\dfrac{1}{d_{ij}}\right)^2 \\ w'_{ij} = \dfrac{w_{ij}}{\sum\limits_j w_{ij}} \end{cases} \& \begin{cases} W_{ij} = w_{ij} \times \text{diag}\left(\dfrac{\overline{y_1}}{\overline{y}}, \dfrac{\overline{y_2}}{\overline{y}}, \cdots, \dfrac{\overline{y_n}}{\overline{y}}\right) \\ W'_{ij} = \dfrac{W_{ij}}{\sum\limits_j W_{ij}} \end{cases} \tag{3-7}$$

式中，d_{ij} 表示各城市中心之间的距离；$\overline{y_i} = 1/(t_1 - t_0 + 1) \times \sum\limits_{t=t_0}^{t_1} y_{it}$，表示观测期内第 i 个城市的工业产值均值；$\overline{y} = 1/(t_1 - t_0 + 1) \times \sum\limits_{i=1}^{n}\sum\limits_{t=t_0}^{t_1} y_{it}$，表示观测期内全国工业产值的平均值。

3.4　实证检验与结果分析

3.4.1　空间相关性分析

本章首先利用 Moran's I 分析各变量的空间相关性。图 3-1 为 2006~2016 年各变量的 Moran's I 变化情况，从图 3-1 中可以看出，2006~2016 年工业产值的 Moran's I 最高，在 0.284~0.403 变动，紧随其后的是工业资本，其 Moran's I 在 0.215~0.324 变动，工业劳动力的 Moran's I 在 0.105~0.305，工业用地的 Moran's I 在 0.108~0.162。以上变量的 Moran's I 均在 1%的水平下显著，表明中国各城市工业产值、工业用地、工业资本和工业劳动力均存在显著的空间正相关，需要将各城市的空间特性引入模型，才能在工业用地对工业经济影响的实证分析中得出更加符合实际的结论。

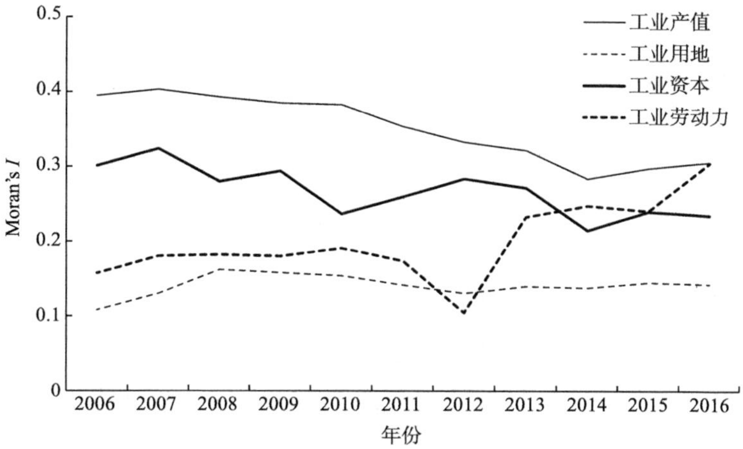

图 3-1　2006~2016 年各变量的 Moran's I 变化情况

其次需要区分空间相关性的形式。Anselin 和 Rey（1991）认为空间相关性主要有三种形式，分别通过因变量的空间自回归系数、误差项的空间自相关系数和滞后自变量的回归系数来反映，不同的空间相关性形式分别对应不同的空间回归模型。Anselin 和 Rey（1991）提出用拉格朗日乘数（LM-lag、LM-error）及其稳健形式（RLM-lag、RLM-error）检验空间相关性，进而选择合适的空间计量模型，不过该检验均是针对截面模型提出的，要想运用于面板模型的检验，需要进行一些改进。本章借鉴何江和张馨之（2006）的做法，构建分块对角矩阵 $C = I_t \otimes W$（其中 I_t 为 $t \times t$ 的单位矩阵）代替各检验统计量计算公式中的空间权重矩阵 W，即可将上述检验方法应用于面板模型的检验。此外，本章采用 Hausman 检验来确定应该选择固定效应模型还是随机效应模型。

表 3-3 是运用不同的空间权重矩阵情况下 LM 检验与 Hausman 检验的结果。结果表明：第一，两种空间权重矩阵情况下，Moran's I 均在 1%水平下显著，进一步说明采用空间计量模型的必要性；第二，LM-error 和 RLM-error 统计量均在 1%的水平上显著，说明误差项存在空间依赖性；第三，LM-lag 检验统计量在选择地理距离矩阵时不显著，而在选择工业经济距离矩阵时在 10%的水平上显著，表明选择地理距离矩阵时应该采用 SEM，而当选择工业经济距离矩阵时，空间误差项和空间滞后因变量均对因变量有影响，根据 LeSage 和 Pace（2009）的观点，不能忽略空间滞后因变量的情况下，应当选择 SDM；第四，Hausman 检验均为负值，可以视为拒绝原假设的信号（连玉君等，2014），因此选择固定效应模型。

表 3-3 LM 检验与 Hausman 检验结果

空间权重矩阵	检验	统计量	P 值
地理距离矩阵	Moran's I	5.597	0.000
	LM-error	30.632	0.000
	RLM-error	28.669	0.000
	LM-lag	2.220	0.136
	RLM-lag	0.257	0.612
	Hausman 检验	−297.47	
工业经济距离矩阵	Moran's I	5.768	0.000
	LM-error	32.452	0.000
	RLM-error	28.868	0.000
	LM-lag	3.585	0.058
	RLM-lag	0.001	0.974
	Hausman 检验	−352.77	

3.4.2 模型估计结果

工业生产是一个连续的过程，上期的工业产出很可能会对当期的工业产出产生影响。此外，尽管我们控制了一些可能影响工业产出的变量，但仍可能遗漏了一些重要变量而影响估计结果的稳定性，因此，在 SAR 和 SDM 中，我们将滞后一期的因变量作为自变量引入模型进行了估计①，同时列出了静态和动态两种空间计量模型估计结果。通过建立动态空间面板模型可以控制动态时滞和遗漏变量对工业产出的影响，并以此检验估计结果是否稳定（白俊红和蒋伏心，2015）。表 3-4 和表 3-5 分别为采用地理距离矩阵和工业经济距离矩阵时的估计结果。

表 3-4 采用地理距离矩阵时的估计结果

变量	SAR		SEM	SDM	
	静态	动态	静态	静态	动态
L. lniopt	—	$0.674\,7^{***}$ （0.000）	—	—	$0.670\,2^{***}$ （0.000）
lniland	$-0.034\,1^{**}$ （0.024）	$-0.026\,6^{***}$ （0.005）	$-0.022\,6$ （0.127）	$-0.027\,4^{*}$ （0.056）	$-0.022\,6^{**}$ （0.011）
lnicap	$0.233\,0^{***}$ （0.000）	$0.096\,7^{**}$ （0.023）	$0.216\,2^{***}$ （0.000）	$0.219\,1^{***}$ （0.000）	$0.095\,3^{**}$ （0.023）

① 动态 SEM 无法估计。

续表

变量	SAR		SEM	SDM	
	静态	动态	静态	静态	动态
lnilab	0.089 7*** (0.000)	0.036 8*** (0.006)	0.090 6*** (0.000)	0.089 0*** (0.000)	0.026 3* (0.056)
lnpop	0.220 7** (0.030)	0.202 7*** (0.007)	0.309 4*** (0.004)	0.247 7** (0.027)	0.151 8* (0.082)
lnctl	0.037 1* (0.084)	0.017 9 (0.154)	0.037 2* (0.070)	0.035 2* (0.086)	0.017 4 (0.158)
tec	1.041 7** (0.019)	0.712 6** (0.015)	0.852 5** (0.038)	0.919 9** (0.025)	0.506 9* (0.064)
secp	0.032 4*** (0.000)	0.011 1*** (0.000)	0.036 0*** (0.000)	0.035 1*** (0.000)	0.012 8*** (0.000)
ρ/λ	0.405***	0.314***	0.538***	0.466***	0.369***
R^2	0.739 1	0.910 4	0.605 4	0.864 4	0.891 9
Log*L*	1 645.39	1 334.32	1 334.32	1 683.49	509.56

*、**和***分别表示在 10%、5%和 1%的水平上显著

注：Log*L* 为对数似然值，括号内为相应的 *P* 值

表 3-5　采用工业经济距离矩阵时的估计结果

变量	SAR		SEM	SDM	
	静态	动态	静态	静态	动态
L. lniopt	—	0.691 4*** (0.000)	—	—	0.693 2*** (0.000)
lniland	−0.033 1** (0.037)	−0.026 3** (0.010)	−0.026 0* (0.090)	−0.030 4* (0.050)	−0.024 0** (0.012)
lnicap	0.234 8*** (0.000)	0.091 6** (0.030)	0.225 1*** (0.000)	0.226 5*** (0.000)	0.098 0** (0.021)
lnilab	0.097 1*** (0.000)	0.039 7*** (0.003)	0.090 8*** (0.000)	0.093 4*** (0.000)	0.027 2** (0.044)
lnpop	0.289 6*** (0.005)	0.253 3*** (0.001)	0.328 3*** (0.002)	0.276 3*** (0.008)	0.173 3** (0.036)
lnctl	0.042 1* (0.060)	0.021 5 (0.106)	0.039 8* (0.059)	0.040 1* (0.061)	0.019 5 (0.120)
tec	1.435 3*** (0.004)	1.604 6*** 0.000	1.097 1** (0.010)	1.205 8*** (0.005)	0.649 3** (0.029)
secp	0.033 8*** (0.000)	0.011 0*** (0.000)	0.036 4*** (0.000)	0.035 2*** (0.000)	0.012 5*** (0.000)
ρ/λ	0.360***	0.336***	0.513***	0.385***	0.279***
R^2	0.698 6	0.907 6	0.615 0	0.805 8	0.900 0
Log*L*	1 594.19	1 264.30	1 264.30	1 614.65	942.50

*、**和***分别表示在 10%、5%和 1%的水平上显著

注：Log*L* 为对数似然值，括号内为相应的 *P* 值

从静态模型和动态模型的角度来看，首先，两种模型所得结果基本一致，表明在考虑了因变量的连续性以及可能存在的遗漏变量对模型的影响

后，本章的估计结果是稳健的。其次，在相同条件下，动态模型由于将滞后一期的因变量也纳入模型中，因而动态模型的 R^2 普遍较静态模型大，但也由此导致了回归系数的普遍偏小，这是滞后一期因变量的影响在静态模型中被笼统地归结为其他自变量的影响所导致的，这也说明动态模型较静态模型更加贴合实际情况。

从空间相关系数（ρ/λ）来看，全部模型的空间相关系数均在 1%的水平上显著，说明地区间工业经济的发展有明显的空间依赖性，有必要将空间效应纳入模型当中。需要说明的是，虽然 LM-lag 检验和 RLM-lag 检验结果显示采用地理距离矩阵情况下应选择 SEM，但 SAR 的空间相关系数 ρ 也在 1%的水平上显著，表明空间滞后因变量对因变量也有影响，因而 SDM 将是合适的选择。

从不同空间权重矩阵的估计结果对比来看，除动态 SAR 的空间相关系数外，其他模型采用工业经济距离矩阵时的空间相关系数均小于采用地理距离矩阵时的空间相关系数，这也说明空间权重矩阵的选择能够影响模型的估计结果。具体来看，工业经济距离矩阵既考虑了空间上的地理距离，又通过加权工业产值比重考虑了工业发展水平的影响，能够更真实地反映地区间的相互影响程度，相比地理距离矩阵而言更为合理。一方面，城市之间的地理距离无差别地衡量两个工业发展水平不同的城市，而实际上工业发展水平高的城市和工业发展水平低的城市之间的辐射带动作用是不对等的，如北京对保定的辐射作用和保定对北京的辐射作用不可同日而语；另一方面，工业产值比重加权将城市间工业发展水平的差距大小考虑在内，也更加符合实际，如上海对常州的辐射作用和南京对常州的辐射作用也大不相同。

实际上，在不同模型和不同空间权重矩阵情况下，核心解释变量的估计结果基本一致，区别仅在于 SEM 时，采用地理距离矩阵情况下工业用地对工业产值影响为负但不显著；但采用工业经济距离矩阵时工业用地对工业产值影响为负且在 10%的水平上显著，这进一步说明空间权重矩阵的选择会影响估计结果。此外，采用工业经济距离矩阵时各模型所得估计系数普遍较采用地理距离矩阵时大，说明地理距离矩阵有可能低估了自变量对因变量的影响程度。综上所述，本章以采用工业经济距离矩阵的动态 SDM 的估计结果作为分析的依据，所得结论如下。

（1）从自变量参数估计结果来看，工业用地对工业产值影响为负，工业资本和工业劳动力对工业产值影响为正，且均在 5%的水平上显著，估计参数分别为−0.024 0、0.098 0 和 0.027 2。工业资本的估计系数远大于工业用地和工业劳动力，说明当前工业发展中工业资本要素的投入起到至关重要的作用，工业劳动力对工业产值的影响显著为正，说明工业劳动力的增加目前对工业经济的发展仍具有显著的促进作用，这与饶映雪和戴德艺（2016）、高辉娜（2015）利用普通面板模型得出的研究结论是一致的。工业用地对工业产值的影响显著为负，这与上述研究结论截然相反，说明简单的粗放型加工和代工工业发展模式已经行不通，应该加快产业升级，注重内涵式发展（刘守英，2017a）。土地是工业生产的重要投入要素之一，但工业产值与工业用地投入却不一定成正比。一方面，企业只有在同时投入资本、劳动力等其他要素时才能发挥生产效益，闲置土地并不能推动工业经济的发展，甚至因为土地资源的浪费而对工业经济发展产生阻碍效应。从开发区的发展来看，设立开发区是地方政府的重要发展政策之一，已有研究已经证明了设立开发区对 GDP、外商直接投资有积极影响（Wang，2013），但也导致了大量的低效用地和闲置用地。国土资源部（现为自然资源部）2003 年调查发现，全国 6 866 个开发区中大约 70%的土地处于闲置状态（Du and Peiser，2014）。另一方面，工业用地的低效利用也会导致工业用地对工业产值的影响为负，中国工业用地比重居高不下。同时，中国工业经济增速却显著下行（刘守英，2017a），这与地区竞争背景下，各地区对工业用地利用效率不够重视有关。从控制变量参数估计结果来看，城市人口规模、科技投入和工业发展水平对工业经济发展有显著的正向影响，说明城市人口规模越大、科技支出占财政支出比重越高、第二产业占 GDP 比重越高，地区工业产值越大。城市规模对工业经济发展的影响不显著。

（2）SDM 包含了自变量的空间滞后项，模型的回归系数并不能直接反映自变量对因变量的具体影响程度，LeSage 和 Pace（2009）根据空间效应作用的范围和对象的不同，将空间计量模型中自变量对因变量的影响分为直接效应、空间溢出效应和总效应。直接效应反映了自变量 x 对本区域 y 的平均影响，空间溢出效应反映了自变量 x 对其他区域因变量 y 的平均影响，而总效应反映的是自变量 x 对全部区域因变量 y 的平均影响。表 3-6 计算了 SDM 下各自变量对因变量的直接效应、空间溢出效应和总效应。可以看出，工业用地的直接效应、空间溢出效应和总效应均显著为负，表明工业用地对工业产值不仅具有明显的直接效应，其所引致的空间溢出效应对工业产值也具有显著的负向影响。原因可能是邻近地区的工业发展模式往往具有相似性，工业用地利用情况也比较相近，因而工业用地的直接效应和空间溢出效应系数符号相同。工业资本对工业产值的直接效应显著为正，而空间溢出效应和总效应为正但不显著，表明工业资本的影响主要表现在对本地区工业产值的影响上。工业劳动力的直接效应、空间溢出效应和总效应均显著为正，表明工业劳动力不仅可以影响本地区的工业产值，还可以影响其他地区的工业经济发展，这是由于劳动力属于流动要素，其在地区间的流动会产生明显的溢出效应。

表 3-6 SDM 下各自变量对因变量的直接效应、空间溢出效应和总效应

类别	变量	系数	标准误	t 统计值	P 值
直接效应	lniland	-0.026^{***}	0.010	−2.710	0.007
	lnicap	0.099^{**}	0.044	2.240	0.025
	lnilab	0.029^{**}	0.013	2.240	0.025
空间溢出效应	lniland	-0.104^{*}	0.058	−1.790	0.073
	lnicap	0.019	0.052	0.370	0.713
	lnilab	0.119^{***}	0.039	3.030	0.002
总效应	lniland	-0.130^{**}	0.062	−2.080	0.037
	lnicap	0.118	0.083	1.410	0.158
	lnilab	0.148^{***}	0.038	3.870	0.000

*、**和***分别表示在 10%、5%和 1%的水平上显著

3.4.3 东、中、西三大区域比较分析

中国地域广阔，不同地区工业经济发展水平存在较大差异，为进一步分析中国不同区域各要素投入对工业经济影响的差异性，按照中国经济区域分类标准，将各地级市或以上城市根据所属省（区、市）划分为东部、中部和西部三个区域①，分别对三大区域进行回归分析。根据上文模型估计结果，东、中、西三大区域分析均采用相应的工业经济距离矩阵。同时，根据 LM 及 RLM 检验，三大区域均存在极显著的正空间相关性，且均不能忽略空间滞后因变量的影响，因此，三大区域均采用 SDM 来进行分析，并且均估计了静态和动态 SDM，具体估计结果见表 3-7。

① 东部区域包括北京、天津、河北、辽宁、上海、江苏、浙江、福建、山东、广东、海南；中部区域包括黑龙江、吉林、山西、河南、安徽、江西、湖北、湖南；西部区域包括云南、广西、四川、重庆、内蒙古、贵州、陕西、甘肃、青海、宁夏、新疆、西藏。

表 3-7　三大地区 Moran's *I* 和 LM 检验估计结果

检验	东部		中部		西部	
	统计量	*P* 值	统计量	*P* 值	统计量	*P* 值
Moran's *I*	6.736	0.000	5.009	0.000	7.933	0.000
LM-error	43.753	0.000	24.025	0.000	60.274	0.000
RLM-error	52.033	0.000	28.521	0.000	48.319	0.000
LM-lag	1.117	0.291	0.016	0.899	12.232	0.000
RLM-lag	9.397	0.002	4.512	0.034	0.277	0.599

从表 3-8 的估计结果来看，东、中、西三大地区的空间相关系数分别为 0.430、0.219、0.206，且均达到显著水平，东部地区的空间相关性明显高于中西部地区，而中部和西部的空间相关性相差不大。中西部地区静态模型和动态模型估计结果基本一致，但在东部地区静态模型和动态模型情况下，有些变量的影响方向和显著性不一致。从 R^2 来看，一般情况下动态模型的 R^2 由于考虑了滞后因变量的影响，因而通常比静态模型要大，中西部地区的估计结果满足这一情况，但东部地区动态模型的 R^2 却明显小于静态模型的 R^2，原因可能是东部地区滞后因变量加入后导致模型估计出现偏差，因而变量系数出现明显变化。为了保证东、中、西地区比较分析的一致性，本章采用静态模型估计结果作为讨论的依据。

表 3-8　采用工业经济距离矩阵及 SDM 情况下的估计结果

变量	东部		中部		西部	
	静态	动态	静态	动态	静态	动态
L.lniopt	—	0.860 5*** (0.000)	—	0.784 4*** (0.000)	—	0.537 1*** (0.000)
lniland	0.038 3 (0.234)	0.011 5 (0.575)	0.006 8 (0.819)	0.008 7 (0.608)	−0.062 9*** (0.001)	−0.046 8*** (0.000)
lnicap	0.375 6*** (0.000)	−0.002 5 (0.951)	0.201 4*** (0.000)	0.047 5*** (0.007)	0.135 4** (0.010)	0.114 1* (0.095)
lnilab	0.087 2*** (0.004)	−0.064 2*** (0.000)	0.143 0*** (0.000)	0.034 1 (0.113)	0.065 4* (0.053)	0.018 0 (0.477)
lnpop	−0.129 2 (0.615)	1.022 9*** (0.000)	0.475 7*** (0.000)	0.223 7*** (0.004)	0.574 5* (0.061)	0.401 9 (0.190)
lnctl	0.058 0** (0.021)	0.022 5 (0.148)	0.027 5 (0.593)	0.010 1 (0.665)	0.011 7 (0.706)	0.002 9 (0.894)
tec	1.020 4 (0.113)	3.689 2*** (0.000)	0.094 1 (0.872)	−0.291 8 (0.454)	1.499 0 (0.101)	1.092 1 (0.148)
secp	0.031 8*** (0.000)	0.007 0 (0.137)	0.038 3*** (0.000)	0.013 9*** (0.000)	0.033 3*** (0.000)	0.015 5*** (0.000)

续表

变量	东部		中部		西部	
	静态	动态	静态	动态	静态	动态
ρ	0.430***	0.843***	0.219***	0.110**	0.206**	0.111*
R^2	0.869 8	0.609 4	0.645 1	0.941 5	0.609 8	0.881 9
Log*L*	−2 640.67	−2 640.67	514.61	514.61	262.46	262.46

*、**和***分别表示在10%、5%和1%的水平上显著

注：Log*L* 为对数似然值，括号内为相应的 *P* 值

（1）从核心解释变量来看，东部和中部地区工业用地对工业产值有正的影响但不显著，表明当前东部和中部地区推动工业经济发展的要素投入中，土地要素所起的作用有限。西部地区工业用地对工业产值有显著的负向影响，这表明西部地区工业用地投入实际上抑制了工业经济的发展。原因可能是多方面的：第一，西部地区市场发育不完善、基础设施落后、前期投入要素完备率低等都会导致西部地区相对东部和中部地区有较高的工业用地闲置概率。第二，资源错配使得稀缺的土地资源被低效利用，从而降低企业的生产效率（李力行等，2016）。西部地区工业发展水平低，模仿东部地区开展大规模的工业园区建设以吸引投资，却引资效果不佳（刘守英，2018），反而造成资源浪费和土地利用效率下降。第三，工业用地价格会基于选择效应影响工业用地效率（席强敏和梅林，2019），西部地区以相对更低的工业用地价格承接东部和中部地区转移的产业，会带来更高的低效率企业进入比例和更低的低效率企业淘汰风险。此外，三大区域工业资本和工业劳动力对工业经济的影响均显著为正，这说明三大区域虽然处于不同的发展阶段，但工业资本和工业劳动力仍然是促进工业发展的重要投入要素，其中，工业资本的促进作用要明显大于工业劳动力。

（2）从控制变量来看，东部地区人口规模对工业产值影响为负但不显著，中西部地区人口规模对工业产值有显著的正向影响。原因可能是随着东部地区企业用地成本上升和环保要求提高等因素的影响，传统工业企业向中西部地区迁移，而企业在迁移过程中仍然将人口规模作为重要的考虑因素，继续利用中西部地区的人口红利优势带动工业经济增长。东部地区城市规模对工业产值的影响显著为正，而中西部地区影响不显著。城市规模越大则可用资源越多，市场越大，因而有足够实力吸引高新技术产业和高生产效率企业落户，如各大城市设立中央商务区吸引企业总部入驻。东部地区经济发展水平较高，各类资源获取方便，有区位优势，因而城市规

模对工业产值影响显著。三大地区科技投入对工业产值的影响均不显著，工业发展水平对工业产值均有显著的正向影响。

（3）表 3-9 列出了东、中、西三大区域自变量的直接效应、空间溢出效应和总效应。可以看出，东部地区工业用地直接效应为正，空间溢出效应和总效应为负，但均不显著；中部地区工业用地三种效应均为正，其中空间溢出效应和总效应显著；西部地区工业用地三种效应均显著为负，表明中部地区工业用地能够对邻近地区产生正的空间溢出效应，而在西部地区，工业用地则无论对本地区还是邻近地区均有负的空间溢出效应。此外，三大地区工业资本和工业劳动力的直接效应均显著为正，除东部地区工业资本有显著为正的空间溢出效应外，其他空间溢出效应均不显著。

表 3-9　分地区 SDM 的直接效应、空间溢出效应和总效应

类别	变量	东部		中部		西部	
		系数	*P* 值	系数	*P* 值	系数	*P* 值
直接效应	lniland	0.032	0.343	0.012	0.699	−0.066***	0.001
	lnicap	0.394***	0.000	0.200***	0.000	0.135***	0.007
	lnilab	0.094***	0.001	0.150***	0.000	0.067**	0.037
空间溢出效应	lniland	−0.225	0.115	0.189*	0.077	−0.150**	0.038
	lnicap	0.657***	0.001	−0.008	0.914	0.093	0.339
	lnilab	0.124	0.121	0.108	0.389	−0.084	0.430
总效应	lniland	−0.193	0.207	0.201*	0.069	−0.216***	0.007
	lnicap	1.051***	0.000	0.191**	0.026	0.228**	0.029
	lnilab	0.218**	0.014	0.258**	0.038	−0.017	0.879

*、**和***分别表示在 10%、5%和 1%的水平上显著

3.4.4　稳健性分析

1. 采用不同空间权重矩阵的稳健性检验

前文分析中，我们构建静态和动态两种空间模型来验证结果的稳定性，此外，还构建了地理距离矩阵和工业经济距离矩阵两种空间权重矩阵来验证估计结果的稳健性。考虑到地区经济发展水平也会对模型估计结果产生影响，我们利用地区生产总值比重构建经济距离矩阵进一步验证估计结果的稳健性。采用经济距离矩阵后，回归结果仍显示应当采用 SDM，而且主要解释变量符号和显著性水平没有发生变化，表明本章的估计结果是稳健的。采用经济距离矩阵时 SDM 估计结果见表 3-10。

表 3-10　采用经济距离矩阵时 SDM 估计结果

变量	全国		东部		中部		西部	
	静态	动态	静态	动态	静态	动态	静态	动态
L.lniopt	—	0.686 1*** （0.000）	—	0.788 9*** （0.000）	—	0.781*** （0.000）	—	0.532*** （0.000）
lniland	−0.028 4** （0.058）	−0.022 9** （0.015）	0.039 8 （0.207）	0.013 4 （0.471）	0.006 6 （0.824）	0.007 6 （0.651）	−0.059 2*** （0.001）	−0.045 0*** （0.001）
lnicap	0.223 5*** （0.000）	0.095 4** （0.024）	0.380 2*** （0.000）	0.037 6 （0.355）	0.204*** （0.000）	0.049 3*** （0.005）	0.132** （0.013）	0.113* （0.099）
lnilab	0.090 7*** （0.000）	0.022 5* （0.057）	0.085 1*** （0.005）	0.010 6 （0.456）	0.139*** （0.000）	0.033 9 （0.123）	0.065 5* （0.051）	0.019 1 （0.445）
lnpop	0.247 7*** （0.018）	0.156 0* （0.057）	−0.121 9 （0.643）	0.325 5* （0.056）	0.421*** （0.001）	0.203*** （0.003）	0.571* （0.060）	0.402 （0.195）
lnctl	0.037 5* （0.075）	0.019 7 （0.118）	0.058 8** （0.022）	0.028 2* （0.082）	0.024 3 （0.640）	0.010 7 （0.647）	0.005 6 （0.857）	−0.000 6 （0.977）
tec	0.949 4** （0.021）	0.497 3* （0.075）	0.756 7 （0.199）	0.465 8 （0.342）	0.000 3 （1.000）	−0.322 （0.396）	1.500 （0.131）	1.094 （0.176）
secp	0.034 9*** （0.000）	0.012 3*** （0.000）	0.030 3*** （0.000）	0.007 4 （0.119）	0.038 1*** （0.000）	0.013 3*** （0.000）	0.033 8*** （0.000）	0.016 0*** （0.000）
ρ	0.441***	0.358***	0.432 9***	0.721 4***	0.248 5***	0.130 0***	0.224***	0.121**
R^2	0.802 6	0.954 8	0.865 8	0.706 3	0.707 2	0.941 3	0.787 5	0.900 7
Log*L*	942.50	466.10	−1 671.97	−1 671.97	480.87	480.87	424.60	424.60

*、**和***分别表示在 10%、5%和 1%的水平上显著

注：Log*L* 为对数似然值，括号内为相应的 *P* 值

2. 考虑模型内生性的稳健性检验

动态空间面板回归解决了遗漏变量可能造成的内生性问题，但工业用地和工业产出之间可能互为因果关系，工业用地会对工业产出产生影响。反过来，一个地区的工业发展水平也在一定程度上对工业用地面积产生影响，因而还必须考虑可能由此导致的内生性问题。本书借鉴余泳泽和刘大勇（2013）的研究，采用空间 GMM 方法对模型进行稳健性检验，并选择 *W*∗lniland 作为空间 GMM 估计的工具变量。工具变量的合理性采用 Hansen 检验进行了验证，Hansen 检验 *P* 值均不显著，表明采用 *W*∗lniland 作为工具变量具有一定合理性。与之前估计结果相比，空间 GMM 估计结果的主要变量系数符号和显著性没有发生明显变化，表明本章的估计结果依然稳健。空间 GMM 估计结果见表 3-11。

表 3-11　空间 GMM 估计结果

指标	全国	东部	中部	西部
L.lnchanzhi	−0.119*** （0.004）	—	—	—
wlnyongdi	−4.752*** （0.001）	2.197 （0.376）	0.049 3 （0.362）	−0.072 6* （0.070）

续表

指标	全国	东部	中部	西部
lnzichan	1.269*** (0.001)	0.560*** (0.001)	0.634*** (0.000)	0.469*** (0.000)
lncongye	−0.148 (0.650)	0.054 8 (0.695)	−0.037 3 (0.362)	0.121*** (0.004)
lnrenkou	0.487*** (0.002)	5.476* (0.052)	0.490*** (0.000)	0.421*** (0.000)
lnjianshe	0.403*** (0.000)	−0.157 (0.495)	0.147** (0.015)	0.282*** (0.000)
keji	−33.77* (0.067)	−1.812 (0.596)	9.479*** (0.001)	9.550** (0.036)
erchan	0.018 3*** (0.000)	0.012 7 (0.361)	0.023 5*** (0.000)	0.031 3*** (0.000)
N	3 135	1 010	1 100	935
Hansen 检验值	0.997	0.889	0.696	0.343
AR（1）	0.011	0.014	0.001	0.005
AR（2）	0.951	0.368	0.851	0.341

*、**和***分别表示在 10%、5%和 1%的水平上显著

注：AR（1）和 AR（2）分别表示一阶自回归和二阶自回归检验值，括号内为相应的 P 值

3.5 本章小结

本章采用中国 2006~2016 年地级市层面的面板数据，建立地理距离空间权重矩阵和工业产值比重加权的工业经济距离空间权重矩阵，构建不同的空间计量模型，深入分析工业用地对工业经济的影响以及这种影响在东、中、西三大区域的差异。主要结论如下：①工业产值、工业用地、工业资本、工业劳动力均表现出明显的空间相关性，采用工业经济距离矩阵的估计结果更加贴合实际。②全国层面，工业用地对工业产值有显著的负向影响，且对邻近地区也有显著为负的空间溢出效应。工业资本和工业劳动力仍是推动工业经济发展的重要因素，工业劳动力有显著为正的空间溢出效应。③地区层面，东部和中部地区工业用地对工业产值没有明显的促进作用，西部地区工业用地对工业产值有显著的负向影响。三大区域工业资本和工业劳动力均对工业经济有显著的促进作用。此外，中部地区工业用地空间溢出效应显著为正，而西部地区则直接效应、空间溢出效应和总效应均显著为负。

第二篇

新型城镇化背景下工业用地效率研究：宏观尺度

第 4 章　中国省级行政区域城镇化水平综合评价

4.1　城镇化水平综合评价的总体思路

城镇化是一个社会发展方式转变的过程，需要十分全面而周到地综合考虑各个方面，所以，对于城镇化水平的评价并非易事。根据新型城镇化的内涵，本章使用复合指标法，通过考察城镇化发展的不同方面，选取合适的指标进行综合评价。在实际研究中，由于希望全面了解所研究的对象，往往尽可能多地搜集变量，但是这样操作会出现重复信息的问题。当将大量包含着重复信息的变量引入问题分析中时，不但会使模型复杂化，而且多重共线性问题会造成极大的误差。主成分分析法正是解决此类问题最有效的方法，通过提取信息来减少分析的维度，一方面将数量较少的新指标替代数量较多的旧指标，另一方面尽可能地反映原始信息，最终使问题更加简单直观。本章的研究正是通过构建指标体系，运用主成分分析法对城镇化水平进行一个综合评价，揭示中国省级行政区域城镇化发展水平，分析城镇化拉动因子的变化趋势，考察城镇化发展模式的转变。

4.2　城镇化水平综合评价方法

4.2.1　经典主成分分析法

主成分分析法的原理可以通过图 4-1 加以说明。当分析的两个变量存在明显的相关关系时，直接纳入分析会出现多重共线性问题，造成无法得出正确的结论。那么，如何来对这两个变量所携带的信息进行压缩处理并解决共线性问题呢？首先，信息在统计学意义上往往表示数据变异，如图 4-1 所示，当变量散点形成一个椭圆轮廓的点阵时，说明在椭圆的长轴方向上，数据变异比较大，而在短轴向上变异则要小。其次，按照椭圆长短轴的方向确定一个新的坐标系（如图 4-1 中虚线所示），那么，产生的新变量和原始变量两者之间明确存在函数关系。并且，新变量具有彼此不相关的特征，并且携带了大部分的变异信息。基于新变量的特点，只需要选择位于长轴的变量，就可以获得大部分原始信息，通过重新设定坐标系的方法就能够把原来两个变量压缩为一个新变量，从而达到降维的目的。显然，椭圆的长短轴相差得越大，说明两个变量的相关性越强，降维后的信息价值就越大。

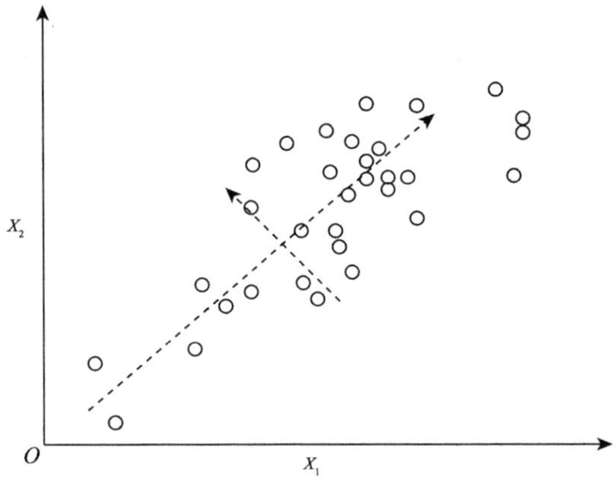

图 4-1 主成分分析法原理图

将其由两个自变量的情形，推广到多个自变量的情形。假设有 n 个样本，测得 p 项指标（$p<n$），用向量表示为 $X=\left(X_1,X_2,\cdots,X_p\right)$。主成分的目的是在信息损失不大的情况下达到降维的目的，“信息”最经典的方法就是用指标方差来表示，即指标方差越大，则信息损失越少。通常的做法是将原先的 p 项指标线性组合，即将选取的第一个线性组合（即第一个综合指标）记为新变量 F_1，为了使 F_1 更多地反映原来指标的信息，需要选取方差最大的 F_1，依次类推可得到第三主成分,第四主成分,…,第 p 个主成分。在实际应用中一般只需要选择前面几个最大的主成分，虽然这样损失了部分信息，但保留了绝大部分变异信息，从而达到了既减少变量个数又抓住主要矛盾的目的，有利于问题的分析和处理。

经典主成分分析法的数学模型可以表达如下：

X 是一个具有 n 个样本和 p 项指标（或变量）的数据表，即

$$X=\left(x_{ij}\right)_{n\times p}=\begin{bmatrix}e_1\\e_2\\\vdots\\e_n\end{bmatrix}=\left[X_1,X_2,\cdots,X_p\right]$$

式中，样本点 $e_i=\left(x_{i1},x_{i2},\cdots,x_{ip}\right)\in R^p$，$i=1,2,\cdots,n$；变量

$X_j=\left(x_{1j},x_{2j},\cdots,x_{nj}\right)^{\mathrm{T}}\in R^n$，$j=1,2,\cdots,p$。协方差矩阵为$\sum$，令协差阵的特征根为$\lambda_1\geqslant\lambda_2\geqslant\cdots\geqslant\lambda_p$，所以有$\mathrm{Var}\left(F_1\right)\geqslant\mathrm{Var}\left(F_2\right)\geqslant\cdots\geqslant\mathrm{Var}\left(F_p\right)\geqslant 0$，向量$l_1,l_2,\cdots,l_p$为相应的单位特征向量，那么，$X$的第$i$个主成分就可以表示为$F_i=Xl_i'$。

经典主成分分析法的一般步骤如下：

步骤1：设综合评价共有p项指标，为统一数量级和量纲，对p项指标进行标准化处理。

步骤2：用标准化后的指标计算相关矩阵V并求出特征值和相应的正交化特征向量，分别记为$\lambda_1\geqslant\lambda_2\geqslant\cdots\geqslant\lambda_p>0$，$l_i=\left(\alpha_{1i},\alpha_{2i},\cdots,\alpha_{pi}\right)$，$i=1,2,\cdots,p$。

步骤3：计算各个主成分F_i的方差贡献率$Q_i=\mathrm{Var}\left(F_i\right)/\sum_{j=1}^{p}s_j^2=\lambda_i/\sum_{j=1}^{p}\lambda_j$。当$\sum_{i=1}^{m}Q_i$达到一定的数值时，取前$m$个主成分，得到综合评价函数$I=\left(Q_1F_1+Q_2F_2+\cdots+Q_mF_m\right)/\sum_{i=1}^{m}Q_i$。其中，$Q_i$表明主成分$F_i$的方差在总样本方差中的占比，该比值越大，表明$F_i$携带的$X_1,X_2,\cdots,X_p$的原始信息量越多，即主成分$F_1,F_2,\cdots,F_m$分别可以用$Q_1,Q_2,\cdots,Q_m$的精度来概括原来的$p$项指标。

步骤4：将每一个样本的均值化数值代入上式，从而求得各样本的综合评价，根据综合评价得分对各样本进行分析评价。

4.2.2　全局主成分分析法

经典主成分分析法的分析对象只针对样本和指标构成的平面数据，并没有加入时间序列，即传统的主成分分析法只能应用于横截面数据。但是，随着研究的问题越来越复杂，可获取的数据越来越多，许多按时间排序的平面数据表序列也随之出现，这种类型的数据表被称为时序立体数据表，即同一时间段上的数据均可以构成一张横截面数据表，有多少个不同的时间段，就可以构成多少张数据表。经典主成分分析法无法对比同一样本不同时间的评估结果，因此，可以把不同时期的平面数据表整理成一张立体时序数据表，这样就可以用经典主成分分析法进行处理，这种分析方法为全局主成分分析法（耿海清等，2009）。

仍然是n个样本点，每个样本点都采用p项同样的指标来进行描述，该

数据表记为 $X^T = \left(x_{ij}\right)_{n\times p}$。由于每一年份均有一张截面数据表，观察期为 T 年，则一共产生了 T 张截面数据表，将 T 张截面数据表由上而下，按照时间先后顺序排列成一个 $nT\times p$ 的矩阵，从而可以构成"时序立体数据表"，记为 $X = \left(X^1, X^2, \cdots, X^T\right)'_{nT\times p} = \left(x_{ij}\right)_{nT\times p}$。之后进行经典主成分分析法的一般步骤，在此不再赘述。

4.3　城镇化水平综合评价指标体系的构建

随着城镇化内涵向新型城镇化的不断发展，城镇化更加注重质量的提升和人的发展。本章从不同维度系统综合考虑，选取 17 个与城镇化发展方向契合的指标，形成评价城镇化发展水平的指标体系。在选取指标上为防止重复信息都只采用一到两个指标来反映城镇化的某一方面内容。同时为了统一量纲，将部分指标转化为单位面积指标、人均指标或百分比指标。

当城镇化开始出现时最直观的表现就是农村人口向城市流动以及由此产生的地域和社会的变化。所以用城镇化率（即城镇人口占常住人口比重）和城镇人口密度来反映城镇化发展总体水平。第二、三产业从业人员比重代表城镇化过程中人口就业结构的变化。

经济发展水平是城镇化建设的重要支撑。人均地区生产总值和城镇居民人均可支配收入能够反映城镇的财富积累与人民生活水平的改善，代表区域收入水平的变化；城镇居民人均消费支出和城镇居民文教娱乐人均现金消费支出能够体现伴随城镇化水平提高而带来的消费水平与生活方式的变化；工业总产值占 GDP 比重和第二、三产业产值占 GDP 比重可以反映由城镇化水平提高带来的区域产业结构变化。

城镇化要求城市地域空间扩展与其空间经济产出效率的协调发展，因此用城市建成区面积占区域总面积比重和每万平方千米的县级区划数表示城市空间规模扩张；用城镇经济密度（单位建成区土地面积万元非农业 GDP）代表空间经济产出；用工业集聚水平体现城市产业空间聚集。其中，工业集聚水平借鉴 Fan 和 Scott（2003）的做法，将地区 HHI（Hirschman-Herfindahl index，赫芬达尔-赫斯曼指数）作为评价地区工业集聚水平的指标。由于工业集聚是工业就业人员或企业的地理集中现象，只利用就业人数的 HHI 来度量地区工业集聚状况，有可能高估地区工业集聚水平，因为有些行业的就业人员有可能集中于一个或多个大型企业。同样，只利用企业数量的 HHI 来度量地区工业集聚状态，有可能因为有些地区（如经济落后地区）的企业数量可能很少。基于这两个方面的考虑，本书利用工业企业数量的HHI和就业人数的HII的算术平均值来评价地区工业集聚的总体状况（朱英明，2009）。

改变以往单纯对“物”的投资，使其转向对“人”的投资，是新型城镇化以人为本的重要体现。因此用城镇居民人均城市道路面积、人均公共绿地面积代表区域基础设施建设，体现道路交通和绿化改善的情况。另外，新型城镇化区别于传统城镇化还体现在城市发展在一定的资源与环境承载能力之内，本章用工业污染治理完成投资和生活垃圾无公害处理率分别表示城市发展中的环保投入与城市生活的环境卫生条件。

综合分析以上的指标可以比较客观、全面地评价我国省级行政区域的新型城镇化发展水平，指标说明见表 4-1。

表 4-1　指标说明

目标层	指标层	指标说明	单位
新型城镇化水平	城镇化率	城镇人口占常住总人口比重	%
	城镇人口	城镇人口密度	人/千米^2
	就业结构	第二、三产业从业人员比重	%
	财富积累	人均地区生产总值	元
	收入水平	城镇居民人均可支配收入	元
	消费水平	城镇居民人均消费支出	元
	生活方式	城镇居民文教娱乐人均现金消费支出	元
	工业拉动	工业总产值占 GDP 比重	%
	产业结构	第二、三产业产值占 GDP 比重	%
	空间规模	城市建成区面积占区域总面积比重	%
	城镇分布	每万平方千米的县级区划数	个
	经济密度	单位建成区土地面积非农业 GDP	万元/千米^2
	产业集聚	工业集聚水平	%
	道路交通	人均城市道路面积	平方米
	绿化改善	人均公共绿地面积	平方米
	环保投入	工业污染治理完成投资	万元
	环境卫生	生活垃圾无公害处理率	%

4.4　省级行政区域城镇化水平综合评价及结果分析

4.4.1　样本数据的来源及处理

根据数据的可得性，本章的研究样本数据为 2006~2016 年中国 30 个省级行政区域（不包含港、澳、台及西藏）的面板数据。全国省级就业人数、建成区面积、非农业 GDP、人口密度、工业从业人员数及工业企业数量等数据主要来自《中国城市建设统计年鉴》及《中国城市统计年鉴》，其他相关统计数据来源于历年各省（区、市）治区统计年鉴及《中国统计年鉴》等。所有货币为单位的数据采用相应的 GDP 平减指数、消费者物价指数进行了消胀处理（以 2006 年数据为基年数据）。并且，以上指标的数据口径皆为市辖区，即城区和郊区，不包括市辖县。因为地级市所管辖的县（市）数量不等，并且不时发生变动。市辖区则相对稳定，可以更加准确地测算省级城镇化水平的变化趋势。

4.4.2 城镇化水平综合评价

1. 组建全局数据表并对数据进行标准化

首先，将获取的 2006~2016 年原始数据，按时间先后顺序依次排列，组成时序立体数据表 $X=\left(x_{ij}\right)_{nT\times p}$，用于进行全局主成分分析。

为了消除变量在数量级或者量纲上的影响，就表中指标进行标准化，并在表中保留标准化后的数据，记为 $Zx_1,Zx_2,\cdots,Zx_{12}$，以便计算各个主成分。

2. 对指标数据进行有效性检验

该指标数据是否可以采用全局主成分分析法需要进行检验，表 4-2 给出了 KMO 与 Bartlett 的球形度检验的结果。KMO 检验统计量为 0.787，说明指标之间有较大的相关性。Bartlett 的球形度检验显著性小于 0.001，说明指标之间虽有相关性但不是单位相关，所以该数据可以采用全局主成分分析法。

表 4-2 KMO 和 Bartlett 的球形度检验

取样足够度的 KMO 度量		0.787
Bartlett 的球形度检验	近似卡方	6 265.433
	Df	136
	sig.	0.000

3. 对数据进行全局主成分分析

运用 SPSS 20.0 软件的 Factor 过程对标准化后的变量的相关系数矩阵进行分析。根据特征值大于 1 的原则，提取五个主成分，累积方差贡献率是 81.986%，如表 4-3 所示。

表 4-3　解释的总方差

成分	初始特征值			提取平方和载入		
	合计	方差的贡献率	累积方差贡献率	合计	方差的贡献率	累积方差贡献率
1	6.758%	39.752%	39.752%	6.758%	39.752%	39.752%
2	2.656%	15.625%	55.377%	2.656%	15.625%	55.377%
3	1.914%	11.260%	66.637%	1.914%	11.260%	66.637%
4	1.595%	9.380%	76.017%	1.595%	9.380%	76.017%
5	1.015%	5.969%	81.986%	1.015%	5.969%	81.986%
6	0.749%	4.409%	86.394%			
7	0.584%	3.436%	89.830%			
8	0.489%	2.878%	92.708%			
9	0.330%	1.944%	94.652%			
10	0.304%	1.790%	96.441%			
11	0.186%	1.097%	97.538%			
12	0.155%	0.909%	98.447%			
13	0.119%	0.698%	99.145%			
14	0.063%	0.369%	99.514%			
15	0.040%	0.236%	99.750%			
16	0.034%	0.198%	99.948%			
17	0.009%	0.052%	100.000%			

注：提取方法：主成分分析法

主成分分析的每个变量方差都可以分解为公因子方差和特殊因子方差，其中公因子方差的大小表示信息量损失的大小。公因子方差越大，则各变量中所含原始信息能被提取的公因子所代表的程度也就相应越大（卢纹岱，2002；张文彤和董伟，2013）。由于对各个变量均进行了标准化，故公因子方差可以当作对原始变量的解释程度。在综合特征根大小、累积方差贡献率与公因子方差，本章提取的 5 个主成分基本可以表示原始的 17 个指标，即评价中国省级行政区域城镇化水平的主成分可以概括为前五个指标（表 4-4）。

表 4-4　公因子方差

指标	提取
城镇人口占常住总人口比重	0.887
城镇人口密度	0.928
第二、三产业从业人员比重	0.865
人均地区生产总值	0.879
城镇居民人均可支配收入	0.939

续表

指标	提取
城镇居民人均消费支出	0.941
城镇居民文教娱乐人均现金消费支出	0.870
工业总产值占 GDP 比重	0.883
第二、三产业产值占 GDP 比重	0.734
城市建成区面积占区域总面积比重	0.881
每万平方千米的县级区划数	0.687
单位建成区土地面积非农业 GDP	0.705
工业集聚水平	0.695
人均城市道路面积	0.843
人均公共绿地面积	0.723
工业污染治理完成投资	0.725
生活垃圾无公害处理率	0.753

4.4.3 综合评价结果分析

1. 新型城镇化水平的区域差异

根据 4.4.2 小节的分析，5 个主成分保留了大部分原始指标的信息，并且代表了新型城镇化发展的不同方面。所以，可以将 5 个主成分的特征值占总特征值的百分比（同样也可以对应的方差贡献率占累计方差贡献率的百分比）作为权重，用特征值的和表示它们代表的总信息量，把反映城镇化水平的 5 个主成分的得分汇总，运用下列公式计算：

$$\text{Score}=\left(F_1\lambda_1+F_2\lambda_2+F_3\lambda_3+F_4\lambda_4+F_5\lambda_5\right)/\left(\lambda_1+\lambda_2+\lambda_3+\lambda_4+\lambda_5\right)$$

F_1、F_2、F_3、F_4、F_5 分别为第一主成分、第二主成分、第三主成分、第四主成分和第五主成分的得分。λ_1、λ_2、λ_3、λ_4、λ_5 分别为对应的各个主成分的特征值，通过加权平均，得到一个新变量，命名为 Score，用来说明某个区域的城镇化发展的综合水平。综合评价的结果如表 4-5 所示。

表 4-5　2006~2016 年中国 30 个省级行政区域城镇化水平得分

地区	2006 年	2008 年	2010 年	2012 年	2014 年	2016 年
北京	1.998	2.091	2.083	2.382	2.407	2.489
天津	1.251	1.576	1.691	1.905	1.945	1.839
河北	1.512	1.636	1.950	2.165	2.123	1.798
山西	0.583	0.955	1.053	1.245	1.360	1.357
内蒙古	0.603	0.930	1.181	1.508	1.667	1.774
辽宁	1.163	1.158	1.313	1.451	1.677	1.406
吉林	0.329	0.659	0.825	0.921	1.210	1.336

续表

地区	2006年	2008年	2010年	2012年	2014年	2016年
黑龙江	0.325	0.485	0.634	0.741	0.891	1.010
上海	1.741	1.828	1.795	1.890	2.045	2.224
江苏	1.881	2.057	2.075	2.274	2.468	2.692
浙江	1.642	1.848	1.979	2.120	2.368	2.363
安徽	0.471	0.820	1.023	1.363	1.563	1.786
福建	0.862	1.247	1.363	1.584	1.753	2.067
江西	0.509	0.878	1.142	1.288	1.411	1.448
山东	1.453	1.487	1.520	1.678	1.907	1.889
河南	1.052	1.090	1.200	1.364	1.660	1.768
湖北	0.606	0.826	1.079	1.214	1.431	1.536
湖南	0.601	0.830	1.038	1.222	1.321	1.376
广东	1.707	1.794	1.924	2.098	2.393	2.439
广西	0.399	0.723	0.905	1.067	1.161	1.229
海南	0.196	0.597	0.753	0.839	1.036	1.058
重庆	0.471	0.941	1.176	1.421	1.391	1.453
四川	0.657	0.871	0.990	1.135	1.298	1.322
贵州	0.352	0.580	0.686	0.806	1.098	1.182
云南	0.185	0.671	0.781	0.923	1.176	1.116
陕西	0.446	0.823	1.131	1.276	1.434	1.388
甘肃	0.200	0.412	0.542	0.700	0.978	1.024
青海	1.096	1.323	1.366	1.368	1.018	1.072
宁夏	0.494	0.768	1.157	1.132	1.597	1.650
新疆	0.390	0.557	0.719	0.901	1.156	1.177

注：因空间有限，只列了部分年份

一方面，从中国30个省级行政区域新型城镇化水平的综合得分来看，以2016年为例，城镇化水平的平均得分为1.608，仅有13个省份高于平均水平，说明城镇化水平高低差距较大。同时发现，2016年得分较高的省级行政区域主要是江苏、北京、广东、浙江、上海、福建、山东、天津，综合得分位于前八位、其次为中部省份，如安徽、河南、湖北等，得分均徘徊于1.5左右，而贵州、云南、甘肃、青海、新疆等西部省份，综合得分均在1.2分以下，属于较低水平。由此可见，城镇化水平在空间分布体现出“东高西低”的分异特征。

另一方面，从新型城镇化发展水平的动态变化来看，2006~2016年，中国省级行政区域的综合得分均有不同程度上的提高，反映出城镇化的扎实实施有一定的成效。并且，城镇化水平最高和水平最低的省级行政区域差距在逐年缩小。2006 年排名前五的省级行政区域城镇化平均水平约为 1.794，而最后五位的省级行政区域城镇化水平为 0.247，两者差距约 7.3 倍；到 2016 年，该差距为 2.3 倍。因此，随着城镇化的推进，中国的城镇化水平逐年提高并且地区间的差距有收敛趋势。

2. 新型城镇化水平的拉动因子趋势

为了更加深入地分析城镇化发展情况，使所提取的信息含义更加清晰，本章以表 4-1 的指标为基础进行因子分析，抽取拉动城镇化的主要因子。通过旋转因子轴，根据正交旋转后的因子载荷矩阵中各指标在各公因子上的因子载荷，对新的公因子进行分析命名，如表 4-6 和表 4-7 所示。

表 4-6　全局主成分的因子载荷

指标	因子载荷				
	第一公因子	第二公因子	第三公因子	第四公因子	第五公因子
城镇人口占常住总人口比重	0.861	0.115	−0.079	−0.153	−0.319
城镇人口密度	0.426	0.430	0.304	−0.270	0.627
第二、三产业从业人员比重	0.337	0.202	−0.053	0.772	0.345
人均地区生产总值	0.923	−0.039	0.029	−0.088	−0.137
城镇居民人均可支配收入	0.946	0.111	0.028	−0.013	0.177
城镇居民人均消费支出	0.929	0.101	−0.041	0.014	0.253
城镇居民文教娱乐人均现金消费支出	0.825	0.257	−0.230	0.053	−0.258
工业总产值占 GDP 比重	−0.282	0.406	0.591	−0.089	0.431
第二、三产业产值占 GDP 比重	0.782	0.084	0.165	0.300	0.054
城市建成区面积占区域总面积比重	0.537	−0.400	0.227	−0.319	0.433
每万平方千米的县级区划数	−0.480	−0.288	0.162	0.512	0.298
单位建成区土地面积非农业 GDP	0.599	−0.048	0.487	0.023	0.330
工业集聚水平	0.477	0.181	−0.458	−0.104	0.558
人均城市道路面积	−0.104	0.796	−0.008	−0.165	0.409
人均公共绿地面积	0.373	0.753	0.051	−0.098	0.053
工业污染治理完成投资	0.356	0.413	0.597	0.041	−0.265
生活垃圾无公害处理率	0.402	0.587	0.465	0.148	−0.026

注：提取方法：主成分分析

表 4-7　各公因子载荷的影响指标

公因子	指标
收入消费-产业结构公因子	人均地区生产总值，城镇居民人均可支配收入，城镇居民人均消费支出，城镇居民文教娱乐人均现金消费支出，第二、三产业产值占 GDP 比重，城镇人口占常住总人口比重，城市建成区面积占区域总面积比重，单位建成区土地面积非农业 GDP
基础设施-舒适环境公因子	人均城市道路面积，人均公共绿地面积，生活垃圾无公害处理率
工业发展水平公因子	工业总产值占 GDP 比重，工业污染治理完成投资
非农就业机会公因子	第二、三产业从业人员比重，每万平方千米的县级区划数
集聚公因子	城镇人口密度，工业集聚水平

从表 4-6、表 4-7 来看，人均地区生产总值，城镇居民人均可支配收入，城镇居民人均消费支出在第一公因子上均有高达 0.9 以上的载荷值，表明与第一公因子相关程度高的指标多为收入、消费、产业结构等经济指标，所以可以把第一公因子命名为收入消费-产业结构公因子。

人均城市道路面积，人均公共绿地面积，生活垃圾无公害处理率在第二公因子上载荷值较高，集中反映了城市基础设施和生活环境等关于生活舒适度方面的信息，可命名为基础设施-舒适环境公因子。

工业总产值占 GDP 比重，工业污染治理完成投资在第三公因子的载荷值超过 0.5，可以将该公因子命名为工业发展水平公因子。

第二、三产业从业人员比重，每万平方千米的县级区划数在第四公因子上的载荷值较高，县级区划数越高城镇给予的就业机会相对越高，因此这一公因子体现了城镇化带来的第二、三产业的就业机会，可命名为非农就业机会公因子。

城镇人口密度、工业集聚水平在第五公因子上有较大的载荷值，两者均体现了人口集聚和工业集聚情况，可将第五公因子命名为集聚公因子。

5 个公因子不同年份的平均得分如表 4-8 所示。

表 4-8　5 个公因子不同年份的平均得分

公因子命名	2006 年	2008 年	2010 年	2012 年	2014 年	2016 年
收入消费-产业结构公因子	−0.678 2	−0.354 7	−0.158 3	0.084 7	0.508 6	0.813 3
基础设施-舒适环境公因子	−0.686 3	−0.300 5	−0.099 4	0.149 5	0.383 5	0.495 1
工业发展水平公因子	0.107 8	0.272 0	0.158 4	−0.018 5	−0.157 8	−0.499 2
非农就业机会公因子	−0.444 7	−0.110 5	−0.102 4	−0.062 5	0.039 9	0.049 1
集聚公因子	−0.824 5	−0.435 7	0.004 0	−0.263 9	−0.375 8	−0.565 7

对比 5 个公因子，2006 年只有工业发展水平公因子得分为正，其余均

为负；2016 年收入消费–产业结构公因子、基础设施–舒适环境公因子、非农就业机会公因子得分为正，而工业发展水平公因子、集聚公因子为负，说明早期的主要由工业化拉动城镇化的发展模式已经转变为现今的多方面推动城镇化的发展模式。具体来说，收入消费–产业结构公因子呈逐年上升趋势，且增幅较大。在城镇化进程中，经济活跃度的提高、产业结构的升级是城镇化的强大动力，可见，经济依旧是城镇化最主要的拉动力量。基础设施–舒适环境公因子也得到了明显的增加，城市各项基础设施完善，生活舒适程度不断提高已经成为城镇化的重要支撑力量，也说明城镇化的发展重心，已逐渐由城镇土地扩张、人口聚集等方面向城市基础设施和生活条件改善等方面转移。非农就业机会公因子保持着稳定的增长，对于城镇化来说，仅仅是城镇人口的增长不足以推动城镇化，吸纳增加人口，为其创造更多的就业机会才能发展以人为核心的城镇化。虽然这一公因子的增幅不如前两者明显，但未来会有更大提升空间，成为另一重要的城镇化推动力量。工业发展水平公因子和集聚公因子整体上呈递减趋势，说明传统的城镇化推动力量正在减弱，仅仅依靠人口集聚和工业化拉动城镇化已经不能满足城镇化的要求。总体来看，考察期内我国城镇化的推动力量从单一转为多种，发展模式趋于多样化，发展质量不断提高。

4.5 本章小结

本章根据新型城镇化的内涵，选取了 17 个指标，以 2006~2016 年 11 个时期考察我国 30 个省级行政区域（不包含港、澳、台及西藏），建构综合评价新型城镇化水平指标体系。采用全局主成分分析法，提取 5 个主成分，对省级行政区域的城镇化水平进行了得分评价。在此基础上，为了使提取的信息含义更加清晰，通过旋转因子轴，得到新的因子载荷矩阵，分别反映了收入消费及产业结构、城市基础设施及生活舒适环境、工业发展水平、非农就业机会、人口和工业集聚等方面的信息，考察了各因子的变化趋势。

分析结果表明，2006~2016 年全国的城镇化水平在空间上呈现出“东高西低”的分异特征，但是在时间上城镇化水平逐年提高，并且地区间的差距有收敛趋势。同时，传统的依靠工业化拉动城镇化、通过人口集聚和城市扩张推动城镇化的发展模式已经转变为新型的增加收入消费、产业结构升级、完善城市基础建设、创造非农就业机会等多方面推动城镇化的发展模式。总体而言，2006~ 2016 年以来我国各地区城镇化水平均有不同程度的提高，城镇化的发展重心也有所转移，由最初的人口聚集和城镇土地的扩张向城市基础设施与生活条件改善等方面转移，城镇化发展的总体质量在不断提高，发展模式趋于多样化。

第 5 章　中国省级行政区域工业用地利用效率测度

为了分析城镇化与工业用地利用效率之间的关系、检验城镇化发展水平如何对工业用地利用效率产生影响，必须准确地测算出工业用地利用效率。根据第 2 章所界定的工业用地利用效率的内涵，本章的工业用地利用效率的测度和评价均是针对技术效率的，主要选择单要素效率测度方法对工业用地利用效率进行测度。

5.1　工业用地利用效率测度方法的选择

本节在杨顺元（2008）、王学渊（2008）等的研究基础上，根据近几年效率测度方法的研究进展，从参数方法和非参数方法两个方面对效率测度方法进行了梳理与汇总（图 5-1）。

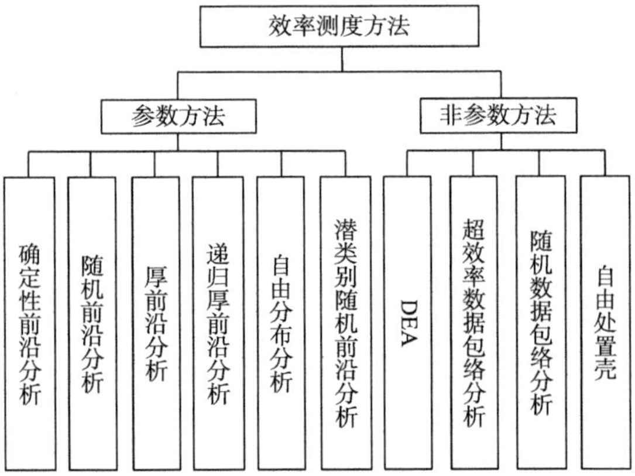

图 5-1　效率测度方法分类

现有效率测度方法始于英国经济学家 Farrell（1957）的研究成果，Farrell 的理论模型是生产前沿面研究的理论雏形，在此之后，逐渐发展出了两大分支，即参数方法和非参数方法。参数方法需要有具体的生产函数形式，才能估计得到这个生产函数的参数，从而描述生产前沿面的生产函数的构成；非参数方法则无须确定生产函数形式，利用数学规划，基于一定的生产有效性标准，根据观测到的实际生产单元数据明确相对有效点的位置处于生产前沿面上即可。目前使用较为广泛的参数方法如图 5-1 所示。

5.2　基于 DEA 的工业用地利用效率测度模型的选择

在 5.1 节中，归纳的一系列效率测度方法的基本原理是实际生产点不在生产可能性边界上，所以存在效率损失。本章对工业用地利用效率的界定，正是在工业生产技术无效率的情况下，保持产出和其他投入要素不变，如何更有效地进行工业用地管理，从而减少工业生产无效率的情况。本章借鉴 Speelman 等（2008）进行灌溉用水效率的研究方法，以及郭贯成和熊强（2014）、陈伟（2014）等在工业用地效率方面的已有研究，从单要素 DEA 角度形成本章工业用地利用效率的研究方法。

5.2.1　单要素 DEA 测度方法的基本原理

在 Farrell（1957）发表关于前沿估计的分段线性规划方法的论文后的 20 年里，这种方法仅仅被少数学者所采用，并没有引起人们的广泛关注。直到 Charnes 等（1978）发表了论文，并创造了数据包络分析这个词后，大量运用与拓展 DEA 方法的文献开始涌现。

最初的 CRS 模型有一个前提假设，即规模报酬是固定的，并在此假设下测算整体效率。在实际操作中，该假设很难满足，其规模报酬具有动态性和可变性，鉴于此，Banker 等（1984）提出了 VRS 模型，即在变动的规模报酬假定下，推导出技术效率和规模效率。DEA 模型的公式如下：

$$\min \theta = V_D$$

$$\text{s.t.} \ \sum_{j=1}^{n} x_j \lambda_j + s^- = \theta x_0$$

$$\sum_{j=1}^{n} y_j \lambda_j - s^+ = y_0$$

$$\delta \sum_{j=1}^{n} \lambda_j = \delta$$

$$s^- \geqslant 0,\ s^+ \geqslant 0,\ \lambda_j \geqslant 0,\ j = 1, 2, \cdots, n$$

式中，当 $\delta = 0$ 时，为 CRS 模型；当 $\delta = 1$ 时，为 VRS 模型。θ 是相对效率衡量的指标，介于 0 到 1 之间，该值越大则越有效。

5.2.2　基于 DEA 的效率评价模型

DEA 方法可以从投入和产出两个角度进行效率测度，投入角度与产出角度是有区别的：投入角度考虑的是，在保持产出不变的情况下，尽可能地减少投入；产出角度考虑的是，在保持投入不变的情况下，尽可能地增加产出。在土地资源日益紧张的当下，主要应当考虑如何以较小的投入，实现更大的产出，因此，本章主要从投入角度考虑工业用地利用效率的测度，关注的是投入要素，选择 CRS 假设下基于投入角度的 DEA 模型。

在宏观尺度上，可以将各个省级行政区域看成各个工业生产和工业用地利用的决策单元，假设每个省级行政区域投入相同的要素，产出相同种类的产品。要素投入量最小的省级行政区域将构成分段数据包络面，这些省级行政区域处于生产前沿面上，成为其他无效率省级行政区域效率水平的标杆和参照系。根据下面的线性规划模型，可以得到每个决策单元 DMU 在生产中的 TE：

$$\mathrm{TE}_i = \min_{\theta,\lambda} \theta_i$$

$$\text{s.t.}\ -y_j + Y\lambda \geqslant 0$$

$$\theta x_i - X\lambda \geqslant 0$$

$$N1'\lambda = 1$$

$$\lambda \geqslant 0$$

式中，θ_i 是第 i 个省级行政区域工业生产技术效率的得分标量；λ 是 $N\times 1$ 阶常数向量。θ_i 无量纲，且 $0<\theta_i\leqslant 1$，当 $\theta_i=1$ 时，表示第 i 个省级行政区域处于生产前沿面上，是生产有效点；否则，生产无效率。

进一步根据 Fare 等（1994）提出的单一生产要素效率的测度思路，实现对土地利用效率的测度。用 $\theta_i^g\left(0<\theta_i^g\leqslant 1\right)$ 表示第 i 个省级行政区域土地利用效率的得分，它是一个标量，求解下面的线性规划模型可得

$$\mathrm{GE}_i = \min_{\theta,\ \lambda} \theta_i^g$$

$$\text{s.t.}\ -y_j + Y\lambda \geqslant 0$$

$$\theta_i^g x_i^g - X_i^g \lambda \geqslant 0$$

$$x_i^{n-g} - X_i^{n-g}\lambda \geqslant 0$$

$$N1'\lambda = 1$$

$$\lambda \geqslant 0$$

式中，GE 为利用效率。当 $\theta_i^g=1$ 时，说明第 i 个省是生产有效点，它位于生产前沿面上，无法在不减少产出的情况下降低土地资源的投入数量；当

$\theta_i^g \neq 1$时，说明第 i 个省不处于生产前沿面上，理论上存在节约土地资源、提高土地利用效率的可能。例如，意味着第 i 个省级行政区域只需要投入现有土地资源的 60%，即可以达到现有的产出水平，也即存在着 40%的土地资源投入冗余，在理论上可以节约 40%的土地投入。

图 5-2 以两种投入和一种产出的工业生产系统为例（Lansink et al., 2002），以图例的形式展示了生产技术效率与土地利用效率的联系和不同。图 5-2 中，实线部分即由有效决策单元组成的分段生产前沿面，F_1与F_2位于生产前沿面上，A 点是实际生产点，A 点在生产前沿面的上方，意味着存在效率损失，A 点到生产前沿面的径向投影点为 A^O，其投影点是 A 点投入要素向量的线性组合，式中的约束条件保证该投影点不会落到生产前沿面之外的地方。决策单元在 A 点的技术效率为该点到生产前沿面的相对距离，在图 5-2 中可以表示为$\theta = OA^O / OA$。在保持产出与其他投入要素不变的前提下，土地利用效率为 A 点与非径向投影点 A' 间的相对距离，在图例中即可以表示为$\theta^g = O'A' / O'A$，此时，也处于生产前沿面上，是生产有效率点。

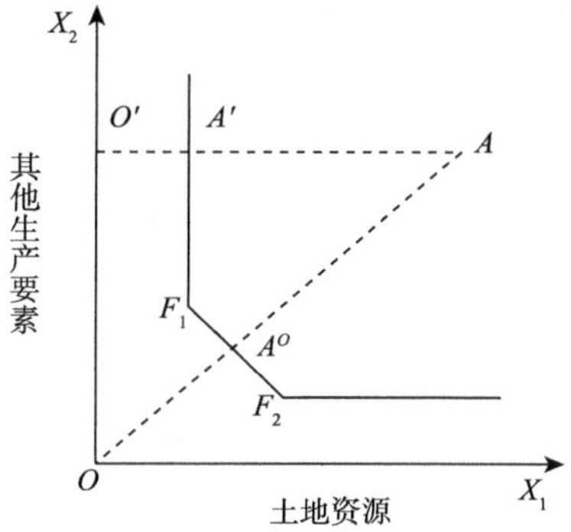

图 5-2　生产技术效率与土地利用效率的辨析

5.3　基于 DEA 的工业用地利用效率测度

5.3.1　指标的选择与数据来源、处理

本章研究的主要目的在于，针对全国工业用地利用情况，在约束经济产出的情况下，从省级行政区域层面测度工业用地实际投入量与有效利用量之间的差距。将中国 29 个省级行政区域（不包含港、澳、台地区，由于上海、西藏地区数据缺失较为严重，故本章研究也暂不包括这两个地区）抽象化为具有相同投入产出指标体系的工业生产单元。

在对省级行政区域工业用地利用效率进行测度时，本部分采用2006~2016年中国地区省级行政区域面板数据，如表5-1所示。变量及数据说明如下：

（1）工业总产值（Y）。选用城市工业总产值表示，指工业企业在报告期内生产的以货币形式表现的工业最终产品和提供工业劳务活动的总价值量，数据来自《中国城市统计年鉴》。

（2）土地（G）。选用城市工业用地面积表示，指城市建设用地面积中的工业用地面积。数据来自《中国城市建设统计年鉴》。

（3）劳动（L）。选用城市工业企业年平均从业人员数表示，该指标是由采矿业、制造业、电气、燃气及水生产与供应业等行业的单位从业人员加总得到。数据来自《中国城市统计年鉴》。

（4）资本（K）。选用城市工业固定资产净值年平均余额表示，指工业企业在报告期内全部固定资产净值年平均余额。计算公式如下：固定资产净值年平均余额等于1月至12月初、月末固定资产净值之和除以24。固定资产净值指固定资产原价减去历年已提折旧额后的净额。计算公式如下：固定资产净值=固定资产原价−累计折旧。数据来自《中国城市统计年鉴》。

（5）技术（T）。选用城市规模以上工业企业R&D存量表示，并采用永续盘存法进行计算，计算公式如下：

$$T_{i,t}=\left(1-\delta_{i,t}\right)\times T_{i,t-1}+\frac{R_{i,t}}{P_{i,t}}$$

$$T_{i,0}=R_{i,0}\times\frac{\left(1+g\right)}{g+\delta}$$

式中，$T_{i,t}$表示第i个省第t年的R&D存量；$T_{i,t-1}$表示第i个省第t−1年的R&D存量；$R_{i,t}$表示第i个省第t年的R&D支出流量，用科技活动经费内部支出总额表示；$P_{i,t}$表示固定资产投资价格指数和消费者价格指数的加权平均值，权重分别取0.55和0.45（王玲和Szirmai，2008）；根据经验设定折旧率δ取15%；平均增长率g取5%（万伦来和朱琴，2013）。数据来自《中国科技统计年鉴》。

表5-1 变量定义及说明

要素	变量	定义
投入要素	土地（G）	城市工业用地面积/千米^2
	劳动（L）	城市工业企业年平均从业人员数/万人

续表

要素	变量	定义
投入要素	资本（*K*）	城市工业固定资产净值年平均余额/万元
	技术（*T*）	城市规模以上工业企业 R&D 存量
产出要素	工业总产值（*Y*）	城市工业总产值/万元

5.3.2　中国省级行政区域工业用地利用效率分析

本章研究使用了 2006~2016 年中国 29 个省级行政区域城市工业生产投入产出的数据，利用 DEAP 2.1 软件测算了 CRS 模型下省级行政区域工业用地的利用效率，结果如表 5-2 所示。

表 5-2　2006~2016 年 29 个省级行政区域工业用地利用效率

地区	2006 年	2008 年	2010 年	2012 年	2014 年	2016 年	平均值
北京	0.438	0.527	0.654	0.701	0.756	0.871	0.658
天津	1	1	1	1	1	1	1
河北	0.331	0.443	0.465	0.519	0.646	0.728	0.515
山西	0.211	0.322	0.312	0.313	0.317	0.348	0.300
内蒙古	0.354	0.379	0.516	0.567	0.589	0.644	0.521
辽宁	0.389	0.670	0.600	0.662	0.650	0.428	0.563
吉林	0.350	0.507	0.608	0.653	0.693	0.664	0.588
黑龙江	0.273	0.368	0.325	0.354	0.344	0.288	0.325
江苏	0.580	0.714	0.793	1	1	1	0.805
浙江	0.595	0.643	0.644	0.769	0.817	0.849	0.710
安徽	0.299	0.425	0.495	0.521	0.654	0.804	0.531
福建	0.684	0.693	0.616	0.766	0.764	0.886	0.742
江西	0.270	0.480	0.561	0.489	0.772	0.752	0.565
山东	0.470	0.656	0.694	0.613	0.851	1	0.710
河南	0.269	0.402	0.496	0.402	0.638	0.690	0.485
湖北	0.263	0.411	0.410	0.546	0.602	0.629	0.477
湖南	0.349	0.540	0.550	0.672	0.867	1	0.663
广东	1	1	1	1	1	1	1
广西	0.363	0.498	0.571	0.684	0.757	0.934	0.618
海南	0.473	0.524	0.563	0.692	0.573	0.541	0.573
重庆	0.371	0.509	0.552	0.611	0.814	1	0.646
四川	0.326	0.490	0.584	0.482	0.836	1	0.641
贵州	0.240	0.334	0.390	0.272	0.519	0.716	0.435
云南	0.213	0.340	0.429	0.479	0.551	0.538	0.433
陕西	0.317	0.836	0.564	0.706	0.570	0.592	0.550
甘肃	0.282	0.383	0.420	0.501	0.491	0.433	0.426
青海	0.212	0.385	0.344	0.414	0.595	0.691	0.442
宁夏	0.231	0.326	0.367	0.486	0.483	0.481	0.395

续表

地区	2006 年	2008 年	2010 年	2012 年	2014 年	2016 年	平均值
新疆	0.352	0.441	0.474	0.573	0.630	0.463	0.478

注：因空间有限，只列举了部分年份

由表 5-2 可知，在研究期内工业用地利用效率均值最高的两个省份是天津和广东，这两个地区较多年份均位于生产前沿面上，反映出天津和广东对于工业用地的过度投入情况较少，工业用地利用最为充分。另外，江苏、山东、湖南、广西、四川、重庆等省（市）也有年份接近或位于生产前沿面上，工业用地的利用效率平均值处于 0.600 以上，工业用地利用效率较高。山西、海南、贵州等省（区）的工业用地利用效率均值较低，都在 0.400 以下，这些省（区）主要集中在中西部地区，反映出这些省（区）工业产出能力偏低，工业用地不必要的投入较多，利用效率低下。此外，我国大多数省份处于工业用地利用效率增加的状态，说明工业用地的规模尚未达到效率最高的合理规模，还处于工业用地规模递增的状态。

通过比较 2006~2016 年我国 29 个省份工业用地利用效率平均水平（表 5-2）可以发现，我国东中西部之间，工业用地利用效率存在较明显的区域变化，由东向西逐渐降低。同时也发现，位于同一区域的省份之间也存在差异，并不完全是中部地区高于西部地区。为了进一步了解工业用地利用效率的差异特征，下面将采取系统聚类法，利用工业用地利用效率的测度结果对 29 个省（区、市）进行区域划分。

聚类分析是分析如何对样本（或变量）进行量化分类的问题，能够把样本（变量）按照其在性质上的亲疏关系自动进行分类。在分类过程中无须提前确定一个分类标准，聚类分析可以通过数据情况，客观地确定分类标准（鲍艳等，2006）。在常用的聚类分析方法中，系统聚类法是目前使用得比较普遍的一种，其基本思路如下：距离相近的样本（或变量）先聚成类，距离相远的后聚成类，过程不断进行下去，直至所有样本（或变量）都聚到合适的类中。类与类之间的亲疏程度可以通过组间平均连接距离、组内平均连接距离、最近邻距离、最远邻距离、重心距离、中位数距离、Wald 法等测度方法确定。

对我国 29 个省级行政区域的工业用地利用效率进行系统聚类分析，按照效率分值的相近程度将不同省份进行归并，利用 SPSS 20.0 软件进行系统聚类分析。根据聚类分析结果，本书把我国 29 个省（区、市）划分成为三类工业用地利用效率区，依次是利用高效区、利用中效区和利用低效区，如表 5-3 所示。

表 5-3　工业用地利用效率聚类分区结果

区域	省（区、市）
工业用地利用高效区	天津、广东、江苏、浙江、山东、福建、北京
工业用地利用中效区	陕西、河北、吉林、辽宁、安徽、湖北、海南、湖南、广西、重庆、四川、新疆
工业用地利用低效区	山西、贵州、黑龙江、内蒙古、河南、江西、云南、甘肃、青海、宁夏

首先可以看到，东南沿海地区的工业用地效率明显领先于中西部省份。经济发达、劳动力资源丰富、资本投入多、工业基础雄厚是其工业用地利用效率高的主要原因。在这些劳动力、资本等生产要素的共同作用下，利用高效区的省份多数位于东南沿海经济发达的省（市）。其次，中西部地区的差异并不明显。利用中效区主要包括了吉林、辽宁等东北地区，陕西、新疆等西北地区，广西、重庆、四川等西南地区以及河北、安徽、湖南等 12 个省（区、市）。以吉林省为例，它是我国传统工业基地，工业用地规模大，重工业水平高，但与长三角、珠三角地区的省份相比，工业用地利用效率略显不足。利用低效区涵盖了黑龙江、内蒙古等北部省份以及中西部地区的大多数省份。虽然近年来有振兴东北老工业基地、西部大开发等国家政策的扶持，中西部省份工业经济不断发展，但中西部工业产业层次相对较低，建设用地开发程度也不高，土地资源供需矛盾不算太激烈等问题，阻碍了工业用地利用效率的进一步提升，因此出现这一结果不难理解。

为进一步分析我国不同地区工业用地利用效率的变化趋势，下面分别按传统的东、中、西部划分方法和上文所述的聚类分区结果将 29 个省（区、市）划分为不同的区域，探讨不同区域工业用地利用效率的波动与差异状况（图 5-3、图 5-4）。

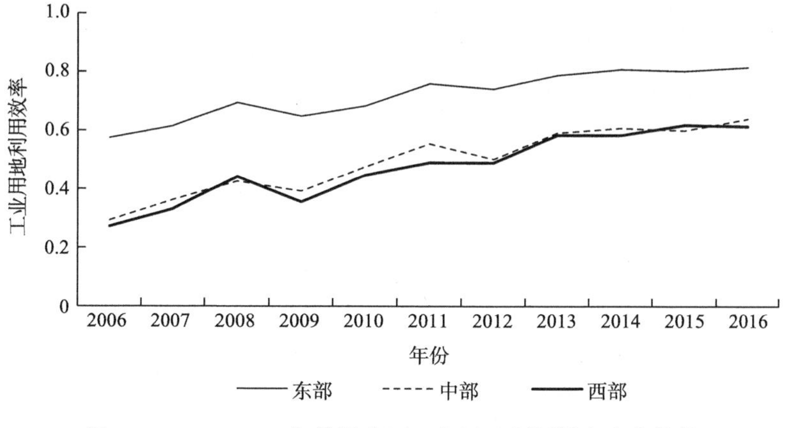

图 5-3　2006~2016 年传统分区工业用地利用效率变化趋势

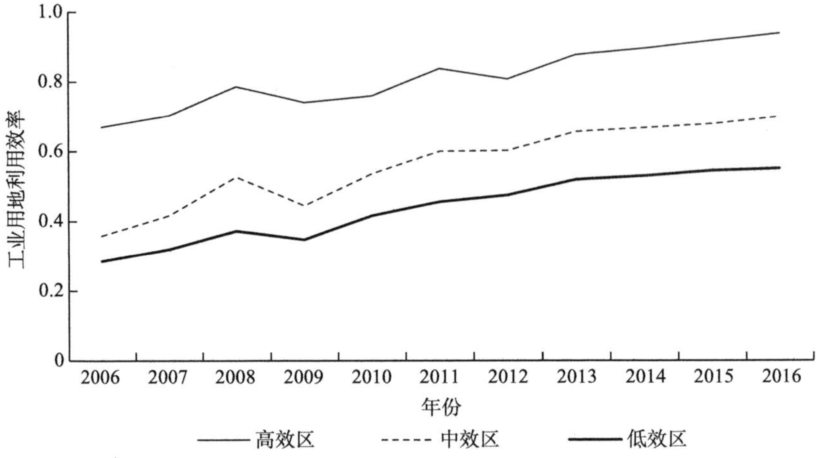

图 5-4　2006~2016 年聚类分区工业用地利用效率变化趋势

图 5-3 和图 5-4 分别显示了两种分类方法的工业用地利用效率的走势。从图中可以看出，无论是传统分区还是聚类分区，各区的工业用地利用效率都呈现总体增长趋势。从传统分区来看，东部工业用地利用效率领先其他两个区域，但是早期的差距较大，随着西部大开发等战略的实施，东部和中西部的差距正在缩小。中西部走势十分一致，效率水平增长幅度较快，隐隐有赶超东部之势。东部省份的均值在 0.7 上下波动，中西部在 0.5 上下波动，其波动趋势和东部区域比较一致，并且两个区域的交叉年份较多，区别很小。从聚类分区来看，表现为利用高效区效率均值在 0.8 上下波动，多数年份在 0.8 以上；利用中效区均值在 0.6 上下波动，但是增加的趋势很快；利用低效区均值较小，在 0.4 上下波动，并且与中效区的差距在扩大。历年 3 个效率区的平均值并没有交叉，存在一定梯度差异。

可见，无论是基于传统分区还是聚类分区，我国工业用地利用效率具有一定的梯度差异，自东向西水平逐渐降低，东部有一定的优势，中西部差距不大，具有较高的相似度。

5.4　本 章 小 结

本章采用 DEA 方法测算了 2006~2016 年省级行政区域的工业用地利用效率。从 DEA 方法的分析结果来看，天津和广东两个地区多数年份位于生产前沿面上，对工业用地利用最为充分；另外，江苏、山东、湖南、广西、四川、重庆等省（市）也有年份接近或位于生产前沿面上，工业用地的利用效率平均值处于 0.600 以上，工业用地利用效率较高；山西、海南、贵州等省（区）的工业用地利用效率均值较低，都在 0.400 以下，这些省（区）主要集中在中西部地区，反映出这些省（区）工业产出能力偏低，工业用地不必要的投入较多，利用效率低下。

对工业用地利用效率进行聚类分区后发现，东南沿海经济发达地区领先中西部地区，中西部地区大部分省份都位于利用中效区和低效区。通过对比传统分区和聚类分区的结果，可以发现两种分区结果具有统一性，体现出目前我国工业用地利用效率具有一定的梯度差异，自东向西工业用地利用效率逐渐降低，东部有一定的优势，中西部差距不大，具有较高的相似度。

第 6 章　中国省级行政区域工业用地利用效率与城镇化水平的耦合关系研究

随着城镇化进程的推进，新型城镇化的理念会逐步深入人心，城镇化的发展会推动城市土地结构的变化，城市土地结构的变化会带来城市经济、社会及环境的变化。城镇化与城市土地的利用是相互影响、相互作用的，工业用地是城市土地的重要组成部分。因而，城镇化水平与工业用地利用效率应该也是相互影响、相互作用的，具体表现在以下四个方面：第一，城市规模的扩大会对工业用地利用效率产生正外部性。大城市的市场规模、贸易条件和基础设施会吸引更多更好的工业企业，意味着更加激烈的市场竞争，激烈的市场竞争会选择更高生产效率的工业企业。第二，城市结构的调整会影响工业用地利用效率。现在中国许多城市格局呈现“摊大饼”式布局，各种企业都放在城区里，造成城市运作效率不高，专业化水平不高。随着我国城市结构的合理调整，必将影响到工业用地利用效率。第三，城镇化进程中各类生产要素的集聚会提高工业用地利用效率。产业集聚、人才集聚可以对各类功能性用地进行结构调整和优化，改变工业用地投入成本和产出收益，影响工业用地利用效率。第四，城镇化发展能够推动产业结构升级，显著提升产业发展层次，从低结构向高结构升级的过程中，优化工业用地利用结构，提升工业用地利用效率。同时，工业用地利用效率的提升，意味着工业用地投入–产出关系的改善，工业用地结构也会改进，工业用地的经济效益、生态效益和社会效益也会提高，这对城镇化发展是有正面影响的。可见，工业用地利用效率的提升可以推动城市的可持续发展，城镇化水平的提升又提高了工业用地利用效率，因此，工业用地利用效率与城镇化水平之间存在耦合的关系。本书在第 4 章、第 5 章分别讨论了中国省级行政区域城镇化以及工业用地利用效率的基础上，首先对省级行政区域城镇化水平和工业用地利用效率进行相关性分析，其次通过构建工业用地利用效率与城镇化水平的耦合系统，分析工业用地利用效率与城镇化水平的耦合协调度，探讨工业用地利用效率与城镇化之间的关系。

6.1　省级行政区域工业用地利用效率与城镇化的相关性分析

当前，中国城镇化已经进入了速度与质量并重的关键时期，更加强调人地关系和谐、经济结构合理、生态文明建设等问题，在发展模式、推进思路等方面也提出了新要求。那么新时期的城镇化是否可以引导工业用地利用趋于高效化。本书第 4 章、第 5 章分别讨论了省级行政区域城镇化以及工业用地利用效率的发展状况，有意思的是，将两者联系起来可以发现一些共性。图 6-1 是 2006~2016 年中国 29 个省级行政区域城镇化水平和工业用地利用效率的平均得分排名的雷达图，可以看出，不管是城镇化水平还是工业用地利用效率，东部地区有七个省级行政区域（北京、天津、浙江、广东、江苏、山东、福建）同时位列城镇化发展水平前十名与工业用地利用效率得分前十名，这样的巧合是否说明城镇化水平越高的区域也是工业用地利用高效的区域？

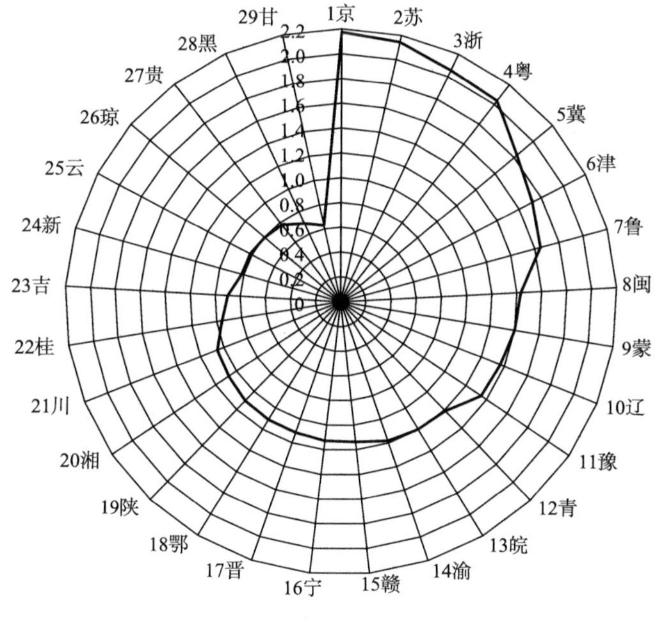

（a）城镇化水平

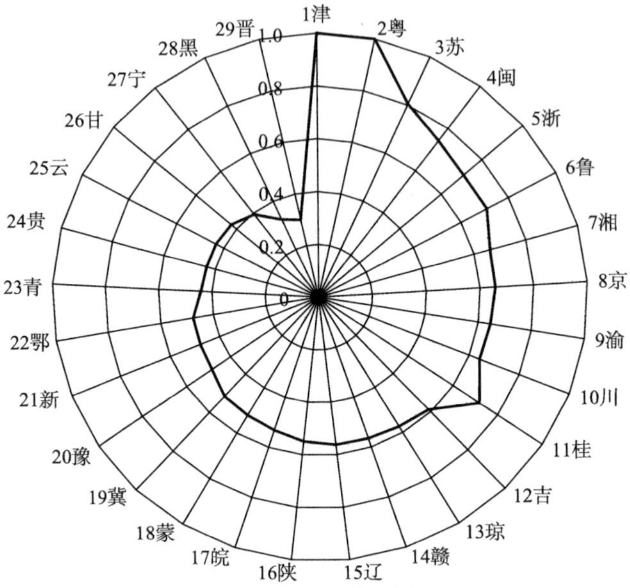

（b）工业用地利用效率

图 6-1　2006~2016 年中国 29 个省级行政区域城镇化水平与工业用地利用效率的平均得分排名的雷达图

笔者将处于最高水平、最低水平和全国平均水平的省份城镇化与工业用地利用效率的趋势形成图 6-2 和图 6-3。整体特征体现在 2006~2016 年两变量均表现出稳步增加的趋势，具体来看，城镇化水平从 2006 年的 0.839 提高到 2016 年的 1.612，年均增长 7 个百分点；而工业用地利用效率从 2006 年的 0.397 提高到 2016 年的 0.723，年均增长 3 个百分点，低于城镇化增速 4 个百分点。其原因可能在于 2005 年底出台的“十一五”规划不但提出注重统筹城乡发展和城市结构优化，城镇化发展质量随之改善，而且明确了土地利用路径，加大了工业用地市场改革力度，优化增量工业用地利用结构，这些原因共同促进和维护了工业用地利用效率的提高。

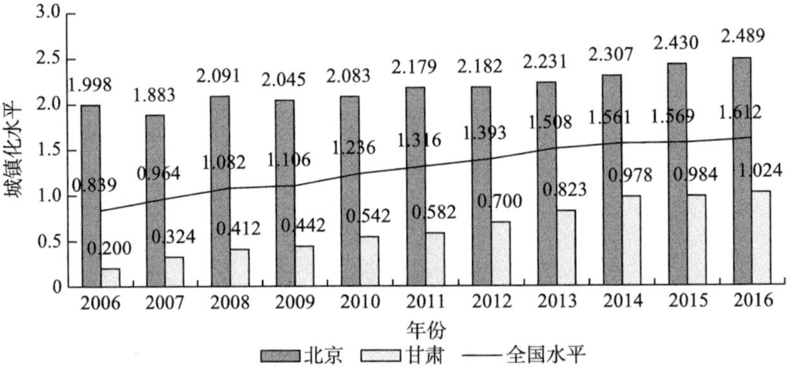

图 6-2　2006~2016 年城镇化水平的演变特征

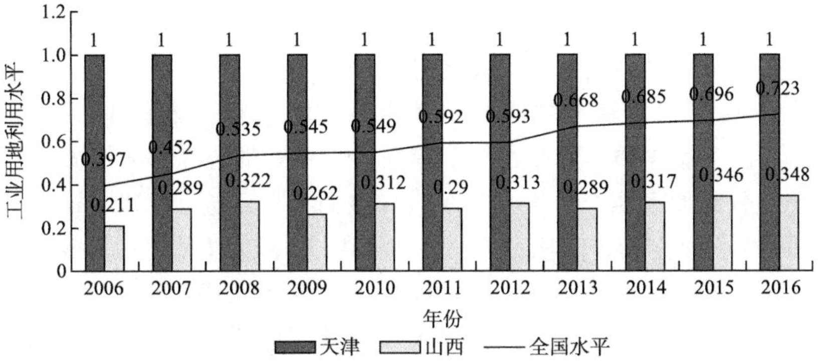

图 6-3　2006~2016 年工业用地利用水平的演变特征

另外，从区域差异来看，2006~2016 年城镇化平均水平最高的北京与最低的甘肃的差距倍数由 2006 年的 9.99 下降到了 2.43，说明地区间的城镇化水平差距有所缩小。类似于城镇化的变化，2006~2016 年工业用地利用效率最高的天津与最低的山西的差距倍数也呈收敛之势，从 2006 年的 4.74 缩小到 2016 年的 2.87。如此看来，工业用地利用效率和城镇化确实存在着很多的共性。因此，有必要探究城镇化与工业用地利用效率之间的关系，本章致力于分析这个问题。

6.2　工业用地利用效率与城镇化水平的耦合模型

6.1 节分析表明，2006~2016 年，中国城镇化水平高的省级行政区域，其工业用地利用效率也较高，工业用地利用效率与城镇化水平之间存在耦合的关系。本章接下来通过构建工业用地利用效率与城镇化水平的耦合模型，分析工业用地利用效率与城镇化水平的耦合协调度，进一步分析两者之间的关系。

6.2.1　耦合模型构建

耦合作为一个物理学概念，是指两个或两个以上的体系或两种运动形式间通过相互作用而彼此影响以至联合起来的现象（孙东琪等，2013）。借鉴张明斗和莫冬燕（2014）的研究，并根据物理学中容量耦合的概念和容量耦合系数模型，构建耦合模型，可以表示为如下公式：

$$C=\left[\left(u_1\times u_2\right)/\left(u_1+u_2\right)^2\right]^{1/2} \tag{6-1}$$

式中，u_1 表示工业用地利用效率；u_2 表示城镇化水平综合指数；C 表示耦合度，$0 \leqslant C \leqslant 1$。如果 C=1，表示工业用地利用效率与城镇化水平处于最佳的耦合状态；如果 C=0，表示工业用地利用效率与城镇化水平处于无序的状态。参照盖美等（2013）、张明斗和莫冬燕（2014）、张乐勤等（2014）、王瑜炜和秦辉（2014）等众多学者对耦合度的分级方法，本章将耦合度分为如下四个等级：当 $0 < C \leqslant 0.3$ 时，工业用地利用效率与城镇化水平处于低水平耦合阶段；当 $0.3 < C \leqslant 0.5$ 时，工业用地利用效率与城镇化水平处于拮抗阶段；当 $0.5 < C \leqslant 0.8$ 时，工业用地利用效率与城镇化水平处于磨合耦合阶段；当 $0.8 < C \leqslant 1.0$ 时，工业用地利用效率与城镇化水平处于高水平耦合阶段。

协调是指正确处理系统内外各种关系，为系统正常运转创造良好的条件和环境，是描述事物之间良性相互关系的概念（张明斗和莫冬燕，2014）。通过构建工业用地利用效率与城镇化水平的协调度模型，可以更好地评判两者之间交互耦合的协调程度，相关计算公式如下：

$$D = \left(C \times T\right)^{1/2}, \ T = \left(au_1 \times bu_2\right)^{1/2} \tag{6-2}$$

式中，D 为耦合协调度；C 为耦合度；T 为工业用地利用效率与城镇化水平的协调指数；a、b 为待定系数，且 $a + b = 1$，本章考虑到工业用地利用效率与城镇化水平均为重要研究指标，因此将 a、b 都取值为 0.5。参照廖重斌（1999）的研究成果，采用均匀分布函数法，将耦合协调度划分为 10 个等级，如表 6-1 所示。

表 6-1　耦合协调度的分级标准

协调程度	耦合协调度	耦合协调类型
协调发展区	0.90—1.00	优质协调
	0.80—0.89	良好协调
	0.70—0.79	中级协调
	0.60—0.69	初级协调
过渡区	0.50—0.59	勉强协调
	0.40—0.49	濒临失调
失调衰退区	0.30—0.39	轻度失调
	0.20—0.29	中度失调
	0.10—0.19	严重失调
	0.00—0.09	极度失调

6.2.2　数据来源

本章探讨工业用地利用效率与城镇化水平两个子系统的关系，主要从省域层面出发，所采用的数据为第 4 章中国省级行政区域城镇化水平得分和第 5 章中国 29 个省级行政区域工业用地利用效率的得分。

6.3　耦合结果分析

根据工业用地利用效率和城镇化水平评价的得分，利用式（6-1）、式（6-2），计算得到 2006 年、2016 年我国 29 个省份工业用地利用效率与城镇化水平的耦合度和耦合协调度，如表 6-2 所示。

表 6-2　2006 年、2016 年我国 29 个省份工业用地利用效率与城镇化水平的耦合度和耦合协调度

地区	2006 年				2016 年			
	耦合度	耦合阶段	耦合协调度	协调阶段	耦合度	耦合阶段	耦合协调度	协调阶段
北京	0.38	拮抗阶段	0.42	濒临失调	0.44	拮抗阶段	0.57	勉强协调
天津	0.50	拮抗阶段	0.53	勉强协调	0.48	拮抗阶段	0.57	勉强协调
河北	0.38	拮抗阶段	0.37	轻度失调	0.45	拮抗阶段	0.51	勉强协调
山西	0.44	拮抗阶段	0.28	中度失调	0.40	拮抗阶段	0.37	轻度失调
内蒙古	0.48	拮抗阶段	0.33	轻度失调	0.44	拮抗阶段	0.49	濒临失调
辽宁	0.43	拮抗阶段	0.38	轻度失调	0.42	拮抗阶段	0.41	濒临失调
吉林	0.50	拮抗阶段	0.29	中度失调	0.47	拮抗阶段	0.47	濒临失调
黑龙江	0.50	拮抗阶段	0.27	中度失调	0.42	拮抗阶段	0.33	轻度失调
江苏	0.42	拮抗阶段	0.47	濒临失调	0.44	拮抗阶段	0.60	初级协调
浙江	0.44	拮抗阶段	0.47	濒临失调	0.44	拮抗阶段	0.56	勉强协调
安徽	0.49	拮抗阶段	0.30	轻度失调	0.46	拮抗阶段	0.53	勉强协调
福建	0.50	拮抗阶段	0.44	濒临失调	0.46	拮抗阶段	0.56	勉强协调
江西	0.48	拮抗阶段	0.30	轻度失调	0.47	拮抗阶段	0.50	勉强协调
山东	0.43	拮抗阶段	0.42	濒临失调	0.48	拮抗阶段	0.57	勉强协调
河南	0.40	拮抗阶段	0.33	轻度失调	0.45	拮抗阶段	0.50	勉强协调
湖北	0.46	拮抗阶段	0.30	轻度失调	0.45	拮抗阶段	0.47	濒临失调
湖南	0.48	拮抗阶段	0.33	轻度失调	0.49	拮抗阶段	0.54	勉强协调
广东	0.48	拮抗阶段	0.56	勉强协调	0.45	拮抗阶段	0.60	初级协调
广西	0.50	拮抗阶段	0.31	轻度失调	0.50	拮抗阶段	0.52	勉强协调
海南	0.46	拮抗阶段	0.26	中度失调	0.47	拮抗阶段	0.42	濒临失调

续表

地区	2006 年				2016 年			
	耦合度	耦合阶段	耦合协调度	协调阶段	耦合度	耦合阶段	耦合协调度	协调阶段
重庆	0.50	拮抗阶段	0.32	轻度失调	0.49	拮抗阶段	0.54	勉强协调
四川	0.47	拮抗阶段	0.33	轻度失调	0.50	拮抗阶段	0.53	勉强协调
贵州	0.49	拮抗阶段	0.27	中度失调	0.48	拮抗阶段	0.47	濒临失调
云南	0.50	拮抗阶段	0.22	中度失调	0.47	拮抗阶段	0.43	濒临失调
陕西	0.49	拮抗阶段	0.30	轻度失调	0.46	拮抗阶段	0.46	濒临失调
甘肃	0.49	拮抗阶段	0.24	中度失调	0.46	拮抗阶段	0.39	轻度失调
青海	0.37	拮抗阶段	0.30	轻度失调	0.49	拮抗阶段	0.46	濒临失调
宁夏	0.47	拮抗阶段	0.28	中度失调	0.42	拮抗阶段	0.43	濒临失调
新疆	0.50	拮抗阶段	0.30	轻度失调	0.45	拮抗阶段	0.41	濒临失调

依据表 6-2，可以看出，2006 年我国 29 个省份工业用地利用效率与城镇化水平的耦合协调类型包括勉强协调、濒临失调、轻度失调和中度失调四种类型。勉强协调区域为天津、广东，濒临失调区域为北京、江苏、浙江、福建、山东，轻度失调区域为河北、内蒙古、辽宁、安徽、江西、河南、湖北、湖南、广西、重庆、四川、陕西、青海、新疆，中度失调区域为山西、吉林、黑龙江、海南、贵州、云南、甘肃、宁夏。2016 年，我国 29 个省份工业用地利用效率与城镇化水平的耦合协调类型包括初级协调、勉强协调、濒临失调、轻度失调四种类型。初级协调区域为江苏、广东，勉强协调区域为北京、天津、河北、浙江、安徽、福建、江西、山东、河南、湖南、广西、重庆、四川，濒临失调区域为内蒙古、辽宁、吉林、湖北、海南、贵州、云南、陕西、青海、宁夏、新疆，轻度失调区域为山西、黑龙江、甘肃。

从 2006 年到 2016 年，中度失调类型的省份个数从 8 个降为 0 个，轻度失调类型的省份个数从 14 个降为 3 个，濒临失调类型的省份个数从 5 个增加到 11 个，勉强协调类型的省份个数从 2 个增加到 13 个，初级协调类型的省份个数从 0 个增加到 2 个。可以看出，我国工业用地利用效率与城镇化水平的耦合协调度总体水平还比较低，但是总体呈现出耦合协调度上升的趋势，说明我国工业用地利用效率与城镇化水平的耦合协调性越来越好。2016 年对比 2006 年，我国省级工业用地利用效率和城镇化水平耦合协调度有了明显的提升。初级协调类型的省份为江苏和广东，勉强协调类型的省份主要分布在京津冀地区及东南沿海地区。此外，四川、重庆、湖南、广西、安徽等地也达到了勉强协调阶段。濒临失调类型的省份分布范围广泛，分布在中部、西部、西南和北部，轻度失调的省份为甘肃、山西、黑龙江。

6.4 本章小结

本章主要分析了我国 29 个省份工业用地利用效率与城镇化水平的耦合协调度。根据分析结果，可得出如下结论。

（1）我国工业用地利用效率与城镇化水平的耦合协调度总体水平还比较低。2006 年，耦合协调类型仅包括勉强协调、濒临失调、轻度失调和中度失调四种类型，没有出现优质协调、良好协调、中级协调和初级协调四种类型，意味着没有省份达到协调发展区的类型。2016 年，我国 29 个省份工业用地利用效率与城镇化水平的耦合协调类型包括初级协调、勉强协调、濒临失调、轻度失调四种类型。其中，初级协调区域仅有江苏、广东两个省份。其余省份均未达到协调发展区，仍处于过渡区和失调衰退区。

（2）我国省级工业用地利用效率与城镇化水平的耦合协调度总体呈现出上升的趋势，说明我国工业用地利用效率与城镇化水平的耦合协调性越来越好。其中，河北、安徽、四川、重庆、广西、湖南、贵州等地耦合协调度上升趋势明显，处于良性发展中。

（3）我国省级工业用地利用效率与城镇化水平的耦合协调度区域差异明显。京津冀及东南沿海经济发达地区耦合协调度明显高于其他地区，说明经济越发达，工业用地利用效率与城镇化水平两个子系统协调发展程度越高。

第 7 章 中国省级行政区域城镇化水平对工业用地利用效率的影响研究

第 6 章分析了我国省级工业用地利用效率与城镇化水平的耦合协调度，表明工业用地利用效率与城镇化水平之间有着密切的联系。那么，需要进一步研究的是，省级城镇化水平对工业用地利用效率有何具体的影响。除了城镇化水平影响之外，工业用地利用效率还受哪些因素影响，是本章的研究重点。本章采用计量经济模型分析工业用地利用效率的影响因素，考虑到本章的研究主题，将城镇化水平作为核心解释变量。

7.1 变量选择与数据来源

7.1.1 变量选择

1. 被解释变量

被解释变量为城市工业用地利用效率（I），基于 DEA 建立工业用地利用效率测度模型，对省级行政区域城市工业用地利用效率进行测算。有关的定义、内涵及具体的计算数值已在第 5 章进行了阐释说明，在此不再赘述。

2. 核心解释变量

核心解释变量为城镇化水平（U），基于全局主成分分析，对 30 个省城镇化水平进行综合评价。有关的定义、内涵及具体的计算数值已在第 4 章进行了阐述说明，在此不再赘述。

3. 控制变量

控制变量主要考虑了五方面因素：

其一，土地市场化水平：

一是土地市场化供应程度（LMS）：学者们已有研究普遍认为中国二级土地市场可以认同为是完全竞争市场，所以土地市场化供应程度主要指的是一级土地市场。根据已有研究可以采用下列公式来测度土地市场化供应程度：

$$\mathrm{LMS}=\sum_{i}^{n}q_i\times\frac{f_i}{\sum_{i}^{n}q_i}$$

式中，i 表示土地使用权出让的方式，即划拨、协议、招标、挂牌、拍卖、租赁、其他；q_i 表示采用 i 方式出让土地的宗数；f_i 表示赋予的权重。由于划拨是一种典型的行政配置方式且基本为无偿获取，故划拨的权重取为 0，其他权重参考李建强和曲福田（2012）的研究，赋值协议、招标、拍卖、挂牌、租赁、其他供给方式的权重依次为 0.2、1、1、1、0.2、0.2。一般而言，随着市场化水平越来越高，土地价值不断显化，能够驱使企业使用相对便宜的其他生产因素来替代土地（渠丽萍等，2010），从而促进土地集约利用，从而提高土地利用效率。

二是土地市场化规范程度（LMG）：土地市场化规范程度用来表示地方政府对土地市场监管能力和监管水平。从理论上讲，如果当地的土地违法现象较为频繁，土地市场秩序混乱，就可能对工业用地利用效率产生负面的影响（李建强和曲福田，2012）。本章选择地区当年土地违法案件涉及的土地面积占该地区行政区域面积的比重来衡量土地市场规范化程度，该数值越小，说明地区土地违法现象越少，土地市场一般来讲就越规范。

其二，工业发展规模（Scale）：

工业发展规模是影响工业用地利用效率的一个重要因素，因为工业行业的规模化程度越高，其用地利用水平可能就越高。随着规模增大，其他成本费用增多，可能也会导致用地效率的下降（孙早和王文，2011），可以考虑用城市工业总产值与城市工业用地面积的比值来代表工业发展规模。

其三，工业研发投入（T）：

随着当前工业产业的发展，工业行业对于科技水平的要求越来越高，特别是如光伏、新能源、新材料等先进工业产业，越来越多地依赖于基础研究的发展，依赖于前沿科学的突破。通过增加研发投入、研发人员，能够不断提高工业行业的核心竞争力，提高产品附加价值，提高产出水平，从而提高工业用地的利用效率。本章选择大中型工业企业 R&D 经费支出占主营业务收入的比重来衡量研发投入。

其四，工业所有制结构：

一是国有工业企业占比（State）：国有企业由国家投资建设，涉及工业内部各行业门类。国有企业的问题在于，其工业用地取得方式较为复杂，多以划拨用地为主，且一般占地面积较大，用地相对宽松，缺乏一定的土地节约利用意识。同时，国有企业的经营规模一般较大，产出能力强，且经营较为稳定，因此其对于工业用地利用效率影响尚需要进一步的数据验证。

二是外资工业企业占比（For）：外资企业一般来说，相对于内地企业具有较高的管理水平与薪资标准，并且也多为较先进的工业行业，能够较好地利用资本投入，更高效地调动企业员工的热情、积极性与潜力，从而对工业用地利用效率的提高具有积极作用。

其五，工业产业结构：

一是大中型工业企业占比（BMP）：一般来说，规模越大的工业企业，其部门的完善度越高，生产分工越细致，管理水平与员工素质也越高，有利于提高工业用地的利用效率。同时，由于规模较大的工业企业能为地方提供较多的就业机会与税收来源，带动地区经济发展与产业发展，获得土地相对较为容易，政策上也更为优惠，故节约集约利用意识更为缺乏，而中小企业由于成本、资金的限制，往往在集约利用土地方面更为热衷，从而对提高工业用地利用效率起到正面作用。

二是高技术工业企业占比（HTP）：理论上，高技术产业意味着所雇佣的劳动力有着更高的受教育水平，高级科技与管理人才有着更高的比例，工业基础设施也更加完善，产出上附带的科学与技术水平更高，因此在相同面积的工业用地上，高技术产业势必较一般工业产业有更高价值的产出，进而有着更高的工业用地利用效率。本章用高技术产业当年生产经营总产值比上该地区工业总产值来表示该指标。

各控制变量指标说明如表 7-1 所示。

表 7-1　各控制变量指标说明

控制变量	变量名称	变量说明
土地市场化水平	土地市场化供应程度（LMS）	根据各土地使用权出让方式赋权计算
	土地市场化规范程度（LMG）	当年土地违法案件涉及的土地面积占该地区行政区域面积的比重
工业发展规模	工业发展规模（Scale）	城市工业总产值与城市工业用地面积的比值
工业研发投入	工业研发投入（*T*）	大中型工业企业 R&D 经费支出占主营业务收入的比重
工业所有制结构	国有工业企业占比（State）	国有及国有控股工业企业占地区工业总产值比重
	外资工业企业占比（For）	外商及港澳台商投资工业企业占地区工业总产值比重
工业产业结构	大中型工业企业占比（BMP）	大中型工业企业总产值占地区工业总产值比重
	高技术工业企业占比（HTP）	高技术产业当年生产经营总产值占该地区工业总产值比重

7.1.2　数据来源

土地市场化供应数据、土地市场监管数据主要源自《中国国土资源统计年鉴》，工业发展规模数据主要源自《中国城市统计年鉴》与《中国城市建设统计年鉴》，工业研发投入数据主要源自《中国科技统计年鉴》，工业所有制结构与工业产业结构数据主要源自《中国统计年鉴》、《中国工业统计年鉴》及《中国工业经济统计年鉴》，其他相关统计数据源自历年各省（区、市）统计年鉴等。由于数据可得性等方面的影响，本章的数据年份为 2006~2016 年。

7.2　模型构建与数据分析

7.2.1　模型构建

为了研究城镇化与工业用地利用效率的关系，建立了以下不可观测效应面板数据模型：

$$I_{it} = \beta U_{it} + \sum_{j=1}^{k} \gamma_j X_{it} + u_i + \varepsilon_{it}$$

式中，i 和 t（t=2006,2007,…,2016）分别代表第 i 个省份和第 t 年。模型中的被解释变量 I 是 i 省份 t 年的工业用地利用效率，核心解释变量 U 是城镇化水平，根据理论框架，预测该变量对工业用地利用效率的影响为正。X 为一组控制变量，控制省份土地市场化水平、工业发展规模、工业研发投入、工业所有制结构、工业产业结构等因素对工业用地利用效率的影响，各项控制变量已在上文说明。最后，每个省都有一些特有的并且不随时间变化的因素（如文化）同样会影响工业用地利用效率，而这些因素无法观测，所以用不可观测效应 u 来控制。

7.2.2　模型选择

根据不同假设，不可观测效应面板数据模型的估计可以有两种处理方法，即固定效应和随机效应。固定效应运用最小二乘法一致地估计 β，得到固定效应估计量 $\hat{\beta}_{固定效应}$。随机效应使用可行广义最小二乘法估计得到随机效应估计量 $\hat{\beta}_{随机效应}$。模型被设定为固定效应还是随机效应主要取决于对不可观测效应与解释变量关系的假设。如果假设不可观测效应与解释变量之间存在相关关系，那么就应该选择固定效应模型，此时 $\hat{\beta}_{固定效应}$ 是一致估计，

而 $\hat{\beta}_{随机效应}$ 是非一致的。如果假设不可观测效应与解释变量之间不存在相关关系，则两种方法估计的结果都是一致的，但随机效应估计有效性更高。

在本章中，基于以下两个方面的考虑选择模型：①当选择固定效应模型还是随机效应模型时，Hausman 检验结果如表 7-2 显示，在对全国模型和中西部地区模型的检验中，卡方统计量相应的 P 值小于 0.005，故拒绝原假设“不可观测效应与解释变量之间不存在相关关系”，认为应该使用固定效应模型，而随机效应估计量会得到非一致的估计。②在选择个体固定效应模型还是时间固定效应模型时，一方面，从经验及其他相关研究的做法来看，由于样本数据的时间跨度较短，只有 2006~2016 年 11 年的数据，而截面数量较多，共 29 个省份，并且各个省份区域差异明显；另一方面，从计量的结果来看，个体固定效应模型估计的城镇化影响工业用地利用效率的系数为正值，而时间固定效应模型估计出的系数为负值，个体固定效应模型所得结果更符合实际状况。因此，本章选取个体固定效应模型。

表 7-2 Hausman 检验结果

H_0		卡方检验	P
非系统的系数差异	全国模型	178.65	0.000 0
	东部模型	42.21	0.000 0
	中西部模型	41.42	0.000 0

7.2.3 模型结果分析

表 7-3 报告了模型的计量经济分析结果，总体来看，模型总体拟合优度良好。由于城镇化对工业用地利用效率的影响是本书的研究重点，故首先对该指标进行重点分析。由表 7-3 全国样本的估计结果可以看出，城镇化的系数显著为正，表示城镇化的确可以驱使工业用地利用效率的提高，因而这也较好地验证了前文的理论机制。由模型 1 和模型 2 的估计结果可知，当加入研发投入后，城镇化对工业用地利用效率的促进作用有了一定程度的下降，系数从 0.064 2 下降到了 0.055 2，说明城镇化与代表技术进步的研发投入之间可能存在着一定程度的替代，但城镇化对工业用地利用效率的正向影响仍然是显著的。

表 7-3 城镇化对工业用地利用效率影响的回归结果

解释变量	被解释变量均为工业用地利用效率 I					
	全国		东部		中西部	
	模型 1	模型 2	模型 3	模型 4	模型 5	模型 6
U	0.064 2**	0.055 2***	0.042 0***	0.033 2***	0.071 9**	0.065 3**

续表

解释变量	被解释变量均为工业用地利用效率 I					
	全国		东部		中西部	
	模型 1	模型 2	模型 3	模型 4	模型 5	模型 6
LMS	0.130 3***	0.103 3***	0.172 3***	0.160 5***	0.112 2	0.099 9
LMG	−0.032 5	−0.030 5	0.011 2	0.015 0	−0.032 1	−0.028 7
Scale	0.066 2***	0.067 9***	0.038 1*	0.033 5*	0.079 7***	0.063 6***
$Scale^2$	−0.000 2***	−0.000 2*	−0.000 1	−0.000 1	−0.000 4**	−0.000 3***
T		−0.102 2***		−0.030 1***		−0.146 1***
State	−0.002 6*	−0.002 1*	0.017 8**	0.018 2**	−0.003 0	−0.002 3
For	−0.078 4	−0.076 7	−0.001 4	−0.003 3	−0.053 4	−0.047 0
BMP	−0.090 1	−0.120 5	−0.065 8**	−0.097 2**	−0.101 5	−0.110 3
HTP	0.797 6***	0.694 4***	0.236 8***	0.360 7***	0.536 0***	0.430 9***
Cons	−0.268 8***	−0.371 0***	−0.266 5***	−0.217 6***	−0.102 0	−0.303 9***
R^2	0.735 4	0.746 6	0.736 1	0.724 5	0.614 6	0.657 2

*、**和***分别表示在 10%、5%和 1%的水平上显著

为了从更微观的视角来考察城镇化对工业用地利用效率的影响存在的区域差异，同时由于样本量的限制，且在第 6 章的研究中，城镇化综合评价与工业用地利用效率的分析结果均表明，中部与西部省份有着很高的相似度，故将回归样本分为东部、中西部两大经济带进行考察，两个子样本的回归结果如表 7-3 中模型 3~模型 6 所示。可以看出，分区后城镇化对于工业用地利用效率的提高同样起到了重要的作用，且在引入研发投入后，城镇化均有不同程度的下降，由此也验证了上文中的全国估计结果。同时，城镇化的正向影响仍然显著，体现了模型设定的稳健性与合理性。

值得注意的是，尽管城镇化对工业用地利用效率的提高有显著的促进作用，但很明显的是，中西部地区的城镇化对工业用地利用效率的提升作用更强。究其原因，可以归为如下几点：首先，东部地区的技术更新速度更快，研发投入带来的技术革新、技术改进在空间上的扩散幅度与力度更大，因而技术进步与城镇化之间的替代性更高，进而导致了东部地区城镇化提升作用偏低。相比较来说，中西部地区资源性城市更多，所以推动城镇化的模式主要依赖于劳动、资本等初始禀赋的投入，而技术革新与改进更多的是一种补充，城镇化与技术进步之间的互补性大于替代性，因此中西部地区的城镇化对工业用地利用效率的提升作用更为明显和强劲。其次，如第 6 章所示，中西部地区工业用地利用效率本身较低，提升空间较大，而东部地区的工业用地利用效率已经达到较高水平，再有所提升难度更大，因此东部地区城镇化对工业用地利用效率的促进作用相比于中西部低。

就控制变量来说，土地市场化水平的两个变量基本符合预期假设，如模型 1、模型 2 所示，土地市场化供应程度都显著为正，表示土地市场化供给能够影响工业用地利用效率。市场是资源配置的有效方式和重要手段，工业用地资源市场化配置能够使土地价值得到显化，从而提高工业用地资源的配置效率和利用效率，但土地市场化规范程度未通过显著性检验。再来看分区域的估计结果，东部地区土地市场化供应在 1%的水平上显著为正，而中西部地区市场化供应显著性不明显。这表明，东部地区土地市场化供应对土地利用效率的提升效果更佳，中西部地区土地市场化供应程度未通过显著性检验的原因，可能是由于西部地区的经济发展水平不高，工业用地资源较为充裕，工业用地出让价格整体较低，市场化与非市场化出让方式形成的工业用地价格差异也不大。例如，2016 年西部地区工业用地协议出让平均价格为 113.15 元/米^2，而“招拍挂”平均价格也仅为 151.71 元/米^2，因此不会对企业节约集约用地行为产生明显的引导作用，从而使得土地市场化供应程度不显著。

工业研发投入虽然通过显著性检验，但表现出对工业用地利用效率的负向影响，与理论分析相悖。分析这一结果，可能的原因是当前我国工业企业研发的规模较小，研发成果未能有效地转化为实际的产出能力，往往有新产品需求时，研发投入才会增加，有必要建立和完善从研发投入到产出增长的长效机制。

工业发展规模的提高，有助于工业行业更易达到规模报酬生产，提高工业用地利用效率。随着规模的扩大，企业内部各部门关系的复杂性增加，管理难度增加，资源间配置失衡，反倒是抵消了规模扩大所带来的效率提升，甚至出现规模不经济。模型分析的结果也正验证了这一点，规模的一次项在 1%的水平上显著为正，二次项在 1%的水平上显著为负，表明随着工业发展规模的扩大，工业用地利用效率会表现出先上升、后下降的倒“U”形特征。东部地区的管理水平可能相对中西部地区较高，因此规模扩大带来的负面效果不明显。

在所有制结构方面，国有企业占比仅东部地区通过了 5%的显著性检验，说明对工业用地利用效率的提升具有正面的作用，而全国地区该指标为负，说明当前部分地区国有工业企业用地存在着粗放行为，未能发挥出国有企业经营规模大，产出能力强的规模优势，中西部地区没有通过显著性检验，外资企业占比在几个模型中同样没有通过显著性检验。因此，从全国层面来看，所有制结构不是影响工业用地利用效率的因素。

最后是市场结构的表现，大中型工业企业占比对东部地区的工业用地利用效率具有负影响，可以判定，规模较大的企业不利于东部地区的工业用地利用效率的提升，东部地区土地普遍更为稀缺，而小企业的节约集约利用土地意识更强。高技术企业占比的估计系数通过了显著性检验，因此该因素对工业用地利用效率的提高具有正向影响，高技术产业具有较高的管理水平和科技水平，在市场中所占的比例越高，越有助于提高工业用地利用效率。

7.3　本 章 小 结

城镇化能否引导工业用地利用高效化？除了城镇化水平，工业用地利用效率还受哪些因素影响？这是本章拟解决的问题。为了解决该问题，本章结合理论分析框架，采用计量经济方法验证了城镇化水平、土地市场化水平、工业发展规模、工业研发投入、工业所有制结构、工业产业结构等工业用地利用效率的影响因素。除了从全国的视角来考察城镇化对工业用地利用效率的影响，本章还将回归样本分为东部、中西部两大经济带进行考察存在的区域差异，各模型中城镇化都表现出了显著的正向促进，并且中西部地区城镇化更能刺激工业用地利用效率的提升。土地市场化水平、工业发展规模、工业研发投入、工业产业结构也对工业利用效率有不同程度影响，从全国层面来看，土地市场化供应程度、非国有工业企业占比及高技术工业企业占比越高，越有利于提高工业用地利用效率；工业发展规模遵循着规模经济的规律，在一定技术水平的条件下，规模并非越大越好；工业研发投入在短期来看，未能有效促进工业用地利用效率的增加。从区域层面来看，东部省份工业用地利用效率的提高更依赖于土地市场化供应程度、小微企业和高技术工业企业占比的提高；而中西部地区工业用地利用效率的提升需要更加关注市场化供应程度和增加高技术工业企业的数量。

第三篇

新型城镇化背景下工业用地效率研究：微观尺度

2014 年，国家发展和改革委员会等部门联合印发了《关于开展国家新型城镇化综合试点工作的通知》（发改规划〔2014〕1229 号），江苏省被列为国家新型城镇化综合试点地区。江苏是我国工业强省，工业门类齐全，工业企业较多，工业用地利用管理走在全国前列，具有一定的示范性和典型性。本篇以江苏省为例，从工业企业的微观尺度对新型城镇化背景下工业用地效率开展研究。

第 8 章　江苏省城镇化与工业用地现状分析

8.1　江苏省概况

8.1.1　自然社会经济条件

江苏省自然社会经济条件可以总结为以下几个方面：

（1）区位优势明显。江苏省位于中国东部沿海的长江三角洲，东濒黄海，西连安徽，北接山东，南与浙江、上海毗邻，地跨东经 116°18′~121°57′，北纬 30°45′~35°20′。面积 10 多万平方千米，占全国土地总面积的 1.12%。江苏平原辽阔，气候温暖，雨量充沛，自然资源本底条件差异较小，是久负盛名的“鱼米之乡”。

（2）综合经济实力不断提升。近年来，江苏省经济主动顺应经济发展新常态，在经济发展速度换挡中发掘新动能，持续壮大经济规模，城市综合竞争实力不断增强。江苏省地区生产总值自 2011 年迈上万亿元台阶，2015 年全省地区生产总值超过 7 万亿元，居全国第 2 位；人均地区生产总值超过 8.8 万元，位居全国各省（区）首位；规模以上工业总产值 3.02 万亿元，仅次于上海。2018 年，全省地区生产总值同比增长 6.7%，总量达 9.26 万亿元。

（3）经济转型升级成效显著。“十二五”期间，全省积极推进产业转型升级，把加快服务业发展作为转方式调结构的战略举措，以产业培育为中心，基本形成先进制造业与现代服务业“双轮驱动”的发展新格局。产业结构调整实现“三二一”的标志性转变，第三产业比重超过 48%。

8.1.2　江苏省土地利用特征

根据江苏省土地利用现状变更调查数据，截至 2016 年底，全省土地总面积为 1 072.17 万公顷。其中，农用地面积为 649.78 万公顷，占土地总面积的 60.6%；建设用地面积为 229.32 万公顷，占土地总面积的 21.4%；未利用地面积为 193.08 万公顷，占土地总面积的 18.0%。土地利用总体特征表现如下。

（1）土地资源禀赋优越，耕地面积比例较高。江苏省山地面积小，地形以平原为主，水资源条件较好，水网较密集。全省的地形地貌呈现“一山两水七分田”的特征，低山丘陵、水域、平原面积占比分别为 14.3%、16.8%、68.9%，农业发展条件优越。农用地占全省土地总面积的 60.6%，其中耕地占农用地比例为 70.5%，主要分布在北部、中部及东部地区。

（2）土地开发强度高，土地利用效益的区域差异明显。江苏省人口稠密、经济社会发达，同时也是全国土地开发强度最高的省（区），2016 年其土地开发强度达 21.4%，其中苏南、苏中和苏北土地开发强度分别为 29.0%、20.1%和 18.5%，无锡市达到 32.5%，苏南部分县市甚至超过 40%；全省建设用地的效益较高，2016 年达到 314.0 万元/公顷，三大区域的单位建设用地产出分别为 539.4 万元/公顷、313.2 万元/公顷和 159.0 万元/公顷，区域差异显著。

（3）低效闲置土地面积较大，土地集约利用程度有待进一步提高。2016 年，农村居民点面积为 105.36 万公顷，占全省土地总面积的 9.8%，在城乡用地中占比达 56.4%。由于平原与水网地区的地形地貌特点和传统的居住习惯，江苏农村的居住村落相对分散，村落主要表现为沿河沿路的条带状、北部区域与丘陵山区的小聚落及零星散布等形态。全省人均农村建设用地达 408 平方米/人，具有较大的整治潜力和布局优化的空间。同时，江苏省还存在较大面积的工矿废弃地、低效废弃盐田，城镇内部低效建设用地也广泛存在，土地节约集约利用水平还有较大提升空间。

（4）耕地后备资源数量少，土地开发难度大。经过多年的各类土地整理、复垦、开发项目的实施，全省可供开发利用的耕地后备资源逐年减少。据 2015 年江苏省耕地后备资源调查成果，全省耕地后备资源总量为 32.23 万公顷，其中“十三五”期间耕地后备资源开发潜力为 17.29 万公顷。耕地后备资源主要集中在沿海滩涂区域，滩涂围垦开发具有难度大、成本高、形成高产稳产耕地周期长的特点，全省耕地占补平衡压力大。

8.2 江苏省城镇化现状分析

改革开放以来，江苏省城镇化和城乡发展一体化先后呈现出乡镇企业勃兴带动小城镇繁荣、各类开发园区建设带动中心城市发展、交通等基础设施升级助推城市群崛起、科学发展引领城乡一体化进程等鲜明特点，新型城镇化和城乡发展一体化取得长足进步。

（1）城镇化水平不断提高。1978~2018 年，江苏省城镇化率从 13.7%提高到 69.61%，上升 55.91 个百分点，平均每年提高 1.4 个百分点。

（2）城乡经济结构持续优化，发展优势和潜能更加彰显。1978~2018 年，非农产业增加值比重从 72.4%增加到 95.5%，非农产业从业人员占比从 30.3%增加到 83.9%，2018 年新增转移农村劳动力为 25.53 万人，累计转移 1 953.39 万人，转移率为 75.3%。城市创新能力不断增强，2018 年，高新技术产业占比 43.8%，全省新增专业技术人才 53.15 万人，组织专业技术人员参加继续教育 161 万人次。

（3）城市群和新农村建设成效显著，城乡空间格局逐步优化。沿江城市群在长三角世界级城市群中的地位和作用日益凸显，南京都市圈、苏锡常都市圈、徐州都市圈发展态势良好。持续实施农村实事工程，农村公共基础设施明显改善，近十年，全省新建改建农村公路 8.7 万公里，完成了 9 万多个自然村环境整治，打造了 848 个“三星级康居乡村”。

（4）城乡居民生活持续改善，社会文明程度显著提升。1978~2018 年，江苏城镇居民人均可支配收入增长约 150 倍，2018 年全省居民人均可支配收入达到 38 096 元，城乡居民收入比下降到 2.26∶1，为全国差距较小的省份之一。终身教育、就业服务、社会保障、基本医疗卫生、住房保障、社会养老等基本公共服务体系不断完善，“一委一居一站一办”新型社区管理模式全面推广。

在新型城镇化发展的同时，也存在一些不容忽视的问题，城镇化发展质量和水平不够高。大量农业转移人口难以融入城市社会，本省常住人口城镇化率与户籍人口城镇化率相差 7 个百分点。城镇内部出现新的二元结构矛盾，农村留守儿童、妇女和老人问题突出。人口城镇化滞后于土地城镇化，城镇建设用地开发粗放低效，2016 年全省开发强度达到 21.4%，苏南地区相对更高。与世界上处于相同发展阶段的国家和地区相比，城镇化总体滞后于工业化，且区域差异较大。城乡发展形态、空间布局和城镇结构体系亟待调整优化。一些城市边界扩张速度过快，部分大城市主城区人口压力偏大，与资源环境承载能力的矛盾逐步加剧。城市发展定位趋同，城市群内部功能互补性不强，集群效应不高。中小城市和小城镇产业和人口集聚能力较弱，潜力尚未充分发掘。城乡建设个性不够鲜明，建设性破坏城乡自然环境和古街区、古村落等文化传承的现象在一些地区不同程度存在。

总体来看，改革开放以来的经济持续快速增长，工业化城镇化互动发展的实践与探索为江苏省推进新型城镇化和城乡发展一体化奠定了坚实基础，积累了丰富经验。根据世界城镇化发展普遍规律，江苏省城镇化进程仍处于 30%~70%的快速发展区间，随着国家新型城镇化、长三角发展一体化、长江经济带、“一带一路”等的实施，江苏省推进新型城镇化和城乡发展一体化面临着良好的发展机遇和广阔空间。

8.3 江苏省工业企业用地现状分析

江苏省工业企业用地现状分析数据来源于 2016 年的江苏工业用地调查。工业用地调查对象为全省范围内所有实际用途为工矿仓储的用地以及地上工业企业。根据《国民经济行业分类与代码》（GB/T 4754-2011），包含采矿业、制造业、电力、热力、燃气及水生产和供应业，对应行业代码（大类）为06~46。本章从用地规模、用地结构、用地强度、用地效益、用地聚集度方面对江苏省工业企业用地现状进行分析。

8.3.1 用地规模

2015 年，全省建设用地规模为 3 408.1 万亩，占土地总面积的 21.2%，其中，城乡建设用地规模为 2 779.5 万亩，占建设用地规模的 81.6%；城镇工矿用地规模为 1 201.3 万亩，城镇建设用地规模为 1 025.0 万亩，城市建设用地规模为 428.7 万亩。

根据调查成果，全省工矿仓储用地规模为 562.4 万亩，占建设用地规模的 16.50%（图 8-1），占土地总面积的 3.5%。涉及工业企业 22.7 万家，企业平均占地 25 亩/家。

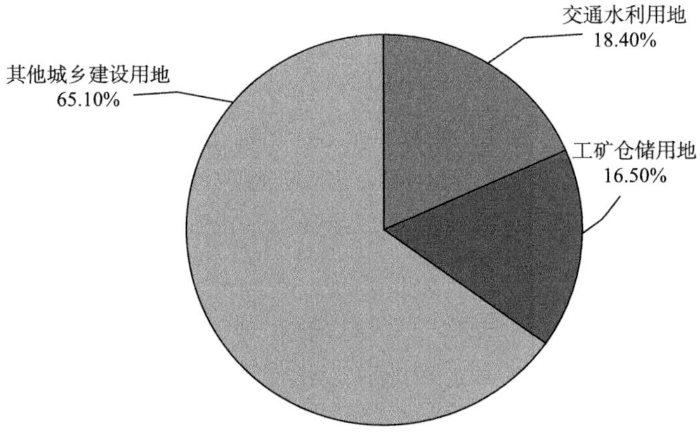

图 8-1 2015 年江苏省建设用地结构图

全省城镇建设用地范围内工业及仓储用地（包括工业用地和仓储用地）规模为 346.0 万亩，占城镇建设用地规模的 33.8%；其中，城市建设用地范围内 107.7 万亩，占城市建设用地规模的 25.1%，尚未超过国家标准上限①。在国外城市中心区的用地比例中，工业用地一般不超过城市面积的 10%（表 8-1），全省除南京市外，其余城市这一指标（城市建设用地中工业及仓储用地规模占比）均超过了 20%，工业及仓储用地占比偏高也反映了江苏省现阶段工业经济结构中生产、制造业仍占据主要地位，生产性服务业发展相对比发达地区和国家来说仍相对滞后。

表 8-1 国内外城市工业用地比例

城市	工业用地比例	城市	工业用地比例
美国大中城市	8.80%	英国一般城市	7.00%
美国小城市	5.70%	英国工业城市	10.70%
纽约	7.48%	英国新城	13.90%
芝加哥	6.90%	大阪	15.35%
东京都	2.64%	横滨	7.34%
中国香港	5.96%	南京	18.1%
苏州、常州和宿迁	≥30%	江苏省其他城市	20%~30%

资料来源：《新型城镇化之土地制度改革路径》和工业用地调查

从全省城镇工业及仓储用地空间分布来看，工业企业和工业用地主要分布在苏南地区和沿江地区。

8.3.2 用地结构

从工矿仓储用地结构来看，工业用地规模为 493.6 万亩，采矿用地规模为 49.7 万亩，仓储用地规模为 16.5 万亩，科研用地规模为 2.7 万亩，分别占全省工矿仓储用地的 87.80%、8.80%、2.90%和 0.50%（图 8-2）。

从不同企业类型工矿仓储用地规模来看，规模以上企业（以下简称规上企业）用地规模为 233.8 万亩，占比 41.6%；高新技术企业用地规模为 57.7 万亩，占比 10.3%；集团企业用地规模为 11.6 万亩，占比 2.1%（表 8-2）。

① 根据《城市用地分类与规划建设用地标准》（GB50137-2011），工业用地在城市建设用地中占有一定的比重，一般以占城市建设总用地的 15%~25%为宜；拥有大中型工业企业的中小工矿城市，其工业用地占城市建设用地的比例可大于 25%，但不宜超过 30%。

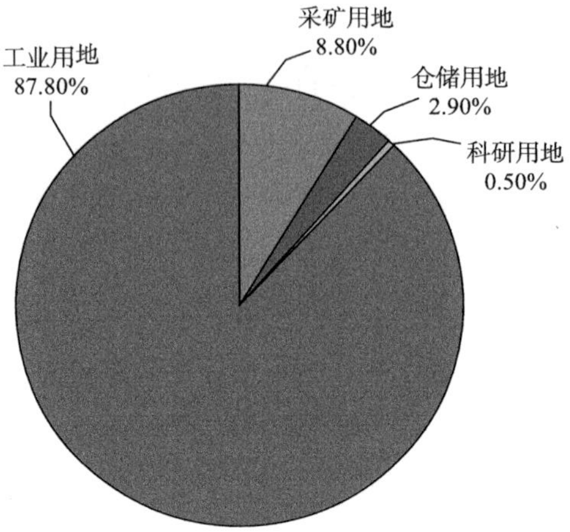

图 8-2　2015 年江苏省工矿仓储用地结构图

表 8-2　2015 年江苏省不同企业类型用地规模表

企业类型	工矿仓储用地		工业企业	
	规模/万亩	占比	数量/家	占比
规上企业	233.8	41.6%	43 440	19.2%
高新技术企业	57.7	10.3%	7 803	3.4%
集团企业	11.6	2.1%	1 434	0.6%
工业企业	562.4	100.0%	226 581	100.0%

从用地结构看，工业用地规模呈现“312”的分布格局，主要集中在苏南地区，占比略高于五成，用地规模约是苏北地区的 2 倍，是苏中地区的 3 倍，13 个设区市中以苏州市、无锡市、常州市居多，三个城市工业用地规模占全省 44%左右。采矿用地中，99%集中在苏北地区，13 个设区市中以盐城市、徐州市居多。苏南地区仓储用地规模占比近五成，苏中苏北地区规模相当，13 个设区市中苏州市和泰州市居多，用地规模占全省 47%左右。

8.3.3　用地强度

江苏省工矿仓储用地强度普遍偏低。分析结果表明，容积率在（0，0.3]的有 107.4 万亩，建筑密度在（0，20%]的有 91.7 万亩，同时符合两个条件的用地规模约为 78 万亩。其中，位于城镇建设用地范围内约为 57 万亩，位于其他用地范围内的约为 21 万亩。具体分析如下。

1. 综合容积率

全省工矿仓储用地综合容积率为 0.54，其中，工业用地综合容积率为

0.60，采矿用地综合容积率较低，仅为 0.01，仓储用地综合容积率为 0.42，科研用地综合容积率为 0.70。

分容积率区段分析来看，容积率在 0.5 以下（不包含 0）的工矿仓储用地规模占全省的 36.3%（表 8-3），表明有相当一部分用地利用效率较低，全省各地均有分布。容积率大于 1 的用地占全省的 9.0%，主要分布在苏南地区。

表 8-3　2015 年江苏省分容积率区段用地规模统计表

分容积率区段	用地规模/万亩	占比	城镇范围内	
			用地规模/万亩	占比
0	70.9	12.6%	27.9	7.7%
(0，0.3]	107.4	19.1%	70.6	19.4%
(0.3，0.5]	96.6	17.2%	67.4	18.5%
(0.5，0.7]	117.4	20.9%	79.9	21.9%
(0.7，1]	119.4	21.2%	83.5	22.9%
1 以上	50.8	9.0%	35.0	9.6%

注：综合容积率为 0 的地块包含未建工业用地和采矿用地中的大部分盐田

全省工矿仓储用地容积率和建筑密度普遍偏低。苏中、苏南地区用地强度差异不大，苏北地区略低。13 个设区市中，南通市、无锡市、苏州市整体用地强度较高，连云港市用地强度较低。

苏南、苏中、苏北地区工矿仓储用地综合容积率分别为 0.63、0.62 和 0.35，其中，工业用地综合容积率分别为 0.64、0.62 和 0.47。

13 个设区市中，工矿仓储用地综合容积率排名前三位的是南通市、无锡市和苏州市，分别为 0.72、0.69 和 0.64，排名后三位的是徐州市、连云港市和盐城市，分别为 0.46、0.27 和 0.25。工业用地综合容积率排名前三位的是南通市、无锡市和苏州市，分别为 0.73、0.70 和 0.66，排名后三位的是淮安市、徐州市和连云港市，分别为 0.54、0.47 和 0.27。可以看出，南通市、无锡市、苏州市等地用地效率明显高于大部分苏北城市。

分容积率区段分析来看，连云港市、宿迁市工矿仓储用地利用效率明显低于其他设区市。具体来看，两市容积率在 0.5 以下（不包含 0）的工矿仓储用地规模占其总规模比重高于其他设区市，占比均在 60%以上。在（0.5，1]，泰州市、苏州市和南通市工矿仓储用地规模超过 50%。此外，南通市、无锡市和南京市综合容积率大于 1 的比重均在 13%以上。

2. 建筑密度

全省工矿仓储用地建筑密度为 36%，其中，工业用地建筑密度为40%，采矿用地建筑密度仅为 1%，仓储用地建筑密度为 30%，科研用地建筑密度为 23%。

分建筑密度区段分析来看，建筑密度在20%以下（不含0）的工矿仓储用地规模占全省的 16.3%（表 8-4），表明有相当一部分用地利用效率较低，全省各地均有分布；建筑密度在 60%以上的用地占全省的 17.6%。

表 8-4　2015 年江苏省分建筑密度区段用地规模统计表

分建筑密度区段	用地规模/万亩	占比	城镇范围内	
			用地规模/万亩	占比
0	71.7	12.8%	25.0	6.9%
（0，20%]	91.7	16.3%	63.1	17.3%
（20%，40%]	154.6	27.5%	112.1	30.8%
（40%，60%]	145.2	25.8%	98.2	27.0%
60%以上	99.2	17.6%	59.4	16.3%

注：建筑密度为 0 的地块包含未建工业用地和采矿用地中的大部分盐田

苏南、苏中、苏北地区工矿仓储用地建筑密度分别为 42%、40%和26%，其中，工业用地建筑密度区域差异不大，苏南、苏中、苏北地区分别为 42%、41%和 35%。

13 个设区市中，无锡市为最高，达 48%，其次是南通市和苏州市，分别为 46%和 42%，除连云港市、盐城市和徐州市之外，其余城市容积率在30%~40%。从工业用地建筑密度情况来看，除连云港市和南京市之外，其余设区市建筑密度均在 35%及以上。

分建筑密度区段分析来看，连云港市、扬州市、镇江市和徐州市工矿仓储用地利用效率相对低于其他设区市。具体来看，建筑密度在 20%以下（不包含 0）的工矿仓储用地规模占其总规模比重高于其他设区市，占比均在 20%以上。在（20%，40%]，南京市、淮安市和宿迁市工矿仓储用地规模超过 40%。此外，南通市和无锡市建筑密度大于 60%的比重均在 30%以上，这与两地乡镇企业数量较多，建筑密度相对较大有关。

8.3.4　用地效益

从整体来看，苏南地区以占全省 51%的用地规模贡献了 65%以上的经济效益和社会效益，苏中和苏北地区贡献水平基本相当，见表 8-5。

表 8-5　分区域用地效益指标统计表

行政区	地均产出/（万元/亩）		地均税费/（万元/亩）		地均从业人数/（标准人/亩）	
	工业企业	其中，规上企业	工业企业	其中，规上企业	工业企业	其中，规上企业
南京市	216.9	427.2	20.1	33.0	1.5	3.5
无锡市	210.8	403.8	9.6	20.8	3.2	4.4
徐州市	67.8	130.0	8.2	16.7	1.8	3.1
常州市	163.5	280.8	6.1	10.7	1.8	3.0
苏州市	246.0	441.4	9.5	17.5	3.3	4.9
南通市	115.7	213.4	4.7	8.4	1.7	2.3
连云港市	65.9	117.1	4.1	6.3	0.5	0.9
淮安市	97.7	158.7	8.0	10.9	2.0	2.9
盐城市	84.3	148.6	3.7	6.6	1.2	1.8
扬州市	114.5	182.1	5.5	8.8	2.1	2.9
镇江市	110.9	185.7	4.8	8.4	1.4	2.0
泰州市	120.1	211.9	5.1	9.1	1.2	1.7
宿迁市	75.3	129.6	3.0	4.9	1.6	2.2
苏北地区	77.8	137.8	5.4	9.1	1.4	2.1
苏中地区	116.7	203.3	5.0	8.7	1.7	2.3
苏南地区	209.4	385.1	10.0	18.4	2.6	4.1
江苏省	158.2	276.1	7.9	13.7	2.1	3.2

注：在进行地均测算时，采矿用地中的盐田不纳入测算范围

1. 经济效益

（1）开票销售收入及地均产出：①开票销售收入。苏南地区工业企业开票销售收入占全省比例为 74%，是苏北地区的 5.8 倍，是苏中地区的 5.4 倍；其中，规上企业占全省比例为 71%，是苏北地区的 4.8 倍，是苏南地区的 4.7 倍。13 个设区市中，排名前三位的为苏州市、无锡市和南京市，开票销售收入总和占全省比例达到 60%；排名后三位的为淮安市、连云港市和宿迁市，占全省比例均在 2%左右。②地均产出。苏南地区地均产出约是苏北地区的 2.7 倍，是苏中地区的 1.8 倍；其中，苏南地区规上企业地均产出约是苏北地区的 2.8 倍，是苏中地区的 1.9 倍。13 个设区市中，排名前三位的为苏州市、南京市和无锡市，地均产出是连云港市（地均产出水平为 65.9 万元/亩）的 3.7 倍、3.3 倍和 3.2 倍；规上企业区域差异更大，排名前三位的为苏州市、南京市和无锡市，地均产出是连云港市（地均产出水平为 117.1 万元/亩）的 3.8 倍、3.6 倍和 3.4 倍。

（2）上缴税费及地均税费：①上缴税费。苏南地区工业企业上缴税费

占全省比例为71%，是苏北地区的4倍，是苏中地区的6倍；其中，规上企业上缴税费占全省比例为 68%，是苏北地区的 3.5 倍，是苏中地区的 5.2 倍。13 个设区市中，排名前三位的为苏州市、南京市和无锡市，上缴税费总和占全省比例达到 60%左右；排名后三位的为淮安市、连云港市和宿迁市，占全省比例均在 3%以下。②地均税费。苏南地区工业企业地均税费为 10 万元/亩，是苏北地区的 1.9 倍，是苏中地区的 2 倍；其中，规上企业地均税费为 18.4 万元/亩，是苏北地区的 2 倍，是苏中地区的 2.1 倍。在 13 个设区市中，地均税费前三位的为南京市、无锡市和苏州市，分别是宿迁市（3 万元/亩）的 6.7 倍、3.2 倍和 3.1 倍；规上企业地均税费前三位的为南京市、无锡市和苏州市，分别是宿迁市（4.9 万元/亩）的 6.7 倍、4.2 倍和 3.6 倍。

需要说明的是，在 13 个设区市中，徐州市、淮安市的地均税费分别达到 8.2 万元/亩和 8.0 万元/亩，主要原因为江苏中烟徐州卷烟厂（上缴税费 115.8 亿元）和淮阴分公司（上缴税费 75.6 亿元）税收贡献较大，将该影响因素剔除后，徐州市地均税费约为 3.3 万元/亩，淮安市地均税费约为 4.1 万元/亩。

2. 社会效益

（1）从业人数。苏南地区工业企业从业人数为 748 万人，是苏北地区的 4 倍，是苏中地区的 4.8 倍；其中，苏南地区规上企业从业人数为 480 万人，是苏北地区的 3.3 倍，是苏中地区的 4.3 倍。

在 13 个设区市中，从业人数排名前三位的为苏州市、无锡市和常州市，总和占全省比例为 60%左右；排名后三位的为泰州市、宿迁市和连云港市，从业人数占全省比例均在 3%以下。

（2）地均从业人数。苏南地区工业企业地均从业人数为 2.6 标准人/亩，是苏北地区的 1.9 倍，是苏中地区的 1.5 倍；其中，苏南地区规上企业为 4.1 标准人/亩，是苏北地区的 2.0 倍，是苏中地区的 1.8 倍。

地均从业人数区域差异不大。在 13 个设区市中，排名前三位的为苏州市、无锡市和扬州市；地均从业人数分别为 3.3 标准人/亩、3.2 标准人/亩和 2.1 标准人/亩，是连云港市（0.5 标准人/亩）的 6.6 倍、6.4 倍和 4.2 倍；规上企业地均从业人数排名前三位的为苏州市、无锡市和南京市，分别为 4.9 标准人/亩、4.4 标准人/亩和 3.5 标准人/亩，是连云港市（0.9 标准人/亩）的 5.4 倍、4.8 倍和 3.9 倍。

8.3.5　用地聚集度

本书采用空间自相关分析和核密度分析对工业企业用地聚集度进行研究。

1. 空间自相关分析

空间自相关 Moran's I 用于衡量空间要素间的相互关系，检验要素现象在空间上是否存在集聚，并对其在整个研究区域的空间特征进行描述。Moran's I 取值范围位于−1~1，Moran's $I>0$ 表示研究区域内空间要素间呈现正相关的关系，Moran's $I=0$ 表示研究区域内空间要素间不存在空间相关性，Moran's $I<0$ 表示研究区域内空间要素间存在负相关的关系。其计算公式如下：

$$I=\frac{n\sum_{i=1}^{n}\sum_{j=1}^{n}\omega_{i,j}Z_iZ_j}{S_o\sum_{i=1}^{n}Z_i^2}$$

式中，Z_i 是要素 i 的属性与其平均值（$x_i-\bar{X}$）的偏差；$\omega_{i,j}$ 是要素 i 和 j 之间的空间权重；n 是要素总数；S_o 是所有空间权重的聚合。

全省工业用地分布呈现空间集聚特征，区域集聚程度差异明显。总体来看，苏南地区工业企业集聚程度明显高于苏中和苏北地区，苏中和苏北地区差异不大。从 13 个设区市来看，用地聚集度最高的为常州市，Moran's I 值为 0.485 4；无锡市、苏州市次之，其余城市工业用地聚集度整体相对较低，最低的三个城市为淮安市、宿迁市和连云港市。

2. 核密度分析

全局空间自相关分析是对研究区域整体的空间自相关性进行统计分析，无法反映区域内部局部的细微差别。为进一步探索局部空间集聚，了解和展现区域内工业块区的聚集空间分布，本章采用核密度分析的方法对其进行探索分析，核密度分析可以计算出区域内要素较为集中的地方，其计算公式如下：

$$f(x)=\frac{1}{nh}\sum_{i=1}^{n}k\left[\frac{x-x_i}{h}\right]$$

式中，n 为要素数量；K 为核函数；$h>0$，为带宽；$x-x_i$ 为估计点 x 到样本点 x_i 处的距离。

对江苏省工业用地进行核密度分析，并用核密度示意图和三维立体空间示意图来进行可视化。从全省层面来看，核密度分析结果与 Moran's *I* 结果较为一致，工业用地主要集中在苏州市、无锡市和常州市，泰州市、扬州市和镇江市这三个城市连接较为紧密，形成一块聚集区，其余各市也有各自聚集区域。省级和国家级开发区大多数位于聚集区，可见开发区较为有效地拉动了工业用地的建设。

8.4 江苏省工业行业用地分析

本章从行业总体概况、全省工业行业用地特征分析、战略性新兴产业用地分析、落后产能涉及行业用地分析及高耗能行业用地分析角度进行分析，以期从行业角度为工业用地空间布局优化提供参考。

8.4.1 行业总体概况

参考相关调查，涉及工业企业 22.7 万家，可以明确行业分类的有 22 万家，涵盖采矿业、制造业、电力、热力、燃气及水生产和供应业三个行业门类中的所有行业（行业大类代码 06~46），以下针对 22 万家工业企业情况进行分析。

共涉及 466.6 万亩工矿仓储用地，工业企业开票销售收入为 80 917 亿元，上缴税费为 4 056 亿元，从业人数为 1 074 万人，参保人员为 493 万人。

从基本情况来看，制造业工业企业数量、占地规模、产出水平占全省比例 90%以上，单个企业平均占地面积最小，约 20 亩/家；采矿业企业数量、占地规模、产出水平均较低，占全省比例在 1%以下，单个企业平均占地面积最大，约 266 亩/家；电力业以不到 1%的企业数量（1 375 家），创造了 3%以上的产出（3 011.7 亿元）和 8%以上的税费（325.3 亿元），单个企业平均占地面积为 88 亩。

从用地强度来看，制造业综合容积率为 0.6，建筑密度为 40%；采矿业和电力业综合容积率与建筑密度均较低，分别为 0.1、6%和 0.3、24%。

从用地效益来看，电力业地均产出最高，约为 250 万元/亩，是制造业地均产出的 1.4 倍，采矿业地均产出的 25 倍；电力业地均税费约为 27 万/亩，是制造业地均税费的 3.2 倍，采矿业地均税费的 18 倍；制造业地均从业人数最多，约为 2.4 标准人/亩，是采矿业的 5 倍，电力业的 3 倍。

8.4.2　全省工业行业用地特征分析

近年来，在全国工业经济增速明显下滑形势下，江苏工业能够保持相对良好势头，以电子、化工、电气、黑色金属、汽车、通用设备、纺织、金属制品和专用设备制造为主体的十大制造业做出了突出贡献，扮演了工业经济重要支柱角色。从土地资源要素配置角度来看，以烟草、电子、石油、汽车、有色、电气、农副、化学纤维、医药和化工地均产出水平较高。全省行业用地总体呈现出如下特征。

1. 部分区域产业结构趋同

产业的多样性能够填补产业系统内的空缺位，从而增加产业系统的复杂性，以提升产业系统的恢复力和稳定性。对 13 个设区市进行分行业分析发现，制造业中产出贡献较大的主要集中在计算机、化学、石油、电气、汽车、纺织等行业。为了更好地量化区域产业结构的趋同化程度，选用联合国工业发展组织推荐的相似系数公式对苏南、苏中、苏北三个区域以及 13 个设区市之间的制造业结构趋同性予以分析。结果表明，苏南和苏中、苏北地区制造业结构相似系数分别为 87%和 78%（系数越大，产业结构越相似），苏中和苏北地区相似系数为 74%。三个区域制造业结构较为相似，苏中和苏北地区对于苏南地区的制造业承接转移起到很重要的作用，但是区域经济互补性较弱。

从 13 个设区市制造业结构相似系数可以看出，相邻城市之间制造业结构相似度较高，如南京市和扬州市，相似系数达到 86%；盐城市和扬州市，相似系数达到 94%；镇江市和泰州市，相似系数达到 90%。沿海城市之间制造业结构相似度相对较低，连云港市、盐城市和南通市相似系数均在 60%以下。

2. 容积率和建筑密度较低

行业综合容积率集中在0.5~0.75，其中，纺织业，纺织服装、服饰业，计算机、通信和其他电子设备制造业，橡胶和塑料制品业综合容积率在 0.66 以上，其余行业均在 0.65 以下（图 8-3）。

行业建筑密度基本维持在 35%~55%，且各行业相差不大。其中，纺织业，通用设备制造业建筑密度在 45%以上，其余行业均在 44%以下。

对地均从业人数和容积率在行业间的分布趋势进行分析，纺织业、服饰业、仪器仪表制造业等劳动密集型行业，综合容积率和建筑密度相对其他行业较高。

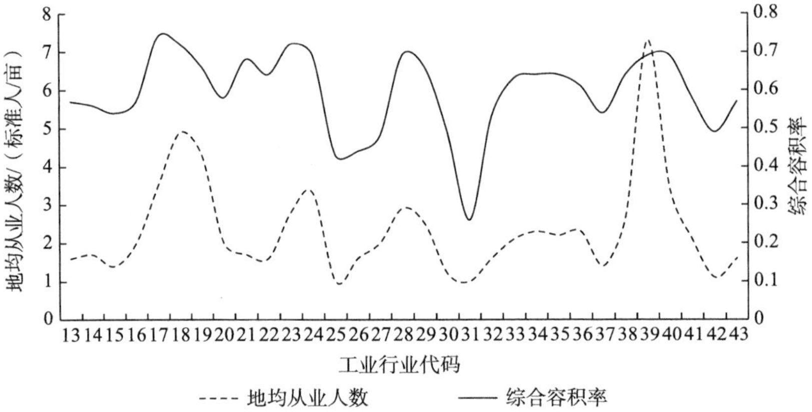

图 8-3 江苏省制造业用地强度和地均从业人数趋势图

3. 传统行业企业数量占比高、用地规模占比高

全省用地规模在 30 万亩以上和企业数量在 1 万家以上的行业主要集中在石化、冶金、机械、纺织等传统行业。对涉及行业进行汇总分析发现，全省传统行业涉及工业企业数量占比为 55%，用地规模占比为 50%，行业经济产出水平和吸纳劳动力数量均占全省 40%以上。

8.4.3 战略性新兴产业用地分析

战略性新兴产业代表新一轮技术革命和产业变革的方向，对经济社会发展全局具有重要的带动引领作用。根据《江苏省国民经济和社会发展第十三个五年规划纲要》、《中国制造 2025 江苏行动纲要》和《江苏省“十三五”战略性新兴产业发展规划》，“十三五”时期，全省要加快传统产业改造升级；重点发展新一代信息技术产业、高端软件和信息服务业、生物技术和新医药产业、新材料产业、高端装备制造产业、节能环保产业、新能源和能源互联网产业、新能源汽车产业、空天海洋装备产业、数字创意产业。

《战略性新兴产业分类（2012）（试行）》中明确了新一代信息技术产业、节能环保产业、生物产业、高端装备制造产业、新能源产业、新材料产业、新能源汽车产业七大战略新兴产业。在分析过程中，根据产业分类与《国民经济行业分类与代码》（GB/T 4754-2011）对应关系，分析上述七大战略新兴产业。同时，根据《江苏省“十三五”战略性新兴产业发展规划》中对于空天海洋装备产业的规划进行行业对应。需要说明的是，高端软件和信息服务业以及数字创业产业对应的行业不在工业企业范围内，本章不予以分析；进行战略新兴产业归类时数据来源仅限于工业企业所涉及行业。

总体来看，工业企业中战略性新兴产业共涉及 7.4 万家企业（其中规上企业 1.5 万家），用地规模 163 万亩，分别占全省的 32.7%和 29%。由于大量企业仍在投产阶段，整体用地强度偏低，综合容积率仅为 0.24，建筑密度仅为 17%。工业企业开票销售收入和上缴税金分别占全省的 33.8%和 33.3%，从业人数占全省的 29.7%。地均产出和地均税费分别比全省高 10.7 万元/亩、0.4 万元/亩。

1. 新一代信息技术产业

新一代信息技术产业共涉及 3 008 家工业企业（其中，规上企业 642 家），用地规模为 5.6 万亩，分别占全省的 1.3%和 1.0%。工业企业开票销售收入为 2 180 亿元，上缴税费为 67 亿元，从业人数为 29 万人，分别占全省的 2.7%、1.7%和 2.7%。综合容积率和建筑密度分别为 0.44 和 26%，低于全省平均水平。地均产出为 392.6 万元/亩，地均税费为 12.1 万元/亩，地均从业人数为 5.3 标准人/亩，分别比全省平均水平高 234.3 万元/亩、4.2 万元/亩和 3.2 标准人/亩。

2. 节能环保产业

节能环保产业共涉及 13 365 家工业企业（其中，规上企业 2 362 家），用地规模为 24.5 万亩，分别占全省的 5.9%和 4.4%。工业企业开票销售收入为 2 721 亿元，上缴税费为 148 亿元，从业人数为 51 万人，分别占全省的 3.3%、3.6%和 4.7%。综合容积率和建筑密度分别为 0.59 和 43%，与全省平均水平相当。地均产出为 110.9 万元/亩，地均税费为 6 万元/亩，分别比全省平均水平低 47.3 万元/亩和 1.9 万元/亩；地均从业人数为 2.1 标准人/亩，与全省平均水平相当。

3. 生物产业

生物产业共涉及 6 354 家工业企业（其中，规上企业 1 486 家），用地规模为 17.5 万亩，分别占全省的 2.8%和 3.1%。工业企业开票销售收入为 3 456 亿元，上缴税费为 285 亿元，从业人数为 31 万人，分别占全省的 4.2%、7.0%和 2.8%。综合容积率和建筑密度均低于全省平均水平。地均产出为 197.9 万元/亩，地均税费为 16.3 万元/亩，分别比全省平均水平高

39.7 万元/亩和 8.4 万元/亩；地均从业人数为 1.8 标准人/亩，比全省平均水平略低。

4. 高端装备制造产业

高端装备制造产业共涉及 10 004 家工业企业（其中，规上企业 1 292 家），用地规模为 15.8 万亩，分别占全省的 4.4%和 2.8%。工业企业开票销售收入为 1 668 亿元，上缴税费为 821 亿元，从业人数为 28 万人，分别占全省的 2%、2%和 2.5%。综合容积率和建筑密度均低于全省平均水平。地均产出为 105.5 万元/亩，地均税费为 5.2 万元/亩，分别比全省平均水平低 52.7 万元/亩和 2.7 万元/亩；地均从业人数为 1.8 标准人/亩，比全省平均水平略低。

5. 新能源产业

新能源产业共涉及 2 657 家工业企业（其中，规上企业 675 家），用地规模为 5.8 万亩，分别占全省的 1.2%和 1%。工业企业开票销售收入为 1 050 亿元，上缴税费为 41 亿元，从业人数为 12 万人，分别占全省的 1.3%、1%和 1.1%。综合容积率和建筑密度均低于全省平均水平。地均产出为 181.6 万元/亩，比全省平均水平高 23.4 万元/亩；地均税费为 7.2 万元/亩，比全省平均水平低 0.7 万元/亩；地均从业人数为 2.1 标准人/亩，与全省平均水平相当。

6. 新材料产业

新材料产业共涉及 19 594 家工业企业（其中，规上企业 4 614 家），用地规模为 50.4 万亩，分别占全省的 8.6%和 9%。工业企业开票销售收入为 9 342 亿元，上缴税费为 269 亿元，从业人数为 89 万人，分别占全省的 11.5%、6.6%和 8.2%。综合容积率和建筑密度均低于全省平均水平。地均产出为 185.4 万元/亩，比全省平均水平高 27.2 万元/亩；地均税费为 5.3 万元/亩，比全省平均水平低 2.6 万元/亩；地均从业人数为 1.8 标准人/亩，略低于全省平均水平。

7. 新能源汽车产业

新能源汽车产业共涉及 4 964 家工业企业（其中，规上企业 1 287 家），用地规模为 14.4 万亩，分别占全省的 2.2%和 2.6%。工业企业开票销售收入为 3 937 亿元，上缴税费为 3 037 亿元，从业人数为 28 万人，分别占全省的 4.8%、7.5%和 2.6%。综合容积率和建筑密度均低于全省平均水平。

地均产出为 274.4 万元/亩，地均税费为 21.2 万元/亩，分别比全省平均水平高 116.2 万元/亩和 13.3 万元/亩；地均从业人数为 1.9 标准人/亩，略低于全省平均水平。

8. 空天海洋装备产业

空天海洋装备产业共涉及 681 家工业企业（其中，规上企业 173 家），用地规模为 4.6 万亩，分别占全省的 0.3%和 0.8%。工业企业开票销售收入为 446 亿元，上缴税费为 13 亿元，从业人数为 6 万人，分别占全省的 0.5%、0.3%和 0.5%。综合容积率和建筑密度均低于全省平均水平。地均产出为 98 万元/亩，地均税费为 2.8 万元/亩，地均从业人数为 1.2 标准人/亩，分别比全省平均水平低 60.2 万元/亩、5.1 万元/亩和 0.9 标准人/亩。

8.4.4　落后产能涉及行业用地分析

工信部印发的《工业绿色发展规划（2016~2020 年）》提出要加快构建绿色制造体系、推进工业绿色协调发展等十大任务，并明确要求六大高耗能行业占工业增加值比重继续下降。同时，工信部、国家发改委等十六部门联合发布《关于利用综合标准依法依规推动落后产能退出的指导意见》，明确以钢铁、煤炭、水泥、电解铝、平板玻璃等行业为重点，促使一批能耗、环保、安全、技术达不到标准和生产不合格产品或淘汰类产能（以上即落后产能），依法依规关停退出。

《江苏省“十三五”现代产业体系发展规划》明确提出要分业分类施策，淘汰化解落后过剩产能。基于调查数据，本章对涉及行业小类进行筛选组合，分析钢铁、煤炭、水泥、电解铝、平板玻璃重点行业产出水平及空间分布。

1. 钢铁行业

钢铁行业是国家重要的原材料工业之一。钢铁行业共涉及 5 680 家工业企业，用地面积为 35.70 万亩。工业企业开票销售收入为 6 292 亿元，上缴税费为 124 亿元，从业人数为 35 万人。地均产出为 176.2 万元/亩，地均税费为 3.5 万元/亩，地均从业人数为 1 标准人/亩，均比全省平均水平低，企业平均占地面积达 63 亩/家。对钢铁行业所涉及工业企业进行分析发现，地均产出低于行业平均水平的企业有 4 300 家，用地面积达到 28.9 万亩（表 8-6）。

表 8-6　江苏省落后过剩产能情况统计表

行业名称	总体情况		地均产出低于行业平均值	
	企业数量/家	用地面积/万亩	企业数量/家	用地面积/万亩
钢铁行业	5 680	35.70	4 300	28.9
煤炭行业	174	1.74	140	1.5
水泥行业	1 430	5.40	1 043	3.6
电解铝行业	60	0.105	30	0.069
平板玻璃行业	46	0.096	28	0.055
合计	7 390	43.0	5 541	34.1

2. 煤炭行业

煤炭行业共涉及 174 家工业企业，用地面积为 1.74 万亩。工业企业开票销售收入为 89 亿元，上缴税费为 10 亿元，从业人数为 6 万人。地均产出为 51.1 万元/亩，地均税费为 5.7 万元/亩，地均从业人数为 3.7 标准人/亩，均比全省平均水平低，企业平均占地面积达 100 亩/家。对煤炭行业所涉及工业企业进行分析发现，地均产出低于行业平均水平的企业有 140 家，用地面积达到 1.5 万亩。

3. 水泥行业

水泥行业共涉及 1 430 家工业企业，用地面积为 5.40 万亩。工业企业开票销售收入为 414 亿元，上缴税费为 19 亿元，从业人数为 6 万人。地均产出为 76.8 万元/亩，地均税费为 3.5 万元/亩，地均从业人数为 1.1 标准人/亩，均比全省平均水平低，企业平均占地面积约 38 亩/家。对水泥行业所涉及工业企业进行分析发现，地均产出低于行业平均水平的企业有 1 043 家，用地面积达到 3.6 万亩。

4. 电解铝行业

电解铝行业共涉及 60 家工业企业，用地面积为 1 051 亩。工业企业开票销售收入为 14 亿元，上缴税费为 0.5 亿元，从业人数为 0.2 万人。地均产出为 137.2 万元/亩，地均税费为 4.7 万元/亩，地均从业人数为 1.8 标准人/亩，均比全省平均水平低，企业平均占地面积约 18 亩/家。对电解铝行业所涉及工业企业进行分析发现，地均产出低于行业平均水平的企业有 30 家，用地面积约 690 亩。

5. 平板玻璃行业

平板玻璃行业共涉及 46 家工业企业，用地面积为 960 亩。工业企业开票销售收入为 6 亿元，上缴税费为 0.4 亿元，从业人数为 0.15 万人。地均产出为 61.5 万元/亩，地均税费为 4 万元/亩，地均从业人数为 1.6 标准人/亩，均比全省平均水平低，企业平均占地面积约 21 亩/家。对平板玻璃行业所涉及工业企业进行分析发现，地均产出低于行业平均水平的企业有 28 家，用地面积约 550 亩。

综上，淘汰落后产能重点行业涉及工业企业中，低于行业平均水平的企业共 5 541 家，涉及用地面积 34.1 万亩。

8.4.5　高耗能行业用地分析

《2010 年国民经济和社会发展统计报告》六大高耗能行业分别如下：化学原料及化学制品制造业、非金属矿物制品业、黑色金属冶炼及压延加工业、有色金属冶炼及压延加工业、石油加工炼焦及核燃料加工业、电力热力的生产和供应业。据统计，2015 年全省高耗能行业工业企业数量占全省的 1 成以上，占地规模 1/4 以上，开票销售收入和上缴税费均占全省的 1/4 以上。其中，石油加工炼焦及核燃料加工业、化学原料及化学制品制造业是石化产业的核心组成部分，是全省工业经济支柱产业之一，目前日益凸显的产业布局合理性、资源环境约束性、安全环保与社会性风险隐患并存等问题，亟须在优化调整中有效化解。因此，在对全省高耗能行业用地现状分析的基础上，细化对石化产业的用地布局分析，以期为全省产业规划布局优化提供参考。

1. 高耗能行业用地情况

随着近年来产业结构调整和转型升级，不断淘汰落后产能、化解过剩产能，通过引进和攻克节能减排关键技术，对新上项目建立节能评估审查制度等，全省高耗能行业产业增幅和占全省比重均有不同程度下降。

根据调查成果，高耗能行业共涉及 2.7 万家工业企业（其中，规上企业 0.7 万家，高新技术企业 0.1 万家），用地面积为 120.6 万亩。工业企业开票销售收入为 21 347 亿元，上缴税费为 1 172 亿元，从业人数为 134 万人。地均产出为 177.0 万元/亩，地均税费为 9.7 万元/亩，高于全省平均水平；地均从业人数为 1.2 标准人/亩，低于全省平均水平 0.9 个标准人/亩，企业平均占地面积达 44 亩/家，比全省平均水平高 19 亩/家。

2. 石化产业用地情况

石化产业提供着工业经济和人民生活所需的基础原材料与生产生活资

料，在较长时期内仍是国民经济重要支柱产业。以大规模炼油、乙烯、芳烃为龙头的现代石化工业体系，资源依赖性强，环境占用量大，共生关联性强，社会关注度高。为此，国家石化产业发展战略是基地化、园区化、一体化、集约化。江苏省石化产业既是工业经济不可或缺的支柱产业，也需要更高层次的优化完善。

根据《江苏省石化产业规划布局方案》，按照“两带两极”的总体空间布局，积极构建沿海、沿江两大石化工业带，并赋予其不同战略定位。加快建设国家规划布局的连云港石化产业基地，推进南京老石化基地调整改造，带动南京化学工业园区转型升级。规划到 2030 年，布局调整基本完成，行业集中度显著提升，化工园区工业产值占全省石化工业比重达到 90%之上，城区化工企业全部关停或搬迁，化工园区与城市功能布局相互协调。

根据调查成果，石化产业共涉及 1 万多家工业企业（其中，规模以上企业 0.3 万余家，高新技术企业近 0.07 万家），用地规模为 43.1 万亩（表 8-7）。工业企业开票销售收入约为 9 553 亿元，上缴税费约为 638 亿元，从业人数约为 64 万人。地均产出为 221.4 万元/亩，地均税费为 14.8 万元/亩，高于全省平均水平；地均从业人数为 1.5 标准人/亩，低于全省平均水平 0.6 个标准人/亩，企业平均占地面积达 43 亩/家，比全省平均水平高 18 亩/家（表 8-8）。

表 8-7　江苏省石化产业用地基本情况统计表

范围		工业企业数量/家	规上企业数量/家	高新技术企业数量/家	土地面积/万亩	开票销售收入/万元	上缴税费/万元	从业人数/人
开发区范围内	国家级开发区	287	177	42	2.5	8 791 286	367 187	27 715
	省级开发区	514	349	113	6.3	20 395 795	1 504 154	75 913
	小计	801	526	155	8.8	29 187 081	1 871 341	103 628
	占比	8%	16%	23%	20%	31%	29%	16%
城镇范围内	小计	5 152	1 988	444	23.6	68 837 802	5 340 464	397 065
	占比	52%	60%	65%	55%	72%	84%	62%
城市范围内	小计	1 385	716	233	6.0	13 273 448	990 829	123 536
	占比	14%	22%	34%	14%	14%	16%	19%
石化产业		9 931	3 326	687	43.1	95 533 647	6 382 890	637 998

表 8-8　江苏省石化产业用地强度和用地效益基本情况统计表

范围		综合容积率	建筑密度	地均产出/（万元/亩）	地均税费/（万元/亩）	地均从业人数/（标准人/亩）	企业平均占地/（亩/家）
开发区范围内	国家级开发区	0.34	25%	346.0	14.5	1.1	89
	省级开发区	0.36	26%	324.5	23.9	1.2	122
	平均值	0.36	26%	330.7	21.2	1.2	110
	与全省相比（高+，低−）	−0.08	−4%	+109.3	+6.4	0.3	+66.8
城镇范围内	平均值	0.46	31%	291.8	22.6	1.7	46
	与全省相比（高+，低−）	+0.03	+1%	+70.4	+7.8	+0.2	+2.3
城市范围内	平均值	0.48	30%	220.8	16.5	2.1	43
	与全省相比（高+，低−）	+0.04	0	−0.6	+1.7	+0.6	0
石化产业		0.44	30%	221.4	14.8	1.5	43

分区域来看，开发区范围内（国家级和省级开发区中重点产业包含石化的）集中了 8%的工业企业和 20%的用地规模，产出水平占 30%左右。这与 2030 年化工园区工业产值占全省石化工业比重达到 90%之上的目标尚存在较大差距。

城市用地范围（2015 年土地利用变更数据中的城市用地）内，尚存在 1 385 家企业，用地规模 6.0 万亩，地均产出水平明显低于开发区范围内的平均水平。若要在 2030 年逐步实现城区化工企业全部关停或搬迁，则至少要解决 12 万劳动力转移或者再就业问题。同时，按照 2015 年产出水平计算，在搬迁时间内，可能会影响年均 1 000 多亿元的开票销售收入和 100 多亿元的税费。

该规划提出，要做大做强沿海石化产业带，调优调绿沿江石化产业带。就目前调查结果显示，沿江地区石化企业规模、数量、产出水平均具有明显优势，沿海地区的总体产出水平还相对较低，地均产出水平仅为全省平均水平的 1/2；地均税费仅为全省平均水平的 1/3，为沿江地区的 1/4（表 8-9）。依托盐城、南通等地既有化工园区和产业基础，以承接江苏沿江及国内外石化产业转移为主线，加快本区域产业布局优化和转型升级。

表 8-9　江苏省沿江和沿海地区石化产业基本情况统计表

区域范围		工业企业数量/家	土地面积/万亩	开票销售收入/万元	上缴税费/万元	从业人数/人	参保人数/人	综合容积率	建筑密度	地均产出/（万元/亩）	地均税费/（万元/亩）	地均从业人数/（标准人/亩）	企业平均占地/（亩/家）
沿江	小计	8 250	28.9	81 920 707	5 788 904	471 697	205 240	0.48	32%	283.4	20.0	1.6	35
	占比	83%	67%	86%	91%	74%	68%						
沿海	小计	1 531	12.8	15 692 176	665 297	135 854	81 714	0.42	28%	122.4	5.2	1.1	84
	占比	15%	30%	16%	10%	21%	27%						

8.5　本 章 小 结

通过前述分析，主要得到以下结论：

（1）城市范围内工矿仓储用地占比较高，用地规模区域差异显著，传统行业用地规模较大。城市范围内工矿仓储用地占比较高，制造业仍占据主要地位。全省城市建设用地范围内工矿仓储用地约占 1/5。全省工矿仓储用地规模 562.4 万亩，占土地总面积的 3.5%，苏南、苏中、苏北基本呈现“312”的分布格局，占区域土地总面积比例分别约为 7%、3%和 2%；扬子江城市群、沿海和沿东陇海地区，该比例分别为 5%、3%和 2%。全省传统行业用地规模占比超过一半，通用设备制造业、化学原料和化学制品制造业、黑色金属冶炼和压延加工业、金属制品业、纺织业，用地规模均在 30 万亩以上；战略性新兴行业用地规模占比约三成，高新技术企业用地规模仅占一成。

（2）用地强度整体偏低，区域差异性不显著，劳动密集型行业用地强度相对较高，企业平均占地具有区域行业分异明显。全省工矿仓储用地容积率和建筑密度普遍偏低。苏中、苏南地区用地强度差异不大，苏北地区略低；扬子江城市群、沿海和沿东陇海中，沿东陇海地区相对较低，其余区域综合容积率均在0.5~0.65；开发区范围内用地强度仅比全省平均水平高0.04。劳动密集型行业用地强度相对较高。对地均从业人数和容积率在行业间的分布趋势进行分析，纺织业等劳动力相对密集的行业，综合容积率和建筑密度相对其他行业较高。战略性新兴产业整体用地强度偏低，综合容积率仅 0.24。企业平均占地具有区域行业分异明显。不同行业用地性质的差异，导致了企业平均占地规模的差异。分行业来看，制造业中，烟草制造业、石油加工、炼焦和核燃料加工业、黑色金属冶炼和压延加工业企业平均占地规模（45 亩/家以上）明显大于其他行业。

（3）不同类型企业和行业的用地效益差异较大。总体来看，高新技术企业、规上企业、工业企业地均产出水平呈明显的由高到低的梯度分布；从用地效益较高的企业占比来看，高新技术企业和规上企业也占据明显优势。因此，要通过转型升级来提升竞争力，还需要加大技术投入。无论是从行业大类角度分析还是对战略性新兴产业分析发现，信息技术产业的用地产出水平明显优于其他行业或产业；汽车制造业、医药制造业等地均产出水平也相对较高，而纺织业、金属制品业和专用设备制造业等传统行业，行业用地平均效益明显低于全省平均水平；石油加工、炼焦和核燃料加工业用地效益较高，但综合考虑到其对生态空间、城市生活空间影响较大，以石化产业为主导的产业结构存在安全隐患，需要加快优化整合，在绿色发展上下功夫。

（4）产业布局整体与主体功能区布局相吻合，用地向开发区集中程度存在显著区域差异，亟待通过完善周边配套设施来提升用地竞争力。优化开发区域和重点开发区域范围内集中了 90%左右的企业和 80%左右的用地规模，聚集了 90%左右的经济产出。优化开发区域整体产出水平较高，需要增强创新驱动带动，进一步发展以智能制造为主的制造业；重点开发区域整体产出水平略低于全省平均水平，亟待通过改造升级，提升产业附加值；同时，对采矿业等污染高、产值低的行业需逐步进行整合。不同的交通设施沿线布局的行业类型存在差异，从民航便利性分析结果可知，便利性指数相对较高的区域，主要分布有通用设备制造业、金属制造业等行业；从铁路沿线布局分析可知，纺织业以及金属结构制造、环境保护专用设备制造、钢压延加工、机织服装制造等行业小类多集中在沿线，“十三五”时期，规划铁路的建设，可以提升对铁路运输依赖性相对较强的行业用地竞争力，同时，也涉及部分企业的搬迁和转移。

（5）落后产能亟须点状突破，高耗能行业用地面广量大难管控，石化产业用地布局存在安全隐患。落后产能所涉及企业分布相对零散，需要各个行政区对辖区范围内进行点对点的治理。高耗能行业用地规模占全省总规模的两成以上，规模大且分布广泛；所涉及的 6 个行业中，石油加工炼焦及核燃料加工业、电力热力的生产和供应业产出水平较高，特别是石油加工炼焦及核燃料加工业，是部分城市的主导产业之一，在提升节能减排技术和产业结构转型升级过程中，有针对性地进行调整，以减少对经济效益的影响。石化产业资源依赖性强，环境占用量大，共生关联性强，社会关注度高，一旦发生安全生产事故，会造成严重的社会问题。在新型城镇化背景下，要素相对价格、比较优势与制度成本不断发生变化，使中国不可能继续依靠土地的低成本和廉价的劳动力保住世界制造工厂的地位。部分区域、企业必须通过转型升级提升竞争力，在全球市场占得一席之地；一些丧失竞争力的产业、企业将会面临转型、破产，甚至倒闭的风险。工业用地的利用管理及土地制度改革也必须应对这种变化，更多地将资源配置给工业用地效率高的企业和行业。

第9章 江苏省工业企业用地效率行业与区域差异比较研究

工业由许多行业构成，工业行业又由众多企业构成，工业用地利用效率最终依赖于工业企业用地效率来实现。因此，需要从微观层面的工业企业入手，从行业、区域等不同视角入手，对工业企业用地效率进行比较研究，才能更好地分析工业用地效率的规律及其影响因素，才能由点及面真正带动整个工业体系的转型升级。本章针对江苏省工业企业用地情况，在约束工业产出的情况下，分别从地级市层面、行业层面、开发区层面测度工业用地利用效率，将江苏省13个地级市、各用地行业、开发区各用地行业抽象化为具有相同投入产出指标的体系的工业生产单元，对各个单元的工业用地效率进行比较研究，以期发现工业企业用地效率差异的规律。

9.1 测算方法与数据来源

本章运用DEA方法，分别从地级市层面、行业层面、开发区层面测度工业用地利用效率，测算数据来源于2016年江苏省工业用地调查中的相关数据，具体投入产出指标如下：

（1）投入指标：限于数据的可获得性，投入指标选择规模以上工业企业用地面积（X_1）和规模以上工业从业人数（X_2），数据来自2016年江苏省工业用地调查。

（2）产出指标：产出指标有两个，分别是规模以上工业企业上缴税费（Y_1）和规模以上工业企业总产值（Y_2）。规模以上工业企业上缴税费用来测度工业用地的社会效率，规模以上工业企业总产值则用来测度工业用地的经济效率，两者一起测度工业用地的综合效率。数据根据2016年江苏省工业用地调查中规模以上工业企业用地面积和地均税费、地均产出计算得出。

9.2　江苏省工业企业用地利用效率的区域比较

根据2016年江苏省工业用地调查中江苏省13个地级市工业用地和主要行业（采矿业，制造业和电力、热力、燃气及水生产和供应业）工业用地生产投入产出数据，利用DEAP 2.1软件测算了CRS模型下各地级市工业用地利用效率，结果如表9-1所示。

表9-1　江苏省各地级市工业用地利用效率

行政单位	全部行业						采矿业					
	经济效率	排名	社会效率	排名	综合效率	排名	经济效率	排名	社会效率	排名	综合效率	排名
南京	1	1	1	1	1	1	0.236	6	1	1	1	1
无锡	0.811	4	0.420	4	0.811	4	0	9	0	10	0	10
徐州	0.283	13	0.370	5	0.370	12	0.354	4	0.504	4	0.536	5
常州	0.708	6	0.288	8	0.708	6	0.747	3	0.408	5	0.747	4
苏州	1	1	0.447	3	1	1	0.262	5	0.312	7	0.330	6
南通	0.470	9	0.203	12	0.470	9	0	9	0.118	8	0.007	8
连云港	0.868	3	0.582	2	0.868	3	1	1	1	1	1	1
淮安	0.390	11	0.346	6	0.390	11	1	1	0.904	3	1	1
盐城	0.486	8	0.225	11	0.486	8	0.003	8	0.400	6	0.003	9
扬州	0.444	10	0.233	10	0.444	10	0	9	0	10	0	10
镇江	0.534	7	0.251	9	0.534	7	0.213	7	0.112	9	0.224	7
泰州	0.709	5	0.324	7	0.709	5	0	9	0	10	0	10
宿迁	0.324	12	0.141	13	0.324	13	0	9	0	10	0	10
苏南	1	1	1	1	1	1	0.249	2	1	1	1	1
苏中	0.864	2	0.781	3	0.864	3	1	1	0.321	2	1	1
苏北	0.692	3	0.985	2	0.985	2	0.093	3	0.155	3	0.199	2
南京	1	1	1	1	1	1	0.691	6	1	1	1	1
无锡	0.806	4	0.424	4	0.806	4	0.932	2	0.614	5	0.932	5
徐州	0.279	13	0.384	5	0.384	11	0.261	10	0.278	9	0.322	11
常州	0.709	6	0.29	8	0.709	6	0.261	10	0.309	8	0.336	9
苏州	1	1	0.445	3	1	1	1	1	0.684	4	1	1
南通	0.468	9	0.215	12	0.468	9	0.720	5	0.425	6	0.720	6

续表

行政单位	制造业						电力、热力、燃气及水生产和供应业					
	经济效率	排名	社会效率	排名	综合效率	排名	经济效率	排名	社会效率	排名	综合效率	排名
连云港	0.839	3	0.513	2	0.839	3	0.902	3	1	1	1	1
淮安	0.381	11	0.363	6	0.381	12	0.494	8	0.249	10	0.494	8
盐城	0.497	8	0.245	9	0.497	8	0.232	12	0.170	11	0.240	12
扬州	0.426	10	0.233	10	0.426	10	0.684	7	0.357	7	0.684	7
镇江	0.514	7	0.224	11	0.514	7	0.832	4	0.767	3	0.973	4
泰州	0.727	5	0.358	7	0.727	5	0.328	9	0.108	12	0.328	10
宿迁	0.333	12	0.156	13	0.333	13	0.108	13	0.055	13	0.108	13
苏南	1	1	1	1	1	1	1	1	1	1	1	1
苏中	0.867	2	0.802	3	0.867	3	0.849	2	0.501	3	0.849	2
苏北	0.710	3	1	1	1	1	0.515	3	0.637	2	0.637	3

9.2.1　全部行业工业企业用地利用效率的区域比较

由表 9-1 可知，从全部行业工业用地利用效率来看，工业用地经济效率最高的城市是南京和苏州，这两个城市位于生产前沿面上，其次是经济效率在 0.7 以上的连云港、无锡、泰州、常州，较低的是徐州、宿迁和淮安，经济效率在 0.4 以下。工业用地社会效率最高的城市是南京，且只有南京位于生产前沿面上，第二名的连云港社会效率只有 0.582，南京的社会效率遥遥领先其他城市，宿迁、南通和盐城工业用地社会效率排名靠后，最低的宿迁工业用地社会效率仅为 0.141。工业用地综合效率与经济效率基本一致，南京和苏州位于生产前沿面上，其次是综合效率大于 0.7 的连云港、无锡、泰州、常州，排名靠后的是宿迁、徐州和淮安。从江苏省三大区域来看，工业用地经济效率苏南>苏中>苏北，社会效率苏南>苏北>苏中，综合效率苏南>苏北>苏中，苏南地区工业用地利用效率在全省处于领先地位。

9.2.2　采矿业工业企业用地利用效率的区域比较

从采矿业工业企业用地利用效率来看，经济效率最高的是连云港和淮安，位于生产前沿面上，第三名是常州，经济效率为 0.747，其他地区经济效率不足 0.4，经济效率最低的盐城只有 0.003，经济效率为 0 的城市是因为该城市没有采矿业用地，所以无法测算。采矿业用地社会效率最高的是南京和连云港，位于生产前沿面上，第三名是淮安，社会效率为 0.904，其他地区不足 0.6，镇江最低，社会效率仅为 0.112。采矿业用地综合效率最高的是南京、连云港和淮安，位于生产前沿面上，第四名常州综合效率为 0.747，其他城市综合效率低于 0.6，盐城最低，综合效率仅为 0.003。从江苏省三大区域采矿业用地经济效率来看，苏中>苏南>苏北，社会效率的排名是苏南>苏中>苏北，综合效率的排名是苏南=苏中>苏北（表 9-1）。

9.2.3 制造业工业企业用地利用效率的区域比较

从制造业工业企业用地利用效率来看，经济效率最高的是南京和苏州，位于生产前沿面上，其次是经济效率在 0.7 以上的连云港、无锡、泰州和常州，徐州、宿迁、淮安的排名靠后，经济效率低于 0.4。制造业用地社会效率最高的是南京，且只有南京位于生产前沿面上，第二名的连云港社会效率只有 0.513，南京明显领先其他城市。制造业用地综合效率排名与经济效率比较一致，南京和苏州位于生产前沿面上，连云港、无锡、泰州和常州的经济效率大于 0.7，宿迁、徐州和淮安的排名靠后，综合效率低于 0.4。从江苏省三大区域来看，制造业用地经济效率的排名是苏南>苏中>苏北，社会效率和综合效率排名一致，苏南=苏北>苏中（表 9-1）。

9.2.4 电力、热力、燃气及水生产和供应业工业企业用地利用效率的区域比较

从电力、热力、燃气及水生产和供应业工业企业用地利用效率来看，苏州经济效率位于生产前沿面上，无锡、连云港和镇江的经济效率大于 0.8，宿迁、盐城、徐州、常州的经济效率排名靠后，经济效率不足 0.4。社会效率方面，南京和连云港位于生产前沿面上，第三名镇江的经济效率为 0.767，其他地区社会效率低于 0.7，宿迁、泰州和盐城的社会效率排名靠后，均低于 0.2。从综合效率来看，南京、苏州和连云港位于生产前沿面上，镇江和无锡综合效率均大于 0.9，宿迁和盐城综合效率低于 0.3，排名倒数。分区域来看，电力、热力、燃气及水生产和供应业用地经济效率排名是苏南>苏中>苏北，社会效率的排名是苏南>苏北>苏中，综合效率的排名是苏南>苏中>苏北（表 9-1）。

9.2.5 江苏工业企业用地利用效率区域比较的聚类分析

为进一步了解各地级市工业用地利用效率的差异特征，采用系统聚类方法，利用江苏省地级市工业用地综合效率的测度结果进行整理归并，将 13 个地级市划分为三个等级的利用效率区，分别是经济效率高效率区、中

效率区和低效率区，结果如表 9-2 所示。从表 9-2 可以看出，南京、苏州和连云港在多数情况下属于工业用地高效率区。南京和苏州都是苏南城市，一个是江苏省会，一个是经济较发达城市，本身经济发展水平较高，劳动力、资本等资源丰富，工业基础雄厚，因而工业用地利用效率较高。苏州采矿业效率较低是由于苏州采矿企业较少，且多以中小型矿为主，近年来呈现萎缩的趋势，而且苏州属于资源输入型城市，由于城市发展需求原因，很多矿山不再开采或开采年限缩短，故采矿业效率较低。连云港属于苏北城市，是第一批沿海开放城市，国家级综合运输枢纽，近年来通过大力发展临港工业，显著提升了工业用地利用效率。无锡和常州位于苏南地区，也是工业基础较为雄厚地区，工业用地效率多属于中效率区，效率水平低于南京，但相比其他城市仍有优势。位于苏南地区的镇江电力、热力、燃气及水生产和供应业效率较高，其他均处于低效率区，与苏南地区其他城市存在一定差距。整体来看，苏南地区工业用地利用效率明显高于苏中和苏北地区，苏中和苏北地区差异不明显。苏南地区的镇江，工业用地利用效率与其他苏南地区城市相比明显较低，苏中地区的扬州、泰州和南通多处于中低效率区，苏北地区的连云港则在苏北地区城市中脱颖而出，工业用地利用效率较高。

表 9-2　江苏省工业用地利用效率聚类分析结果

行业类别	分区	城市
全部行业	高效率区	南京、苏州、连云港
	中效率区	无锡、常州、泰州
	低效率区	徐州、南通、淮安、盐城、扬州、镇江、宿迁
采矿业	高效率区	南京、连云港、淮安
	中效率区	徐州、常州
	低效率区	苏州、盐城、南通、镇江
制造业	高效率区	南京、苏州
	中效率区	无锡、常州、连云港、泰州
	低效率区	徐州、南通、淮安、盐城、扬州、镇江、宿迁
电力、热力、燃气及水生产和供应业	高效率区	南京、苏州、无锡、连云港、镇江
	中效率区	南通、淮安、扬州
	低效率区	徐州、常州、盐城、泰州、宿迁

9.3　江苏省工业企业用地利用效率的行业比较

为了解江苏省不同行业工业用地利用效率情况，进一步测算了分行业的工业企业用地利用效率，结果见表 9-3。整体来看，电力、热力、燃气及水生产和供应业的工业用地效率最高，制造业其次，采矿业用地效率最低。分具体行业来看，烟草制品业，石油加工、炼焦和核燃料加工业经济效率位于生产前沿面上，计算机、通信和其他电子设备制造业，电力、热力生产和供应业，燃气生产和供应业三个行业的经济效率较高，效率值在0.6 以上，而煤炭开采和洗选业，有色金属矿采选业，开采辅助活动业，其他采矿业，木材加工和木、竹、藤、棕、草制品业等行业经济效率较低，效率值低于 0.1。从社会效率来看，烟草制品业的社会效率位于生产前沿面上，用地效率较高，其次是黑色金属矿采选业，石油加工、炼焦和核燃料加工业，电力、热力生产和供应业 3 个行业的效率值分别为 0.279、0.218、0.134，其他行业的社会效率均低于 0.1。综合效率测算结果与经济效率一致。为了更直观地分析不同行业的工业用地效率，对不同行业的工业用地效率测算结果进行聚类分析，一共划分为五个不同的效率梯度，第一梯度效率最高，第二梯度其次，以此类推，结果见表 9-4。由表 9-4 可见，烟草制品业，石油加工、炼焦和核燃料加工业属于工业企业用地效率最高的第一梯度，这两个行业工业用地效率高的原因是地均开票销售收入和地均上缴税费高于其他行业，尤其是地均上缴税费明显高出其他行业，烟草制品业的地均上缴税费是第二梯度中地均上缴税费最高行业的 20 倍；计算机、通信和其他电子设备制造业，电力、热力生产和供应业，燃气生产和供应业这三个行业紧随其后，位于工业企业用地效率的第二梯度，计算机、通信和其他电子设备制造业的地均从业人员数值是所有行业中最高的，电力、热力生产和供应业的地均开票销售收入和地均上缴税费都比较高，而燃气生产和供应业的地均开票销售收入很高，拉升了其工业企业用地效率。总的来说，这些行业工业用地效率高的共同点是它们的地均产出和地均税费比较高。

表 9-3　江苏省分行业工业企业用地利用效率

行业类别	经济效率	排名	社会效率	排名	综合效率	排名
煤炭开采和洗选业	0.069	39	0.011	17	0.069	39
石油和天然气开采业	0.307	14	0.009	23	0.307	14
黑色金属矿采选业	0.146	28	0.279	2	0.279	15
有色金属矿采选业	0.063	40	0.023	8	0.064	40
非金属矿采选业	0.107	35	0.010	20	0.107	35
开采辅助活动业	0.099	37	0.006	36	0.099	37
其他采矿业	0.050	41	0.002	41	0.050	41
农副食品加工业	0.384	9	0.005	38	0.384	9

续表

行业类别	经济效率	排名	社会效率	排名	综合效率	排名
食品制造业	0.189	23	0.011	17	0.189	24
酒、饮料和精制茶制造业	0.237	16	0.022	10	0.237	17
烟草制品业	1	1	1	1	1	1
纺织业	0.190	21	0.007	33	0.190	22
纺织服装、服饰业	0.190	21	0.009	23	0.190	22
皮革、毛皮、羽毛及其制品和制鞋业	0.145	29	0.007	33	0.145	29
木材加工和木、竹、藤、棕、草制品业	0.089	38	0.004	39	0.089	38
家具制造业	0.102	36	0.004	39	0.102	36
造纸和纸制品业	0.199	18	0.009	23	0.199	19
印刷和记录媒介复制业	0.185	24	0.013	15	0.185	25
文教、工美、体育和娱乐用品制造业	0.125	32	0.008	30	0.125	32
石油加工、炼焦和核燃料加工业	1	1	0.218	3	1	1
化学原料和化学制品制造业	0.347	11	0.021	11	0.347	11
医药制造业	0.317	13	0.037	6	0.317	13
化学纤维制造业	0.330	12	0.008	30	0.330	12
橡胶和塑料制品业	0.205	17	0.011	17	0.205	18
非金属矿物制品业	0.134	31	0.009	23	0.134	31
黑色金属冶炼和压延加工业	0.387	8	0.010	20	0.387	8
有色金属冶炼和压延加工业	0.507	6	0.009	23	0.507	6
金属制品业	0.181	25	0.008	30	0.181	26
通用设备制造业	0.191	20	0.012	16	0.191	21
专用设备制造业	0.156	27	0.009	23	0.156	28
汽车制造业	0.464	7	0.032	7	0.464	7
铁路、船舶、航空航天和其他运输设备制造业	0.195	19	0.010	20	0.195	20
电气机械和器材制造业	0.368	10	0.016	13	0.368	10
计算机、通信和其他电子设备制造业	0.681	4	0.023	8	0.681	4
仪器仪表制造业	0.271	15	0.016	13	0.271	16
其他制造业	0.180	26	0.007	33	0.180	27
废弃资源综合利用业	0.144	30	0.009	23	0.144	30
金属制品、机械和设备修理业	0.113	34	0.006	36	0.113	34
电力、热力生产和供应业	0.791	3	0.134	4	0.791	3
燃气生产和供应业	0.669	5	0.050	5	0.669	5
水的生产和供应业	0.122	33	0.017	12	0.122	33
采矿业	0.063	3	0.088	3	0.088	3
制造业	0.711	2	0.312	2	0.711	2
电力、热力、燃气及水生产和供应业	1	1	1	1	1	1

表 9-4　江苏省各行业工业企业用地利用效率聚类分析结果

梯度	行业类型	
第一梯度	烟草制品业 石油加工、炼焦和核燃料加工业	
第二梯度	计算机、通信和其他电子设备制造业 电力、热力生产和供应业 燃气生产和供应业	
第三梯度	农副食品加工业 石油和天然气开采业 化学原料和化学制品制造业 医药制造业 化学纤维制造业	黑色金属冶炼和压延加工业 有色金属冶炼和压延加工业 汽车制造业 电气机械和器材制造业
第四梯度	黑色金属矿采选业 食品制造业 酒、饮料和精制茶制造业 纺织业 纺织服装、服饰业 造纸和纸制品业 印刷和记录媒介复制业	金属制品业 橡胶和塑料制品业 通用设备制造业 铁路、船舶、航空航天和其他运输设备制造业 仪器仪表制造业 其他制造业
第五梯度	煤炭开采和洗选业 有色金属矿采选业 非金属矿采选业 开采辅助活动业 其他采矿业 木材加工和木、竹、藤、棕、草制品业 皮革、毛皮、羽毛及其制品和制鞋业	家具制造业 非金属矿物制品业 文教、工美、体育和娱乐用品制造业 专用设备制造业 废弃资源综合利用业 金属制品、机械和设备修理业 水的生产和供应业

9.4　江苏省开发区工业企业用地利用效率的行业比较

开发区是工业化和城镇发展的重点区域，在促进体制改革、改善投资环境、引导产业集聚、发展开放型外向型经济、城市建设和科技创新等诸多方面具有带动、辐射、示范效应。作为现代工业的集聚中心和区域经济增长的中坚力量，开发区应是可持续发展过程中最具有典型意义的经济社会与生态环境优化点。改革开放以来，我国各开发区不仅区域招商引资，发展外向型经济的高地，在土地利用上也体现出一定程度的集聚效应。江苏省开发区是现代制造业集中、产业集聚效应突出的工业集中区，同时也成为产业升级、区域发展的推动器和科技创新基地，在促进江苏省经济高速发展中发挥着举足轻重的作用。因此，有必要对开发区工业用地利用效率进行单独分析，本节对江苏省开发区分行业工业用地利用效率进行测算，并按照国家级和省级开发区进行分别测算，结果见表 9-5 和表 9-6。

表 9-5　江苏省国家级开发区分行业工业企业用地利用效率

行业类别	经济效率	排名	社会效率	排名	综合效率	排名
黑色金属矿采选业	0.028	38	0.230	5	0.230	29
非金属矿采选业	1	1	1	1	1	1
开采辅助活动业	1	1	0.976	3	0.976	4
其他采矿业	0.583	8	0.745	4	0.745	7
农副食品加工业	0.593	7	0.015	33	0.593	8
食品制造业	0.328	20	0.037	19	0.328	20
酒、饮料和精制茶制造业	0.383	18	0.087	10	0.383	18
烟草制品业	1	1	1	1	1	1
纺织业	0.208	29	0.018	30	0.208	30
纺织服装、服饰业	0.256	25	0.025	27	0.256	25
皮革、毛皮、羽毛及其制品和制鞋业	0.258	23	0.017	31	0.258	23
木材加工和木、竹、藤、棕、草制品业	0.073	37	0.005	38	0.073	38
家具制造业	0.125	34	0.010	35	0.125	35
造纸和纸制品业	0.179	31	0.016	32	0.179	32
印刷和记录媒介复制业	0.258	23	0.049	13	0.258	23
文教、工美、体育和娱乐用品制造业	0.117	35	0.009	36	0.117	36
石油加工、炼焦和核燃料加工业	0.787	6	0.097	9	0.787	6
化学原料和化学制品制造业	0.404	16	0.046	15	0.404	16
医药制造业	0.387	17	0.115	8	0.387	17
化学纤维制造业	0.145	32	0.015	33	0.145	33
橡胶和塑料制品业	0.296	22	0.037	19	0.296	22
非金属矿物制品业	0.206	30	0.037	19	0.206	31
黑色金属冶炼和压延加工业	0.557	10	0.035	22	0.557	10
有色金属冶炼和压延加工业	0.461	14	0.026	26	0.461	14
金属制品业	0.236	27	0.020	29	0.236	27
通用设备制造业	0.315	21	0.039	18	0.315	21
专用设备制造业	0.243	26	0.028	23	0.243	26
汽车制造业	0.801	5	0.133	6	0.801	5
铁路、船舶、航空航天和其他运输设备制造业	0.470	13	0.053	12	0.470	13
电气机械和器材制造业	0.478	12	0.047	14	0.478	12
计算机、通信和其他电子设备制造业	1	1	0.072	11	1	1
仪器仪表制造业	0.453	15	0.044	17	0.453	15
其他制造业	0.337	19	0.027	24	0.337	19
废弃资源综合利用业	0.099	36	0.008	37	0.099	37
金属制品、机械和设备修理业	0.236	27	0.021	28	0.236	27
电力、热力生产和供应业	0.580	9	0.122	7	0.580	9

续表

行业类别	经济效率	排名	社会效率	排名	综合效率	排名
燃气生产和供应业	0.515	11	0.045	16	0.515	11
水的生产和供应业	0.133	33	0.027	24	0.133	34
采矿业	1	1	1	1	1	1
制造业	1	1	0.644	3	1	1
电力、热力、燃气及水生产和供应业	1	1	1	1	1	1

表 9-6　江苏省省级开发区分行业工业企业用地利用效率

行业类别	经济效率	排名	社会效率	排名	综合效率	排名
煤炭开采和洗选业	0.856	6	1	1	1	1
石油和天然气开采业	0.110	35	0	35	0	35
非金属矿采选业	0	36	0	35	0	35
开采辅助活动业	0	36	0	35	0	35
其他采矿业	0	36	0	35	0	35
农副食品加工业	0.912	5	0.152	22	0.912	7
食品制造业	0.404	17	0.219	16	0.427	17
酒、饮料和精制茶制造业	0.641	13	0.252	11	0.644	13
烟草制品业	0	36	0	35	0	35
纺织业	0.310	24	0.120	28	0.322	23
纺织服装、服饰业	0.342	19	0.120	28	0.355	21
皮革、毛皮、羽毛及其制品和制鞋业	0.271	28	0.099	32	0.280	28
木材加工和木、竹、藤、棕、草制品业	0.146	34	0.077	34	0.155	34
家具制造业	0.493	16	0.133	26	0.493	16
造纸和纸制品业	0.270	29	0.099	32	0.272	31
印刷和记录媒介复制业	0.280	27	0.188	18	0.312	25
文教、工美、体育和娱乐用品制造业	0.259	32	0.115	31	0.271	32
石油加工、炼焦和核燃料加工业	1	1	0.320	8	1	1
化学原料和化学制品制造业	0.978	4	0.785	4	1	1
医药制造业	0.709	12	0.976	3	1	1
化学纤维制造业	0.606	14	0.186	19	0.610	14
橡胶和塑料制品业	0.284	26	0.118	30	0.286	27
非金属矿物制品业	0.256	33	0.129	27	0.259	33
黑色金属冶炼和压延加工业	1	1	0.134	25	1	1

续表

行业类别	经济效率	排名	社会效率	排名	综合效率	排名
有色金属冶炼和压延加工业	0.817	8	0.165	21	0.817	10
金属制品业	0.315	23	0.136	24	0.318	24
通用设备制造业	0.338	20	0.245	12	0.375	19
专用设备制造业	0.268	30	0.169	20	0.275	30
汽车制造业	0.777	10	0.641	5	0.806	11
铁路、船舶、航空航天和其他运输设备制造业	0.316	22	0.221	15	0.335	22
电气机械和器材制造业	0.850	7	0.371	7	0.904	8
计算机、通信和其他电子设备制造业	0.718	11	0.235	13	0.737	12
仪器仪表制造业	0.355	18	0.294	10	0.399	18
其他制造业	0.293	25	0.151	23	0.297	26
废弃资源综合利用业	0.262	31	0.226	14	0.278	29
金属制品、机械和设备修理业	0.515	15	0.202	17	0.532	15
电力、热力生产和供应业	1	1	1	1	1	1
燃气生产和供应业	0.792	9	0.539	6	0.885	9
水的生产和供应业	0.324	21	0.308	9	0.373	20
采矿业	1	1	1	1	1	1
制造业	0.933	3	0.337	3	0.933	3
电力、热力、燃气及水生产和供应业	1	1	1	1	1	1

9.4.1　国家级开发区分析

从国家级开发区来看（表 9-5），采矿业，制造业，电力、热力、燃气及水生产和供应业的工业用地经济效率均在生产前沿面上，采矿业，电力、热力、燃气及水生产和供应业的工业用地社会效率高于制造业，采矿业，制造业，电力、热力、燃气及水生产和供应业的工业用地综合效率均在生产前沿面上，表明国家级开发区工业用地利用整体比较充分。具体来看，非金属矿采选业，开采辅助活动业，烟草制造业和计算机、通信和其他电子设备制造业四个行业位于生产前沿面上，工业用地经济效率为 1。其次是汽车制造业，石油加工、炼焦和核燃料加工业，经济效率分别为 0.801 和 0.787，废弃资源综合利用业，木材加工和木、竹、藤、棕、草制品业和黑色金属矿采选业工业用地经济效率低下，效率值小于 0.1。从社会效率来看，非金属矿采选业，烟草制品业，计算机、通信和其他电子设备制造业三个行业位于生产前沿面上。其次是开采辅助活动业，其他采矿业，社会效率值分别为 0.976 和 0.745，其他行业用地社会效率小于 0.3。从综合效率来看，非金属矿采选业，烟草制品业，计算机、通信和其他电子设备制造业三个行业位于生产前沿面上；其次是开采辅助活动业，汽车制造业，石油加工、炼焦和核燃料加工业，其他采矿业，综合效率值分别为 0.976、0.801、0.787、0.745，其他行业综合效率值不超过 0.6。木材加工和木、竹、藤、棕、草制品业，废弃资源综合利用业综合效率最低，分别为 0.073 和 0.099。综合效率高的行业地均产出和地均税费都比较高，它们对国家税收的贡献比较大。

9.4.2　省级开发区分析

从省级开发区来看（表 9-6），采矿业，电力、热力、燃气及水生产和供应业工业用地效率均高于制造业。具体来看，经济效率方面，石油加工、炼焦和核燃料加工业，黑色金属冶炼和压延加工业，电力、热力生产和供应业三个行业位于生产前沿面上，经济效率为 1。经济效率值在 0.8 以上的行业如下：化学原料和化学制品制造业，农副食品加工业，煤炭开采和洗选业，电气机械和器材制造业，有色金属冶炼和压延加工业，经济效率值分别为 0.978、0.912、0.856、0.850、0.817。石油和天然气开采业，木材加工和木、竹、藤、棕、草制品业经济效率最低，分别为 0.110 和 0.146。从社会效率来看，煤炭开采和洗选业，电力、热力生产和供应业两个行业位于生产前沿面上，社会效率为 1。社会效率较高的行业如下：医药制造业，化学原料和化学制品制造业，汽车制造业，燃气生产和供应业，社会效率值分别为 0.976、0.785、0.641、0.539。社会效率较低的行业为木材加工和木、竹、藤、棕、草制品业，造纸和纸制品业，皮革、毛皮、羽毛及其制品和制鞋业三个行业，社会效率值分别为 0.077、0.099、0.099。从综合效率来看，煤炭开采和洗选业，石油加工、炼焦和核燃料加工业，化学原料和化学制品制造业，医药制造业，黑色金属冶炼和压延加工业，电力、热力生产和供应业六个行业位于生产前沿面上，综合效率为 1。其他综合效率较高的行业如下：农副食品加工业，电气机械和器材制造业，燃气生产和供应业，有色金属冶炼和压延加工业，汽车制造业，综合效率值分别为 0.912、0.904、0.885、0.817、0.806，综合效率较低的行业主要如下：木材加工和木、竹、藤、棕、草制品业，非金属矿物制品业，文教、工美、体育和娱乐用品制造业，综合效率值分别为 0.155、0.259、0.271。这些综合效率高的工业行业上缴地方的税费比较大，对地方财政的贡献也比较大，能够得到地方政府的高度重视和大力支持。

9.4.3　开发区工业企业用地利用效率的聚类分析

为了对国家级和省级开发区工业用地综合效率进行对比分析，分别根据国家级和省级开发区工业用地综合效率测度结果进行聚类分析，均划分为五个梯度，第一梯度效率最高，第二梯度其次，以此类推，结果如表 9-7 所示。可以看出，国家级开发区和省级开发区各行业工业用地效率存在明显差异。不同等级开发区处于不同梯度的行业类型不一致，处于第一梯度的行业完全不同，国家级开发区第一梯度的非金属矿采选业，开采辅助活动业，烟草制品业，计算机、通信和其他电子设备制造业四个行业的工业用地效率在省级开发区第一梯度中均没有出现。第二梯度各行业中，只有汽车制造业工业用地效率在国家级和省级开发区均位于第二梯度，其他行业类型均不相同。第三梯度各行业在国家级和省级开发区中也完全不同。第四梯度中有部分行业工业用地效率一致，主要有食品制造业，纺织业，纺织服装、服饰业，皮革、毛皮、羽毛及其制品和制鞋业，橡胶和塑料制品业，非金属矿物制品业，金属制品业，通用设备制造业，专用设备制造业，其他制造业共十个行业类型。第五梯度除木材加工和木、竹、藤、棕、草制品业外，其他行业工业用地效率均不一致。国家级开发区和省级开发区各行业工业用地效率存在明显差异可能的原因是，国家级开发区工业用地效率高的行业对国家税收的贡献比较大，更加注重社会效率。省级开发区工业用地效率高的行业上缴地方的税费比较多，对地方公共财政和经济发展的贡献也比较大，更加容易得到地方政府的重视与支持。

表 9-7　国家级和省级开发区工业用地综合效率聚类分析对比

梯度	国家级开发区	省级开发区
第一梯度	非金属矿采选业 开采辅助活动业 烟草制品业 计算机、通信和其他电子设备制造业	煤炭开采和洗选业 农副食品加工业 石油加工、炼焦和核燃料加工业 化学原料和化学制品制造业 医药制造业 黑色金属冶炼和压延加工业 电力、热力生产和供应业
第二梯度	汽车制造业 石油加工、炼焦和核燃料加工业 其他采矿业	汽车制造业 电气机械和器材制造业 有色金属冶炼和压延加工业 计算机、通信和其他电子设备制造业 燃气生产和供应业

续表

梯度	国家级开发区	省级开发区
第三梯度	农副食品加工业 化学原料和化学制品制造业 黑色金属冶炼和压延加工业 有色金属冶炼和压延加工业 铁路、船舶、航空航天和其他运输设备制造业 电气机械和器材制造业 仪器仪表制造业 电力、热力生产和供应业 燃气生产和供应业	酒、饮料和精制茶制造业 家具制造业 化学纤维制造业 金属制品、机械和设备修理业
第四梯度	食品制造业 酒、饮料和精制茶制造业 纺织业 纺织服装、服饰业 皮革、毛皮、羽毛及其制品和制鞋业 印刷和记录媒介复制业 医药制造业 橡胶和塑料制品业 非金属矿物制品业 金属制品业 金属制品、机械和设备修理业 黑色金属矿采选业 通用设备制造业 专用设备制造业 其他制造业	食品制造业 纺织业 纺织服装、服饰业 皮革、毛皮、羽毛及其制品和制鞋业 造纸和纸制品业 印刷和记录媒介复制业 橡胶和塑料制品业 文教、工美、体育和娱乐用品制造 金属制品业 非金属矿物制品业 通用设备制造业 专用设备制造业 铁路、船舶、航空航天和其他运输设备制造业 仪器仪表制造业 其他制造业 废弃资源综合利用业 水的生产和供应业
第五梯度	木材加工和木、竹、藤、棕、草制品业 家具制造业 造纸和纸制品业 文教、工美、体育和娱乐用品制造 化学纤维制造业 废弃资源综合利用业 水的生产和供应业	木材加工和木、竹、藤、棕、草制品业 石油和天然气开采业 非金属矿采选业 开采辅助活动业 其他采矿业 烟草制品业

9.5　本章小结

（1）从江苏省三大区域来看，工业用地经济效率的排名是苏南>苏中>苏北，社会效率的排名是苏南>苏北>苏中，综合效率的排名是苏南>苏北>苏中。整体来看，苏南地区工业用地利用效率在全省处于领先地位。分地级市来看，南京和苏州的工业企业用地效率较高，一个是江苏省会，一个是经济较发达城市，本身经济发展水平较高，劳动力、资本等资源丰富，工业基础雄厚，因而工业用地利用效率较高。

（2）从行业角度来看，烟草制品业，石油加工、炼焦和核燃料加工业，计算机、通信和其他电子设备制造业，电力、热力生产和供应业，燃气生产和供应业等行业工业企业用地效率较高，可能的原因是这些行业的地均产出和地均税费比较高。

（3）从开发区视角分析，相对于省级开发区，国家级开发区工业用地利用整体比较充分；但是国家级开发区和省级开发区处于不同梯度的行业类型差异很大，处于第一梯度的行业完全不同，国家级开发区第一梯度的工业行业包括非金属矿采选业，开采辅助活动业，烟草制品业，计算机、通信和其他电子设备制造业四个行业；省级开发区工业用地效率高的第一梯度的工业行业有煤炭开采和洗选业，农副食品加工业，石油加工、炼焦和核燃料加工业，化学原料和化学制品制造业，医药制造业，黑色金属冶炼和压延加工业，电力、热力生产和供应业。在过去，这些行业上缴的国税和地税是不同的，省级开发区工业用地效率高的行业上缴地方的税费比较多，对地方公共财政和经济发展的贡献相对比较大，所以更容易得到地方政府的重视与支持。

第 10 章　江苏省工业企业用地效率影响因素研究

上篇从宏观视角分析了我国各个省级行政区域工业企业用地利用效率的影响因素，本章对微观视角的工业企业用地利用效率的影响因素进行分析。

10.1　研究方法

10.1.1　探索性空间数据分析方法

探索性空间数据分析方法中空间自相关的测度分为全局自相关和局部自相关两种。

1. 全局空间自相关

Moran's I 是全局空间自相关常用的统计量，其公式为

$$I=\frac{n\sum_{i=1}^{n}\sum_{j=1}^{n}w_{ij}\left(x_i-\bar{x}\right)\left(x_j-\bar{x}\right)}{\left(\sum_{i=1}^{n}\sum_{j=1}^{n}w_{ij}\right)\sum_{i=1}^{n}\left(x_i-\bar{x}\right)^2} \tag{10-1}$$

式中，x_i 为区域 i 的观测值；w_{ij} 为空间权重矩阵，空间相邻为 1，不相邻为 0；S_0 为空间权重矩阵的所有元素之和，$\bar{x}=\frac{1}{n}\sum_{i=1}^{n}x_i$，即观测值的平均值。对 Moran's I 值的检验一般采用标准化统计量 Z 值，来看是否存在空间相关关系：

$$Z_I=\frac{I-E\left(I\right)}{\sqrt{\mathrm{Var}\left(I\right)}} \tag{10-2}$$

式中，$E\left(I\right)$ 为数学期望；$\sqrt{\mathrm{Var}\left(I\right)}$ 为变异系数。通常情况将 Moran's I 值解释为一个相关系数，值域为[−1，1]，当 Moran's I 值显著为正时，表示区域之间存在正相关，在空间上呈现显著集聚；当 Moran's I 值显著为负时，

表示区域之间存在负相关，在空间上呈现分散格局；当 Moran's I 值接近数学期望值时，呈随机分布。

2. 局部空间自相关

在空间位置 i 上，局部 Moran's I 统计量公式为

$$I_i = \sum w_{ij} z_i z_j \tag{10-3}$$

式中，z_i 和 z_j 是标准化后的观测值；w_{ij} 是行标准化后的空间权重矩阵。局部 Moran's I 的取值不限于[−1，1]。

根据相关公式，利用 GeoDa 软件，建立 Queen 一阶邻接权重矩阵，测算工业用地效率的全局 Moran's I。为了更为直观地观察工业企业用地利用效率的空间分布情况，分别选取测算全省样本企业、采矿业企业、制造业企业和电力、热力、燃气及水生产和供应业三大类工业企业用地效率值局部 Moran's I 值，并输出 LISA 聚集图进行分析。LISA 图中结果根据效率值与其空间滞后值的关系可分为四种类型：①H-H 型：高属性值区域被高值区域包围，即工业用地效率高的城市被同样效率高的城市包围；②H-L 型：工业用地效率高的城市被效率低的城市包围；③L-H 型：工业用地效率低的城市被效率高的城市包围；④L-L 型：低属性值区域被同样是低值区域包围，也就是说工业用地效率低的城市被效率低的城市包围。H-H 型和 L-L 型单元反映了空间聚集，H-L 型和 L-H 型单元则说明了存在一定的空间异质。

10.1.2　空间计量模型

现实中，城市各类工业企业用地产出并不是完全独立的，其变化可能受到周边区域的影响，因此对其进行研究时应当考虑其空间效应。在工业用地效率研究中，单元间效率值若表现出较强的空间相关性，表示可能存在着误差项的空间自相关、变量关系空间不平稳等现象，违背了经典计量模型的 Gauss-Markov 假设。若采用经典计量模型进行估计，可能造成估计偏误，影响工业用地效率分析的准确性。因此，在这种情况下宜采用考虑空间效应的空间计量模型。

根据对空间因素作用途径的认知角度不同，模型中空间滞后因子有不同的设置方式，基本的空间计量模型分为两种：空间滞后模型（spatial lag model，SLM）和 SEM。

加入空间滞后因子的空间计量模型，会导致自变量之间存在一定的内生性。若采用经典估计方法对模型进行参数估计，会使结果有偏甚至无

效，需要采用极大似然法、工具变量法、广义矩法等方法进行估计。在实际研究工作中，受数据获取、假设条件限制、估计量的有效性等方面的影响，没有任何一种方法绝对优于其他方法。本章综合考虑各个方面的因素，选用常用极大似然法估计。

10.2　影响因素分析与选择

已有的相关城镇化研究中，多是以基于人口、土地等单指标的个别角度作为表征，而新型城镇化是“以人文本”的城镇化，涉及人口、土地、经济和社会等多个方面，为科学全面测算新型城镇化发展水平，需从多维度综合衡量。因此本章在已有文献的基础上（贺建风和吴慧，2016；张红凤和曲衍波，2018），将新型城镇化分为人口城镇化、经济城镇化、土地城镇化和社会城镇化四个指标变量。

在核心解释变量的选择上，为避免末端指标之间的多重共线性和指标权重确定的主观性，结合数据可得性考虑在每个指标层选取一个最具代表性的指标进行衡量。同时，考虑到新型城镇化的各维度间，如人口城市化与土地城市化之间存在不协调发展的格局和程度，而本章节目的在于从微观层面对工业用地效率的影响因素做出回归分析，并非各系统间的耦合研究，因此，将表征四个新型城镇化维度的变量均代入模型，以研究各维度、各阶段对工业用地效率的不同影响。

在对工业用地效率的其他影响因素选择上，既考虑到企业特征的直接影响，又兼顾宏观区域经济发展水平，按照宜精不宜多的原则，尽量选择主要的影响因素作为控制变量。选择地均从业人数、综合容积率、土地市场化程度、地区发展水平和地区经济投入作为模型控制变量（表 10-1）。

表 10-1　影响因素说明

影响因素	变量	描述
被解释变量	工业用地效率	地均产出
核心解释变量	人口城镇化	城镇人口占总人口的比重
	经济城镇化	二、三产值占 GDP 总量比重
	土地城镇化	建成区面积占城区面积比重
	社会城镇化	城镇居民可支配收入占城乡居民比重
控制变量	地均从业人数	从业人数/土地面积
	综合容积率	建筑面积/土地面积

续表

影响因素	变量	描述
控制变量	土地市场化程度	通过招拍挂方式出让的土地宗数包括划拨在内的出让土地总宗数的比值
	地区发展水平	人均地区生产总值
	地区经济投入	固定资产投资

1. 被解释变量

由于工业用地的使用主要以不断获取经济产出为最终目的，工业用地效率就是指城市工业用地在区域或工业行业间配置和使用时，其获得经济产出的实现能力，或者说在一定经济产出约束下，工业用地开发利用的充分程度。参考相关研究（鲍超等，2016；罗能生和彭郁，2016；张琳和王亚辉，2014），选取工业总产值除以工业用地面积作为该企业用地效率。

2. 核心解释变量

人口城镇化：城镇化过程首先表现为人口由农村逐步向城市转移，以及由此产生的城乡地域和社会的变化。国内外大部分学者在衡量城镇化时均会考虑人口城镇化指标，甚至有的学者直接用人口城镇化作为衡量城镇化水平的指标。人口城镇化通常的衡量方法如下：用城镇人口占总人口的比重，或者用非农人口占总户籍人口的比重。本书认为前者更能反映实际人口流动情况，体现城市的真实规模，所以用其来作为人口城镇化水平的衡量指标。

经济城镇化：经济发展会促进城镇化的发展，城镇化带来的人口集聚、资源集聚会进一步地促进经济的发展，在城镇集聚的产业主要是非农产业，非农产业的发展情况某种程度上反映了该城市经济发展的水平。基于此，本章选取二、三产值占 GDP 总量比重来衡量地区的经济城镇化水平。

土地城镇化：伴随着城镇化的发展，城镇人口和土地的扩张是城镇化最明显的特征。考虑到数据的可获取性，本章采用建成区面积占城区面积比重作为衡量土地城镇化水平的方法。

社会城镇化：传统城镇化过于注重城镇规模的扩大，如人口、土地的扩张，而新型城镇化强调量增长的同时更注重质量的发展，更加注重贯彻“以人为本”的理念，更加关注人民群众的获得感和幸福感，如居民生活水平的提高、居民生活方式的改变等。本章采取城镇居民可支配收入占城乡居民比重来衡量社会城镇化水平。

3. 控制变量

工业企业特征包括地均从业人数和综合容积率。地均从业人数以从业人数/土地面积表征，综合容积率以建筑面积/土地面积计算。

宏观区域经济发展水平包括土地市场化程度、地区发展水平和地区经济投入。其中，土地市场化程度囿于土地市场化规范程度相关数据获取，直接以土地市场化供应程度表征，计算公式与第 7 章相同。地区发展水平以人均地区生产总值表征（赵爱栋等，2016），地区经济投入以固定资产投资表征（蔺雪芹等，2019；朱孟珏等，2018）。

以上指标中，从业人数和综合容积率与土地市场化供应数据主要来自《中国国土资源统计年鉴》，建成区面积和城区面积数据来自《江苏城乡建设统计年鉴》，其余指标数据来自《江苏统计年鉴》。各变量描述性统计信息如表 10-2 所示。

表 10-2 变量统计性描述

变量	符号	单位	均值	标准差	最小值	最大值
全样本地均产出	y	万元/亩	148.95	75.18	53.60	295.80
制造业地均产出	y_z	万元/亩	148.97	74.81	65.90	292.00
采矿业地均产出	y_c	万元/亩	57.87	76.09	0.10	286.60
电力、热力、燃气及水生产和供应业地均产出	y_d	万元/亩	228.33	140.59	51.00	472.70
城镇人口占总人口的比重	x_1	%	65.40	7.57	55.53	81.40
二、三产值占 GDP 总量比重	x_2	%	93.24	4.16	86.90	98.50
建成区面积占城区面积比重	x_3	%	0.30	0.07	0.18	0.41
城镇居民可支配收入占城乡居民比重	x_4	%	0.66	0.02	0.64	0.70
地均从业人数	x_5	人/亩	2.00	0.87	0.70	3.80
综合容积率	x_6	%	0.54	0.12	0.30	0.74
土地市场化程度	x_7	%	0.92	0.08	0.75	1.00
人均地区生产总值	x_8	元	86 944.92	30 861.38	43 853.00	136 702.00
固定资产投资	x_9	亿元	3 531.17	1 286.97	1 838.97	5 965.44

10.3 空间特征分析

被解释变量存在空间相关性是保证空间计量分析结果有效性的前提，

因此，有必要检验工业用地效率是否存在显著的空间相关关系。对此，本章对全样本，采矿业，制造业和电力、热力、燃气及水生产和供应业工业企业用地效率分别进行探索性空间数据分析。

10.3.1　总体空间分析

全样本工业用地效率，制造业，电力、热力、燃气及水生产和供应业样本的工业用地效率，其全局 Moran's *I* 值全部正值，正态统计量 *Z* 值均大于 0.05 置信水平的临界值 1.96，通过显著性检验。说明江苏省全样本工业用地效率，制造业，电力、热力、燃气及水生产和供应业样本的工业用地效率具有显著的空间正相关性，效率值趋同的城市呈现集聚分布空间格局，即高效率值与高效率值的城市趋于相邻，低效率值与低效率值的城市区域相邻。

采矿业样本全局 Moran's *I* 值为负值（表 10-3），未通过 *P*=0.05 的显著性检验，城市间采矿业工业用地效率呈空间负相关倾向，即彼此间存在一定程度的异质特征。

表 10-3　江苏省工业企业用地效率的 Moran's *I* 值

样本	Moran's *I*	*Z*（*I*）	*P*
全省企业	0.367	2.609	0.009
采矿业	−0.182	−0.813	0.221
制造业	0.353	2.730	0.012
电力、热力、燃气及水生产和供应业	0.228	1.967	0.043

10.3.2　局部空间分析

Moran 散点图共分为四个象限，第一象限表示工业用地效率值高的单元被高效率值单元包围，第二象限表示低效率值单元被高效率值单元包围，第三象限表示低效率值单元被低效率值单元包围，第四象限表示高效率值单元被低效率值单元包围。对于全样本，制造业，电力、热力、燃气及水生产和供应业样本，代表研究单元的点，绝大多数落在第一和第三象限，表明高值单元与高值单元集聚、低值单元与低值单元集聚现象明显（图 10-1~图 10-4）。采矿业样本的研究单元多分布在第二、三、四象限，虽然 Moran's *I* 值为负，但空间集聚和异质现象均不明显，空间效应需进一步研究。

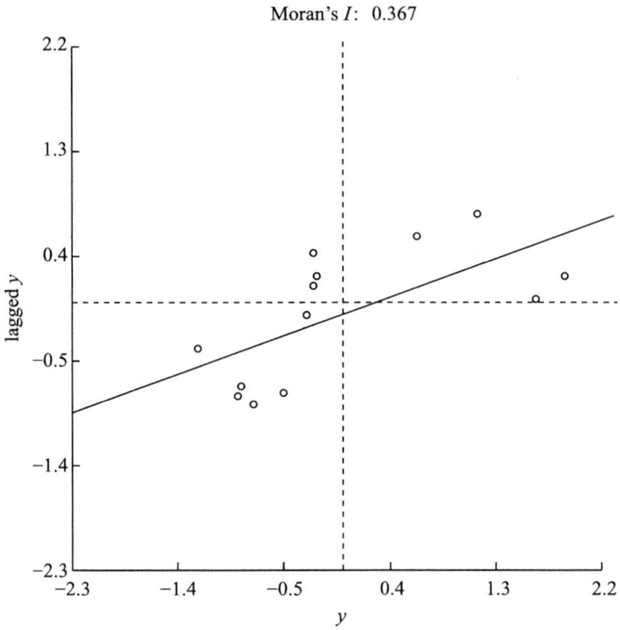

图 10-1　全样本工业企业用地效率局部空间自回归散点图

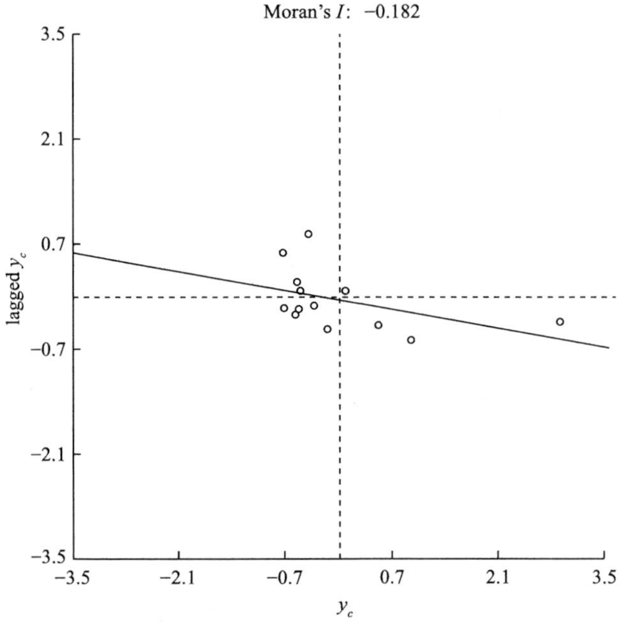

图 10-2　采矿业工业企业用地效率局部空间自回归散点图

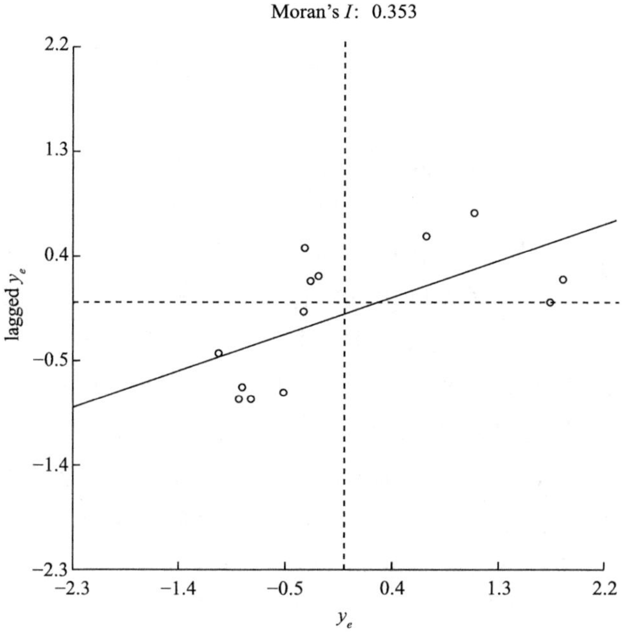

图 10-3　制造业工业企业用地效率局部空间自回归散点图

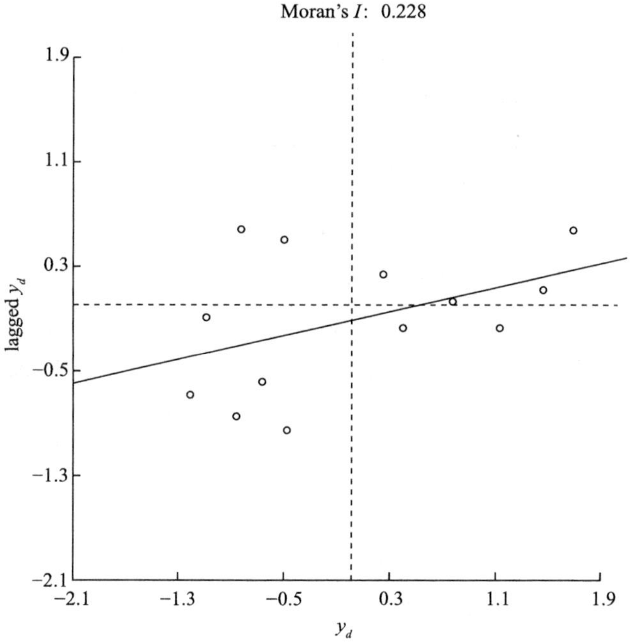

图 10-4　电力、热力、燃气及水生产和供应业工业企业用地效率局部空间自回归散点图

10.4 模型回归与结果分析

随着我国经济由粗放式发展到内涵式发展理念的转变，不同地区在产业结构、土地出让等方面出现了区域性分化现象，地方经济格局呈现出较大的差异化。这种现象是随机产生抑或是具有空间相关性，传统的计量模型无法控制城市间在地理空间上的依存关系，无法给予空间效应精准的解释，而这对度量新型城镇化背景下工业用地效率的空间效应至关重要，因此本章将空间效应纳入分析框架中。空间自相关结果表明工业用地效率值在空间上具有显著的相关关系，满足空间计量分析的前提。

为了与空间计量分析的结果做比较，以下首先选取全样本，采矿业，制造业和电力、热力、燃气及水生产和供应业截面数据，进行常规的普通最小二乘法（ordinary least squares，OLS）回归估计，其次基于 Geoda 095-i 和 Arcgis 9.3 空间统计分析软件进行空间计量分析，最后根据检验确定的模型进行相应的分析解释。

10.4.1 普通模型回归分析

根据前文分析，本章模型构建考虑了空间效应的工业用地效率影响因素模型，并取双对数形式。通过OLS获得了模型的估计结果，对比Moran's *I* 值检验、两个拉格朗日乘数判断空间计量模型的形式。

模型 OLS 估计的四组样本结果拟合优度介于 44.8%~84.5%，*F* 值介于 2.081~8.242，全样本和制造业样本模型 *F* 值通过了 10%水平的显著性检验（表 10-4）。变量的显著性检验显示，仅有少数变量能通过 10%的显著性检验。由于前述的空间统计的 Moran's *I* 值检验已经证明了各市的工业用地效率之间具有明显的空间自相关性，忽视空间自相关性直接采用 OLS 建立模型进行估计分析存在一定问题，可能的原因有两个：一是遗漏了重要的变量；二是模型设定有问题，如未能考虑截面单元之间的空间相关性。

表 10-4 OLS 估计结果

变量	全样本	采矿业	制造业	电力、热力、燃气及水生产和供应业
x_1	3.848	0.642	0.053	−0.136
x_2	4.883	1.058	0.082	−0.380
x_3	0.128	35.09*	0.717	−5.920

续表

变量	全样本	采矿业	制造业	电力、热力、燃气及水生产和供应业
x_4	9.073	43.972	8.840	35.978
x_5	0.760	0.472	0.253	0.563
x_6	−0.447	4.812	−0.429	1.083
x_7	2.000	17.890	1.255	2.789
x_8	−0.630	−19.817*	−0.924	6.071
x_9	−0.559	−6.561	−0.422	0.539
统计检验				
AIC	−2.289	46.540	−4.726	21.852
Log *L*	11.144	−13.270	12.363	−0.926
SC	3.361	52.189	0.923	27.501
R^2	0.957	0.896	0.961	0.862
调整 R^2	0.829	0.584	0.845	0.448
F	7.464*	2.870	8.242*	2.081
空间依赖性检验				
Moran's *I* 值（误差）	2.018**	−1.21**	2.05**	−1.767*
LM-lag	1.573	0.024	1.958	5.607**
RLM-lag	8.172***	10.958***	11.624***	1.545
LM-error	0.053	3.081*	0.046	4.074**
RLM-error	6.651***	14.015***	9.712***	0.012
Lagrange multiplier（SARMA）	8.224***	14.039***	11.669*	5.619*

*、**和***分别表示在 10%、5%和 1%的水平上显著

为了进一步验证空间自相关性的存在，Moran's *I* 值（误差）检验表明，经典回归误差的空间相关性均通过显著性水平检验，存在很强的空间相关性。为区分是内生的空间滞后还是空间误差自相关，模型残差的拉格朗日乘子（Lagrange multiplier）及其稳健性（Robust LM）检验表明，全样本、采矿业、制造业的 LM-error 和 RLM-error 值通过显著性水平检验，空间误差效应明显，应建立 SEM。电力、热力、燃气及水生产和供应业的 LM-lag 和 RLM-lag 均通过显著性水平检验，因此适合建立 SLM。

10.4.2　空间计量模型回归分析

比较表 10-4 和表 10-5 中的检验结果发现，四组样本的 SLM 和 SEM 的拟合优度检验值 R^2 均高于 OLS 模型，当然，由于采用 ML 法估计参数，基于残差平方和分解的拟合优度检验的意义不是很大。比较对数似然函数值 Log*L*、赤池信息准则 AIC 和施瓦茨信息准则 SC 值发现，全样本、采矿业、

制造业的 SLM 优于 SEM，地区间工业用地效率的所有解释变量均会影响到其他地区，即存在扩散或溢出现象，“近朱者赤，近墨者黑”，以 SLM 结果为主进行影响因素分析。电力、热力、燃气及水生产和供应业的 SEM 优于 SLM，电力业工业用地效率受随机冲击的影响，局部区域表现出“一荣俱荣，一损俱损”，更宜以 SEM 的回归结果进行分析。

表 10-5　回归结果

变量	全样本		采矿业		制造业		电力、热力、燃气及水生产和供应业	
	SLM	SEM	SLM	SEM	SLM	SEM	SLM	SEM
$\ln x_1$	3.203*	0.069***	0.63***	0.646***	0.051***	0.081***	−0.17***	−0.2***
$\ln x_2$	3.032	0.132***	1.107***	0.954***	0.082 7**	0.102**	−0.343***	−0.191
$\ln x_3$	0.039	3.208***	32.977***	34.819***	0.712	4.202***	−7.381***	−10.216***
$\ln x_4$	13.228***	8.712***	35.515	46.067***	12.414***	3.900	33.212***	61.675***
$\ln x_5$	1.082***	0.269***	0.638	0.827***	0.347***	0.166***	0.421***	1.033***
$\ln x_6$	−0.818**	−0.789***	3.963	4.383***	−0.857*	−0.523	1.207*	−2.858
$\ln x_7$	2.448***	1.116***	18.871***	25.152***	1.297	0.668**	2.624***	4.449***
$\ln x_8$	−0.857	−1.378***	−20.083***	−17.808***	−1.383***	−1.148***	7.104***	4.615***
$\ln x_9$	−0.492***	−0.602***	−6.276***	−8.433***	−0.326**	−0.567***	0.809***	0.964***
Rho	0.555**		−0.309		0.592***		−0.993***	
Lambda		−1.736***		−1.606***		−1.7***		−2.274***
AIC	−2.815	−17.902	48.226	31.714	−7.113	−9.007	5.939	10.387
Log *L*	12.407	18.951	−13.113	−5.857	14.557	14.504	8.030	4.807
SC	3.400	−12.252	54.440	37.364	−0.899	−3.358	12.154	16.036
R^2	0.968	0.999	0.901	0.999	0.975	0.996	0.973	0.990

*、**和***分别表示在 10%、5%和 1%的水平上显著

SLM 和 SEM 的回归结果中的 ρ 和 λ 均高度显著为负，表明一个城市的工业企业用地效率提升对邻近城市经济增长具有抑制作用。相邻地区的地方政府之间容易相互模仿，产业结构升级表现出竞争性，区域工业集聚带来的规模经济会吸引周边落后地区的劳动力、资本向该地区转移，从而抑制了周边落后地区的经济发展，导致负的空间溢出效应。相关研究也表明，2015 年江苏省市域之间竞合关系是以竞争关系为主，江苏省制造业城市之间同质化较为严重，城市间潜在的产业竞争压力较大（毕学成等，2018）。因此，一个城市的工业用地效率不但由该地区的相关因素投入决定，同时还受邻近地区的影响，考虑地理空间效应是有必要的，而忽略这种效应将导致有偏或不一致的估计结果，也必将影响因素估计结果的准确

性，并进而影响依据该结果导出的政策含义的科学性和有效性。

新型城镇化是本书的研究重点，从微观视角着手，将新型城镇化分为人口城镇化、经济城镇化、土地城镇化和社会城镇化四个变量。在四个变量中，人口城镇化、土地城镇化、经济城镇化对电力、热力、燃气及水生产和供应业工业企业呈负向作用，其他样本和其他变量表现出正向作用。

（1）人口城镇化（x_1）在四组样本的回归中均通过 1%的显著性水平检验，其中对全样本、采矿业、制造业的工业用地效率的回归系数为正，但对电力、热力、燃气及水生产和供应业工业用地效率为负。农村人口向城市有序流动，城镇人口比重增加，是区域发展的基础，可为产业发展提供人口和人才红利，推动人才集聚，带动产业结构升级和绿色转型，因此促进全样本、采矿业、制造业的工业用地效率提升。

人口城镇化对电力、热力、燃气及水生产和供应业工业用地效率的抑制作用。可理解为，江苏省各市没有达到人口城镇化形态紧凑而对居民电力消费形成“集约效应”的拐点，进而需求的降低制约着电力产业效率的发挥。苏南、苏中、苏北地区的单位土地上年末常住人口由 2006 年的 1 011 人/千米^2、800 人/千米^2、566 人/千米^2 变化为 2015 年的 1 184 人/千米^2、716 人/千米^2、549 人/千米^2。越来越多的人口向发达地区城市集中，外来人口的收入水平、生活消费能力都比本地户籍人口低，对应的比重增长对人均生活用电量具有一定的负向影响（史丹和冯永晟，2015）。同时，在强调绿色和可持续的发展新型城镇化理念下，地方政府更注重新型能源技术的利用，更注意市政能源网络的合理布局，使得在既定规模水平上，用电效率的提升会降低电力需求。

（2）经济城镇化（x_2）在前三组样本的回归中均通过显著性水平检验，对全样本、采矿业、制造业的工业用地效率的回归系数为正，但对电力、热力、燃气及水生产和供应业工业用地效率的回归系数为负。产业结构的改善，二、三产值占 GDP 总量比重的增加对全样本、采矿业、制造业企业的工业用地效率具有促进作用。2015 年江苏省产业结构转变为“三二一”格局，创新驱动促进江苏省转型发展，带动了企业土地利用节约集约技术进步，并向高经济质量和效益产业倾斜。

对于电力、热力、燃气及水生产和供应业工业企业用地效率而言，二、三产值占 GDP 总量比重的增加则产生抑制作用。在工业化后期阶段，伴随产业结构调整过程，江苏省第三产业比重逐步超过第二产业，区域用电需求增速会相对降低（史丹和冯永晟，2015）。苏南地区产业结构调整的重点是以高新技术制造业替代传统制造业，而省内其他地区承接了发达地区转移的传统制造业。两种产业升级给电力需求和区域电力企业效率带来不同的影响：高新技术制造业电力消费强度相对较低，用电需求增速相对降低制约着电力业企业产值的增长、同时，传统制造业（特别是高耗能产业）保证着相对落后地区电力业和第二产业的增长。模型回归系数为负，表明现阶段电力供应满足了产业结构变化需求，高端产业升级所带来的电力节约，足以抵消传统产业转移所带来的用电增加。

（3）土地城镇化（x_3）在四组样本的回归中均通过 1%的显著性水平检验，其中对全样本、采矿业、制造业的工业用地效率的回归系数为正，但对电力、热力、燃气及水生产和供应业工业用地效率的回归系数为负。具有基本完善的市政公用设施的城市建设用地是工业企业生产的基本要素之一，市行政区范围内经过征收的土地和实际建设发展起来的非农业生产建设面积占城区面积比重越大，投入生产要素越多，相应地可带动产出增加。由于工业用地的取得成本和保有成本较低，很多工业企业注重“量”的拓展而较少关注“质”的提高，土地低效利用的现象仍可能持续。

对于电力、热力、燃气及水生产和供应业工业企业用地效率而言，建成区面积占城区面积比重的增加则产生抑制作用。人口越多和面积越小的城市，城市工业用地利用效率则越高（罗能生和彭郁，2016）。当城镇化率超过 75%时，结构转换型城镇化效应将取代人口转移型成为主要模式（王亚华等，2017）。2015 年江苏省基于城镇人口的城镇化率达到66.5%，苏南、苏中、苏北地区的城镇化率由 2006 年的 67.1%、47.3%、40.4%变化为 2015 年的 75.2%、62.4%、59.1%。从全省整体角度来看，正处在结构转换型和人口转移型的城镇化共同存在的阶段。政府实施非均衡发展战略，对人口流动和资源分配产生持续影响（刘涛等，2015），“过度行政化”导致数量较少的特大城市规模膨胀、数量众多中小城市相对萎缩的两极化倾向。对于人口流出地区，当建成区面积增加时，加剧人口密度降低，土地城镇化超速使得人口低密度降低，抑制居民和工业电力消费需求，影响到早期较为粗放的市政能源网络布局效能实现，无法适应新型城镇化发展需求。

（4）社会城镇化（x_4）在四组样本的回归中系数均为正，对全样本，采矿业，电力、热力、燃气及水生产和供应业均通过 1%的显著性水平检验，而对制造业未通过显著性水平检验。城镇人均可支配收入占城乡人均可支配收入越大，城镇居民生活水平、质量相对越高，城乡居民生活方式差距越大。城镇化的发展主要在于工业生产对劳动力就业的促进带动作用和人民生活、社会保障水平的提高（马历等，2018），进而保证工业产出的增加。同时，在二元结构的情景下，工业化、城市化和经济增长不会自动惠及低收入人群，城乡居民无法同等享受到经济增长的成果，工业和城市对农业和农村反哺的收入和要素等十分有限（高波等，2019）。城乡差距的增大，诱导着大量农村户籍居民迁移进入城市成为劳动力，大量低价供给工业用地和少量高价供给居住用地保证着用地效率的提升。

在控制变量中，表征企业特性和宏观区域经济发展的变量展现出不同结果。

地均从业人数（x_5）在四组模型中回归系数全在 1%显著性水平上为正，单位土地上劳动力增多仍可为全省工业企业的发展起到关键性促进作用，企业类型向技术密集型的转向并未降低对劳动力的需求。

综合容积率（x_6）在前两组模型中回归系数全通过 1%显著性水平检验，在全样本和制造业中为负，在采矿业中为正。根据前文分析，制造业占全省企业比重最大，企业众多、类型广泛，市场竞争机制较为完善，对资源的利用较为集约，土地综合容积率的提升已无法带动企业产出效率的提升。对采矿和电力等以自然资源为对象的企业，以国有性质为主，职能定位和发展目标主要在于保持国家经济的整体平稳运行、保护国家重要的自然资源和战略命脉等方面，而不是片面地追求经济产出的提高。尽管受到政府的政策倾斜较多，获得各类生产资源也更容易，但同时国企相对私企来说竞争意识不强，对各类资源的集约节约利用程度不高。

土地市场化程度（x_7）在四组模型回归中全部显著且系数为正，说明土地市场化程度是影响工业用地效率的主要因素之一，地方政府的土地市场化程度越高，则该城市的城市工业用地利用效率就越大。土地市场化程度越高，则政府通过非市场手段或者压低地价的方式提供工业用地的做法就越少。在竞争机制下，工业土地便会由经营效益更好、竞争能力更强的企业通过“招拍挂”的市场化方式得到，并且由于成本更高，当这种企业得到土地后便会更加集约地利用所得土地，引起城市工业用地利用效率的提高。

人均地区生产总值（x_8）在四组样本的回归中均通过 1%的显著性水平检验，其中对全样本、采矿业、制造业的工业用地效率的回归系数为负，但对电力、热力、燃气及水生产和供应业工业用地效率为正向影响。在片面追求工业经济产值而忽视改善工业经济发展质量的模式下，人均地区生产总值已不能促进制造业为主的工业企业用地效率（谢花林等，2015）。江苏部分工业发达地区处于产业结构转型期，对高耗能、高污染工业企业的严格的环境管制，短期内在一定程度上限制了工业生产效率，对采矿业影响尤其明显。当城市经济发展方式及产业结构得到改善时，经济粗放增长格局下的传统产业逐渐被焕发新活力投入产出比较高的新兴产业所替代，实现诸如电力业企业用地效率的提升。

固定资产投资（x_9）在四组样本的回归中均通过 1%的显著性水平检验，其中对全样本、采矿业、制造业的工业用地效率的回归系数为负，但对电力、热力、燃气及水生产和供应业工业用地效率为正向影响。这与发达城市“退二进三”的实际情况以及中国的产业梯度转移相吻合。作为中国工业发展最快、经济最发达的省份，随着产业发展阶段的推进，江苏省很多大城市的工业企业不断向外转移，而工业内部的结构优化升级与替代尚未跟上，导致工业相对萎缩；而中小城市由于承接了相应的产业转移，工业则处于快速发展阶段。于是出现城市固定资产投资扩大，而工业企业用地效率水平下降的局面。这也是中国工业发展过程中的一个过渡时期，目前发达地区也都着重推进工业转型升级。

10.5 本章小结

本章基于微观视角，依托 2015 年江苏省工业用地调查数据，在考虑空间因素的条件下，运用探索性空间数据分析法和空间经济计量模型，研究新型城镇化背景下制造业，采矿业和电力、热力、燃气及水生产和供应业工业企业的用地效率空间分布及其影响因素，得出以下结论。

（1）在新型城镇化的四个维度中，人口、经济、土地和社会城镇化对全样本、采矿业和制造业表现出正向作用，而对于电力、热力、燃气及水生产和供应业而言，仅社会城镇化表现出正向作用，其余三项均为抑制作用。新型城镇化能有效促进采矿业、制造业等工业企业用地效率的提升，工业化后期的区域产业转型进程的不一致和农民入城、外地人口对城市生活的适应仍需时间，影响了现阶段新型城镇化对电力、热力、燃气及水生产和供应业工业企业用地效率的提升。

（2）全省工业企业用地效率水平在地理空间的邻接上表现出负溢出效应，城市间存在明显的竞争关系。地均劳动投入、土地市场化程度与工业用地效率存在不同程度的正相关关系，而综合容积率、人均地区生产总值、固定资产投资对全样本和制造业企业用地效率存在负向影响，综合容积率对采矿业有促进作用，三者对电力、热力、燃气及水生产和供应业工业企业表现出正向作用。

第 11 章　新型城镇化背景下江苏省工业企业用地社会效率研究

新古典主义经济学主要强调的是经济资源在微观和宏观层次的最优配置，福利经济学对社会公平或收入分配上提出了帕累托改进理论，但实际在社会契约线上，资源配置最佳和帕累托最优没有解决社会效率与公平的最优结合问题（牛飞亮和黄庆华，2006）。公共选择学派的代表人物布坎南强调竞争机会的平等，重视每个人参与竞争的机会均等，哈耶克认为，为了实现机会平等，政府必定会控制所有的人的自然环境和人文环境，并且必定会致力于至少提供给每一个人以同等的机会（吴九兴，2010）。习近平总书记在十九大报告中指出，我国经济已由高速增长阶段转向高质量发展阶段，正处在转变发展方式、优化经济结构、转换增长动力的攻关期，必须坚持质量第一、效益优先，以供给侧结构性改革为主线，推动经济发展质量变革、效率变革、动力变革，提高全要素生产率（习近平，2017）。近年来，工业用地出现了低价出让、粗放利用、侵占耕地、损害百姓利益的社会问题，新型城镇化的发展要求走以人为本、四化同步、优化布局、生态文明、文化传承、城乡统筹的可持续城镇化道路。在此背景下，工业企业用地的社会效率就显得十分重要，本章对此进行探讨。

11.1　理 论 探 讨

制度经济学将制度规则对经济随时间演进方式的适应性称之为适应性效率。借鉴适应性效率的概念，工业用地利用管理产生的社会问题实质上是工业用地社会效率问题。党的十八届三中全会指出，创新社会治理必须着眼于维护最广大人民根本利益，最大限度地增加和谐因素。未来工业用地管理制度与政策要让社会各利益主体共同受益，进而实现社会福利和社会效率的总体提升。单纯从经济产出来考量土地资源的效率已不适应“资源节约型、环境友好型”社会建设和社会治理能力现代化的要求。

20 世纪 60 年代，西方工业化发达国家的企业普遍遇到诸如企业伦理、员工纠纷、环境管理等一系列现实问题，从而催生了利益相关者理论的产生（朱卫东等，2019）。区别于传统的“股东至上”管理理论，利益相关者理论认为企业的发展离不开各种利益相关者的参与，企业追求的是利益相关者的整体利益，为了保证企业的持续、健康发展，企业应将其剩余索取权和剩余控制权在主要利益相关者之中进行分配，而不同的分配方式将产生不同的绩效水平。

对利益相关者有效的评估分析和管理，使利益相关者之间互利互惠，能够非常有效地降低项目的风险，从而帮助项目实施，利益相关者理论已经慢慢成为企业管理、项目运行和政策实施的重要理论依据。利益相关者理论日渐盛行后，理论界对企业社会绩效应由利益相关者来评价达成了共识。目前，在自然资源、土地管理相关领域，利益相关者理论已被应用到土地征收、土地整治、土地规划理等具有直接社会影响的领域（郑华伟等，2014；刘琼等，2014；赵茜宇和张占录，2015）。本章将利益相关者理论引入工业用地效率分析中，将工业企业的用地抽象为各相关利益主体博弈、生产的综合行为。工业企业用地社会效率的内涵可被表述如下：明确工业用地过程中利益相关者行为诉求，协调利益主体矛盾冲突，激励和约束工业用地中利益相关者行为表达，消除高效用地壁垒的体制和制度的总和。其中，利益相关者界定和诉求分析是利益相关者理论的核心内容。

11.1.1 利益相关者界定

按照普遍接受的定义——利益相关者是指能够影响组织的经营目标实现，或者自身受到经营目标影响的人。工业企业土地利用的利益相关者可理解为，能够影响工业用地高效利用这一目标的实现，或者受该目标实现所影响的主体。企业是由多主体（主动或被动地）投入相应的资源建立和发展的，其资源专用性对各主体产生硬约束，否则，交易关系的破裂不仅会影响到拥有资源的一方，同时也会损害使用方的利益。企业的健康发展意味着各资源方都可以从交易中得到利益，诸多主体实现合作，凭各自投入转化而来的资本成为企业的利益相关者。对于工业企业用地而言，地方政府作为代理人供给土地，获得土地生产要素的企业组织产业工人生产制造。在这一过程中，三者分别投入自然资源资本、货币资本和人力资本直接参与利用过程，进而以出让金、销售利润、工资等形式获得收益。因此，本章将地方政府、企业、员工作为工业企业用地的利益相关者。

11.1.2　利益相关者的诉求分析

区域经济、社会和生态环境功能的综合体现程度高度依赖于土地利用的格局和强度。不同的土地利用方式所提供私人和公共的产品与服务不同，对这种土地多功能性的评价，基于区域可持续性发展的角度可分为经济、社会和生态环境三大维度，其中，社会功能是指土地在人类生存和发展过程中提供的空间承载、物质和精神保障服务，以满足人类身心发展需求，实现人类福祉最大化。对于工业用途的土地利用，政府、企业和员工对其社会功能的诉求有所区别，在追求自身利益最大化的情况下，需管理者梳理利益相关者间协作或冲突关系，实现更高效益。

1. 地方政府与企业

政府在社会福利、社会公平方面处于主导地位。出于政绩考核和财政收入压力，地方政府通过征收土地、拓展城市建设用地范围、建立工业园区，凭优惠税收和土地政策吸引企业入驻，以获得的财政收入进行区域间再分配、城市公共基础设施完善，从而实现土地利用的社会效益。土地财政对土地利用效率的影响为倒“U”形，即单纯面积的增加并不会持续促进区域用地效率，过度的土地财政政策会扭曲土地资源的优化配置，不利于政府在宏观调控和社会福利主导作用的发挥。

对于企业而言，企业对政府的社会责任主要有依法经营、规范经营、公平竞争、照章纳税等。良好的政企关系是企业重要的社会资源，履行对政府的社会责任有利于土地等稀缺资源的获取，为自身赢得更加宽松的发展环境，从而降低经营风险，为企业价值创造服务。

2. 企业与员工

企业员工的社会效益诉求包括安全保障、职业发展、文化氛围、组织支持、良好的工作环境感知等。企业对员工的社会责任能使员工感知到组织关怀，提高员工忠诚度和满意度，提高劳动生产率，从而提升企业价值。同时，可能吸引潜在求职者，增加企业选择员工的主动权和引进高素质人才的概率。为了激励员工更好地为企业服务，往往在签订聘用合约时，除了约定员工的基本工资和劳动保障外，还约定根据企业绩效向员工分配剩余的收益或是分配年薪或奖金。

对于企业而言，员工企业福利的增加意味着生产成本的增加。区域低劳动力成本红利的消失，企业将选择土地、技术等取代劳动力生产要素，可能造成土地闲置或技术升级、岗位优化等现象影响就业，甚至在新旧动能转换、产业升级的政策压力下，落后产能企业被迫迁移至土地和劳动力拥有比较优势的其他地区。因此，在老龄化趋势下，吸引更多年轻劳动人口成为地方共识，企业岗位的提供体现出更多的社会效益。

3. 政府与员工

在企业之外，大多数工业企业员工以居民身份生活在城市中，除了对社会安定、就业机会、公共服务等基本诉求外，对与工作、居住、通勤有关的房价，基础设施，用地规划等也格外敏感。与工作的主观感知类似，对环境和公共设施的感受，同样影响着居民通勤生活满意度。居住用地和工业用地的调控能为地方政府带来财政收入，但高昂的房价、工业废水废气污染、职住分离等也会影响政府利用自然资源的社会效益。

在目前的土地财政现实背景下，受任期约束的地方政府往往更在乎土地出让收入。追求更高经济效益的城市空间结构安排，影响着居民的居住水平和生活质量，造成潜在社会矛盾。

11.2 研究思路与方法

根据利益相关者理论分析工业企业用地社会效率的主要研究方法包括主成分分析和多元线性回归方法。由于相关研究文献有限，本章选取的工业用地社会效率的可能影响因素众多，而从统计学的角度要求所研究和引入的变量其相互间是独立的、重要的、对研究对象的影响是显著的，考虑到各变量间是难以完全独立的，彼此存在着不同程度的相关关系。为了剔除变量间相关性包含的冗余信息，对众多变量进行主成分分析，通过降维提取出尽可能反映原来变量信息的相互独立的主成分因子，以清晰反映变量对研究对象的影响。本章分别以三个利益相关者主体的工业用地综合效率作为被解释变量，将主成分因子代入多元线性模型，采取逐步回归的方式，探索得到合适的解释模型，在此基础上进行解释分析。

11.3 指标选择与数据来源

在经济学理论中，效率是从成本–收益视角的功能实现效益的评价。但是利益相关者理论中的资源配置效率绝不仅仅是经济学原理中的最优化问题，更关涉从各主体行动者的综合效率，过度关注生产性特征会消解其社会功能，而过分强调福利性特征则会制约其生产行为。因此，本章选择地均税费作为地方政府视角的工业用地综合效率，以地均从业人数作为企业视角的工业用地综合效率，以地均参保人数作为员工视角的工业用地综合效率。

影响工业用地效率因素有很多，本章在相关研究的基础上，结合新型城镇化的内涵，针对性地选择社会经济指标和企业微观用地变量指标。其中，综合容积率、建筑密度反映了工业企业利用土地的集约化程度；城镇人口比重、建成区面积占城区面积比重反映了城镇化水平；土地市场化程度以地区通过招拍挂方式出让的土地宗数与包括划拨在内的出让土地总宗数的比值进行表示，一般而言，市场化水平提高将使对土地竞争更加充分和激烈，土地真实价值会因市场规律作用不断显化，能够倒逼企业使用廉价的其他资源来取代土地。对土地的整体运作会因为其价值凸显更加高效集约，土地利用效率无形中得到提高。固定资产投资反映了资本投入程度，人均城市道路面积、建成区绿化覆盖率、人均地区生产总值、城镇常住居民人均可支配收入体现了居民能够享受到的福利状况以及政府对土地利用的投入情况。本章宏观经济数据来源于 2016 年《江苏统计年鉴》，企业用地相关数据来源于 2016 年江苏省工业企业用地调查，指标体系如表 11-1 所示。

表 11-1　指标体系

指标		单位	最大值	最小值	均值	标准差
地方政府视角工业用地社会效率	地均税费（y_1）	万元/亩	24.55	2.76	7.89	5.44
企业视角工业用地社会效率	地均从业人数（y_2）	人/亩	3.92	0.73	2.05	0.88
员工视角工业用地社会效率	地均参保人数（y_3）	人/亩	2.63	0.26	0.92	0.60
影响因素	综合容积率（x_1）	%	0.74	0.30	0.54	0.12
	建筑密度（x_2）	%	49.90	24.00	37.84	7.01
	城镇人口比重（x_3）	%	81.40	55.53	65.40	7.57
	建成区面积占城区面积比重（x_4）	%	40.62	17.87	29.59	6.85
	土地市场化程度（x_5）	%	82.70	46.43	64.89	10.99
	固定资产投资（x_6）	亿元	5 965.44	1 838.97	3 531.17	1 286.97
	人均城市道路面积（x_7）	平方米	29.01	18.92	23.14	2.88
	建成区绿化覆盖率（x_8）	%	44.47	40.24	42.24	1.06
	人均地区生产总值（x_9）	元	136 702.00	43 853.00	86 944.92	30 861.38
	城镇常住居民人均可支配收入（x_{10}）	元	50 390.21	22 233.42	35 139.55	8 602.04

11.4　结 果 分 析

11.4.1　区域差异分析

不同利益相关者视角的工业用地社会效率，在不同城市和区域间存在区别。对于政府视角的工业用地社会效率，各城市的效率值在全省范围内基本呈现“南高北低，区域极化”的格局特点，效率值最高的三座城市分别为南京市、苏州市和无锡市，其次为苏北地区的徐州市和淮安市，这与宏观经济分析中具有的行政等级、政策、区位优势的地区相符（图 11-1）。

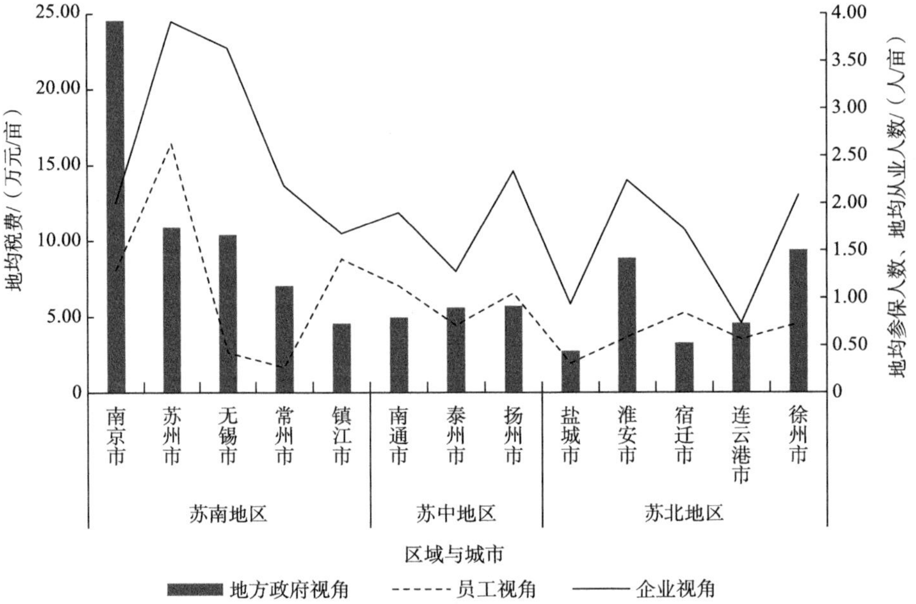

图 11-1　工业用地社会效率的区域比较

对于企业视角的工业用地社会效率，高效率值城市主要集中在省内沿江城市带，淮安市和徐州市在苏北地区优势明显。迁入人口与工业经济之间存在相互促进的互动关系（敖荣军等，2018）。江苏省沿江地区是流动人口主要聚集地，规模最大、扩散作用最强，较多的非农就业机会使苏南城镇对流动人口保持着吸引力。在区域城镇和农村的流入人口普遍增加的情况下，企业为实现经济增长，对就业岗位的提供和充裕劳动力的获得可占据较为主动的局面，工业用地社会效率明显。苏北地区的流动人口变动呈城镇流入人口增加、农村输出人口减少的特征，淮安市和徐州市作为区域内经济发展水平较高的地区，对流动人口的吸引力更强（车冰清等，2017）。

对于员工视角的工业用地社会效率，效率值较高的城市为苏州市、镇江市、南京市，而无锡市、盐城市、常州市效率值处于较低水平。宁镇扬都市圈同城化发展效果明显，相邻城市通过相应的制度安排和协同合作，逐步突破城际之间要素流动障碍，实现基础设施、产业、公共服务、居民生活、就业与社会保障等经济、社会各方面高度融合发展的过程，是优化资源配置、完善城市功能、提升区域竞争力的重要途径。苏南地区中无锡市、常州市的效率值低，是与其依赖传统的乡镇工业企业主导的发展路径有关。集体经济起步较早，乡镇企业发展速度快，平均占地面积较小，大大小小的工业园散落分布，较大体量的工业零散地分布在各乡镇工业集中区，工业向国家级和省级开发区集中的成效不够显著，缺乏集聚效益和规模经济，限制了工业用地集约水平的提升。同时，集体经济组织和家庭型企业在促进农民收入，实现城乡统筹发展发挥了重要作用，但缺乏对现代企业运行政策的贯彻实施、大量用工成本较低的外来劳动力和乡镇企业员工普遍的兼业现象，导致企业缴纳社会保险水平和范围有限，工业用地社会效率较低（李红波等，2018；王梦迪等，2016）。

11.4.2　影响因素分析

1. 主成分分析

在检验数据是否适合进行因子分析的统计量中，KMO 值 0.674，大于 0.5，数据偏相关系数较大；Bartlett 的球形统计量显著性检验 sig.值小于 0.05，表明对数据进行主成分分析是有效的。按照方差分解所提取的主成分信息特征值大于 1 且方差累积贡献率大于 85%两项要求，经过最大方差法旋转后，可提取三个主成分因子（表 11-2）。其中，第一主成分（F_1）、第二主成分（F_2）和第三主成分（F_3）对应的特征值分别为 5.877、1.611 和 1.077，累积贡献率为 85.646%，满足条件的三个主成分因子保留了原始数据的大部分信息，可代表所有原始影响因素的信息。

表 11-2　特征值、贡献率和累积贡献率

主成分因子	初始特征值			提取平方和载入			旋转平方和载入		
	总计	贡献率	累积	总计	贡献率	累积	总计	贡献率	累积
F_1	5.877	58.766%	58.766%	5.877	58.766%	58.766%	4.887	48.868%	48.868%

续表

主成分因子	初始特征值			提取平方和载入			旋转平方和载入		
	总计	贡献率	累积	总计	贡献率	累积	总计	贡献率	累积
F_2	1.611	16.11%	74.876%	1.611	16.11%	74.876%	2.211	22.107%	70.975%
F_3	1.077	10.77%	85.646%	1.077	10.77%	85.646%	1.467	14.671%	85.646%

旋转后的主成分载荷和主成分得分系数显示各变量在主成分中的相对重要性的大小（表 11-3）。第一主成分 F_1 中，城镇人口比重（x_3）、固定资产投资（x_6）、建成区绿化覆盖率（x_8）、人均地区生产总值（x_9）、城镇常住居民人均可支配收入（x_{10}）变量载荷较大，反映区域社会经济发展水平对工业用地效率的影响，将其定义为社会经济水平。因子 F_2 中，综合容积率（x_1）、建筑密度（x_2）、建成区面积占城区面积比重（x_4）、人均城市道路面积（x_7）变量载荷较大，反映企业和城市对土地利用建设情况，将其定义为资源利用水平。因子 F_3 中变量土地市场化程度（x_5）具有较高载荷，定义为土地市场化水平。

表 11-3　旋转后的主成分载荷和主成分得分系数

变量	旋转后的因子载荷			主成分得分系数		
	F_1	F_2	F_3	F_1	F_2	F_3
综合容积率（x_1）	0.539	0.706	0.291	−0.018	0.310	0.142
建筑密度（x_2）	0.385	0.829	0.289	−0.086	0.406	0.173
城镇人口比重（x_3）	0.959	−0.047	0.221	0.257	−0.192	−0.012
建成区面积占城区面积比重（x_4）	−0.238	0.758	−0.394	−0.124	0.467	−0.276
土地市场化程度（x_5）	−0.102	−0.065	−0.954	0.177	−0.029	−0.786
固定资产投资（x_6）	0.804	0.238	0.129	0.179	−0.004	−0.054
人均城市道路面积（x_7）	0.645	0.549	0.095	0.083	0.200	−0.047
建成区绿化覆盖率（x_8）	0.760	0.115	0.396	0.131	−0.063	0.179
人均地区生产总值（x_9）	0.949	0.199	0.031	0.251	−0.052	−0.168
城镇常住居民人均可支配收入（x_{10}）	0.960	0.185	0.011	0.260	−0.062	−0.187

2. 回归分析

将 3 个主成分因子作为自由变量，采用向后法构建多元线性回归模型，发现方程整体回归结果均显著（表 11-4），3 个主成分对于工业用地效率的影响存在差异。

表 11-4　回归结果

社会效率	自变量	系数	标准误差	t	sig.	R^2	AR^2	F	sig.
地方政府主体（Y_1）	社会经济（F_1）	0.256	0.08	3.191	0.01	0.622	0.547	8.236	0.008
	土地市场化（F_3）	0.47	0.187	2.508	0.031				
企业主体（Y_2）	社会经济（F_1）	0.243	0.08	3.024	0.013	0.619	0.543	8.14	0.008
	资源利用（F_2）	0.411	0.154	2.671	0.023				
员工主体（Y_3）	社会经济（F_1）	0.215	0.106	2.024	0.068	0.271	0.205	4.098	0.068

社会经济（F_1）水平对政府、企业和员工视角的工业用地社会效率的模型回归系数为正，社会经济水平提升，可促进工业用地社会效率提升。社会经济发展水平良好的城市可吸引劳动力、资本等高质量的生产要素聚集，改善城市人口和产业结构。同时，需求的增加促进城市用地规模、结构、布局的变动，进而影响用地效率的变化。地方政府将土地利用产生的收益投入城市基础设施、城市环境建设，为企业和居民提供社会生活保障。高附加值和高产出行业的发展，高素质人力资源的持续支撑反过来可提高工业用地投入产出能力，从而提升工业用地效率。

资源利用（F_2）水平在企业主体视角的模型中通过显著性检验，系数为正。建成区面积的拓展和城市道路的完善是企业生产流通环节的基本保证，区域城市建设用地总量变化为内部结构和功能调整提供了更大的空间，促进集聚效益的发生。对于具体企业而言，用地规模的扩大，内部结构复杂性增加到一定程度，资源配置可能失衡，出现规模不经济，企业为满足用地规划发挥能动性，增加综合容积率和建筑密度能对效率的提高发挥更明显作用，提供更多就业岗位和税收等社会效益。

土地市场化（F_3）水平在政府主体视角的模型中通过显著性检验，系数为正。建设用地供需矛盾更尖锐的城市，企业对于工业用地这一稀缺资源的需求越来越高，地方政府不断通过市场化方式优化供给年限、条件、方式等使用门槛，配合存量建设用地盘活挖潜，增加用地开发利用的密度和强度，增加对企业用地产出能力的要求，最大限度地优化资源配置获得社会效益。

11.5　本 章 小 结

在新型城镇化发展的背景下和新时代的目标下，本章利用利益相关者理论，以江苏省工业企业用地为对象，对工业用地社会效率及影响因素进行研究。可得出以下结论：①用于企业管理的利益相关者理论能够为工业用地社会效率的评价提供一个新的分析视角，地方政府、企业和员工之间的价值取向存在差异。②在江苏省的评价中，对于政府视角的工业用地社会效率，全省范围内基本呈现“南高北低，区域极化”的格局特点；对于企业视角的工业用地社会效率，高效率值城市主要集中在省内沿江城市带，淮安市和徐州市在苏北地区优势明显；对于员工视角的工业用地社会效率，效率值较高的城市为苏州市、镇江市、南京市，而无锡市、盐城市、常州市效率值处于较低水平。③三个主成分影响因子中，区域社会经济水平对三个利益主体均有显著正向影响，土地市场化程度对地方政府视角的工业用地社会效率有影响，区域资源利用水平对企业视角的工业用地社会效率有影响。

第四篇

总 述

第 12 章　新型城镇化背景下工业用地效率提升路径研究

本书第二篇和第三篇分别从宏观尺度与微观尺度对新型城镇化背景下的工业用地利用效率开展了研究，结果表明工业用地利用管理中还存在低价出让、粗放利用、集约水平不高、与新型城镇化要求不相适应等方面的问题，亟须进一步提升工业用地效率。本章重点对新型城镇化背景下工业用地效率提升路径进行研究。工业用地效率提升路径主要包括土地利用管理和工业发展两个方面，先进、典型国家的工业土地利用与管理可以为我国工业用地效率提升提供有益的参考经验。因此，本章首先对国外工业用地利用管理的有益经验进行比较研究，在此基础上，从土地利用管理和工业发展两个方面分析工业用地效率提升的路径。

12.1　工业用地利用管理的国际比较

德国与我国的土地-人口密度相近（德国为 231 人/千米^2；中国为 136 人/千米^2），同我国有着相似的土地资源利用情境。美国是世界上最发达的国家，且国土面积与我国相当。韩国与我国同处东亚地区，具有相近的社会、经济和人文环境，对于我国工业用地利用管理的完善具有一定的借鉴意义。

12.1.1　典型国家工业用地管理制度概述

1. 德国

德国的土地所有制以私有制为主体，也存在公有的土地，包括联邦政府所有、州和地方政府所有等。土地利用规划是德国土地利用和管理的依据。德国的《联邦建设法典》在法律上确立了德国规划体系，规定了规划的原则和程序（Henger and Bizer，2010）。在此基础上，各州均有地方性的规划法规。地方的规划法规既符合联邦法律，又体现了各州的实际，能统筹安排区域内的各项建设和土地利用。德国的土地利用规划是一种空间规划。它是由联邦范围内的土地利用规划、各州的州域规划、各专区的区域规划和各市镇的建设规划四个层次组成的。州、地区和市是制定规划的实体。德国的规划具有分权式的特征，规划编制是一个“上下结合”的过程。上一个层次的规划需要适应下一个层次规划的要求；反过来，下一个层次的规划要遵守上一个层次规划的基本原则（Schmidt and Buehler，2007）。

德国强调土地利用的可持续性，实行严格的土地用途管制制度。《联邦建设法典》明确规定要节约集约用地，生态用地、农业用地只有在必要的时候才能转变为建设用地。而且，德国土地利用管制还反映出一个共识，即提高居民的生活品质。德国政府提出减少农地资源向居住和交通用地的转变，即争取从目前的 114 公顷/天减少到 2020 年 30 公顷/天。德国的汉诺威（Hannover）和黑森（Hessen）等一些地区还要求市镇政府提出具体的量化指标并确定土地开发的最大规模（Henger and Bizer，2010）。

分区整理是德国存量土地再开发的主要形式。它是指政府整合分散零碎的私人地块并进行统一开发。然后，再依据规划重新分配土地。原土地所有者依然拥有土地，最终的开发利用权仍归原土地所有者所有。分区整理是实施建设规划和提高存量土地利用效率的有效途径。同时，它也能确保土地再开发的收益在各主体间公平分配。德国的土地税收制度可以追溯到 19 世纪中叶，是调节土地收益分配、促进社会财富公平分配的主要工具。当前，德国关于土地税收制度改革的讨论相当激烈，引人关注。为了保护生态环境、促进土地合理利用，德国建立起了土地生态补偿制度，要求开发者在对自然环境造成影响后必须采取适当的补偿措施以保护环境和维护生态平衡。经过长期的发展变迁，德国的土地生态补偿制度逐渐演变成为以法律为保障、以规划为基础、重视公众参与、市场化运作且更具灵活性的生态账户模式。德国的生态账户模式促使用地者承担了生态补偿的成本，保护了生态环境，造福后代人。它还显化了生态环境的潜在价值，为各利益主体积极参与生态补偿、优化土地利用提供了经济激励。进而，成功实现了土地资源的可持续利用和代际的土地收益共享。

2. 美国

美国的土地所有制是一种多元化的土地所有制。其中，私人所有的土地约占 58%，主要分布在东部；联邦政府所有的土地约占 32%，主要分布在西部；州及地方政府所有的土地约占 10%（李茂，2009）。法律明确规定了联邦、州、县、市在土地管理方面的权责，确保联邦与地方各司其职（李明，2010）。

美国建立起了多层次、综合性的土地利用规划体系，从源头上规范增量和存量土地的利用与管理行为。美国的土地利用规划体系分为总体规划、专项规划和用地增长管理规划三类以及区域级、州级、亚区域级、县级、市级五个层次。美国的土地利用规划具有坚实的法律基础。联邦政府主要通过制定相关的法律法规和政策来约束和引导地方的土地利用及规划管理（李茂，2009）。同时，美国还建立起了严格的土地用途管制制度。美国土地用途管制的主要措施包括：依法要求地方政府在规划中根据本地区的经济发展情况和土地利用现状划定城市增长边界，控制城市规模；确定土地开发活动的时序与区位，以便更有效率地提供公共设施，避免不成熟的开发行为引致资源浪费等负面影响；对地方政府发出的建筑许可进行总量控制，以减缓城市人口增长速率；制定农业区划，借助土地发展权交易机制来保护农业用地；等等（魏莉华，1998）。

城市更新是美国存量土地再开发的典型制度。它对城市的衰败地区进行重新规划，通过保护、修缮、拆迁或重建来改变城市中产业和人口分布，并使城市的物质环境现代化，从而满足经济和社会发展的需求。美国城市更新的运行模式多样，促成了利益相关者的集体行动，其成本分担与收益分配兼顾了效率与公平。当前，美国已经没有独立的土地税收制度。美国的土地税收属于一般财产税，采用房产和土地合并征收的模式。美国的财产税以取之于民、用之于民的方式发挥土地收益再分配的功能，促进土地收益共享和收入分配格局优化。同德国类似，美国建立起了以湿地银行为代表的土地生态补偿制度。湿地银行机制既保证了湿地补偿的效果，起到优化土地利用的作用；也体现了“污染者付费”的原则，有利于公平合理地分配和分担湿地开发利用后的增值收益及其成本，让增值收益惠及后代人。

3. 韩国

韩国在独立后实行土地私有制，大部分土地是私人所有的，国有或公共所有的土地占 20%左右，公共土地主要用于公路、下水道和公共设施等，这部分土地具有很强的公益属性。较低的共有或公共所有土地使公共部门对土地市场的调控能力变得十分有限，只能通过立法的手段（如区划和税收等）进行管理。韩国私有土地相当集中，约 80%的私有地产集中在 5%的富人手中。

韩国在建国初期十分注重保障私人的土地权利，但在 20 世纪六七十年代，土地市场上投机行为猖獗、土地价格暴涨，收入分配严重不公。韩国政府意识到私有权的危害，开始强调土地资源的公共性和社会性特征，提出土地公概念，即对私有土地权利进行部分限制，使其符合社会利益，并于 1989 年以《宅地所有上限法》《开发利益还原法》《土地超额利得税法》三大法律的形态于国会中通过并公告大众。

韩国在 1950 年对土地进行登记和确权，采用土地自由买卖制度，为土地市场的发育奠定了基础。1960 年韩国对城市进行经济开发，工业化和城市化进程加快，城市土地市场开始发展起来，到 20 世纪 60 年代末期开始出现繁荣景象。1970 年，土地市场发展较快，地价增幅加快，政府相应提出一系列物价稳定政策，如 1978 年的《为抑制不动产投机与稳定地价的综合对策》，将转让所得税由原有的 30%加重至 50%，空地税也加重，并设立《韩国土地公社》以及引入土地交易许可制与申报制等，土地政策游离于调控土地投机和活跃房地产市场之间。20 世纪 80 年代，韩国土地市场开始活跃，投机现象普遍，土地市场政策的重点是稳定价格和调控投机。1983 年制定的《不动产中介法》对中介行业实施许可制。1984 年依据《国土利用管理法》，对京畿、忠南、忠北地区实施土地交易申报制度。1985 年对忠南大德研究团地附近实施土地交易许可制度。土地交易许可制度规定，若交易预定价格过高或取得目的不明确，可以禁止私人之间的交易行为。20 世纪 90 年代韩国政府意识到单靠用堵的方法来压制土地需求从而控制土地价格不是根本解决办法，开始转换土地政策的基本方向，采取需求调控政策与供给扩大政策齐头并进的办法。1997 年，受亚洲金融危机影响，韩国土地价格平均下降了 32.7%。政府的政策转向刺激房地产市场的发展，如解除土地交易许可地区、撤销住宅上限限制和土地超额利得税、减少开发负担金、允许外国人取得土地等。这一时期，公共部门市场调节功能及房地产金融制度也得到广泛的应用。2000 年开始，韩国房地产市场开始逐渐复苏（张蔚文和吴宇哲，2002）。

12.1.2 典型国家工业用地管理分析

1. 德国

早在 19 世纪，德国就颁布了《土地整理法》。不过德国的土地整理长期以农地整理为主，有明确法律依据的建设用地整理（即分区整理）则始于 20 世纪初（谈明洪和吕昌河，2005）。《联邦建设法典》规定，在建造规划的控制范围内，无论是已开发的土地还是未开发的土地，都允许通过分区整理进行重新组织，使之成为适于建设开发的地块。而且，在根据开发规划重新分配土地后，原土地所有者依然拥有土地，并享有最终的开发利用权（Konursay，2004）。简而言之，分区整理就是将农村土地整理的方法运用到城市存量建设用地上，整合分散零碎的私人地块并进行统一开发，以便实施城市建设规划。

1）基于集体行动的分区整理

（1）利益主体的分工与合作。在德国，分区整理项目的实施是以利益相关者的集体行动为基础的。分区整理的参与者包括土地产权人、市镇政府、公共机构（如负责提供当地基础设施的机构）及其他利益相关者。地方政府在分区整理过程中发挥着重要作用。政府应编制专门的分区整理规划。同时，关于分区整理组织管理和决策责任也属于由地方政府授权成立的分区整理委员会（Müller- Jökel，2004）。委员会由 5 人组成，即律师、土地评估者、土地调查者和两名地方议员。该委员会的主要任务是依法对整理过程中的有关事项做出决定，但一般并不直接出面与建设用地整理的参加者进行接触和协商。通常是在市镇政府中设立整理委员会办公室，负责起草和准备有关资料，并与有关权利人进行接触，协商整理中所涉及的各种问题。

土地所有者也积极参与到分区整理的过程中。在关于分区整理的总体原则、土地所有者所投入地块的市场价值等的协商谈判中，不同利益诉求都能得到充分考虑和讨论。在分区整理委员会作出分区整理规划后，土地所有者一般都能在规划中获得他们所要求的权益。一般情况下，土地产权人愿意通过贡献一部分自己土地的方式来获得政府提供的土地改良投入。原则是土地产权人重新分配到的改良后的土地的市场价值至少不低于改良前其所拥有的土地的市场价值。土地产权人放弃的土地将免费提供给政府作为公共设施建设用地（Müller-Jökel，2004）。

（2）集体行动的形成。根据《联邦建设法典》的规定和长期实践，德国形成了一套完整的分区整理的集体行动组织程序，共分为五个阶段：第一，做出整理决议。地方权力机构（市镇议会）经过讨论和表决通过整理决议，表达在规划区域内实施整理的政治意愿，其主要作用是明确要求整理机构开始组织实施土地整理，并规定土地整理的区域范围。第二，发布整理决定。分区整理委员会根据整理决议，罗列出整理区域的每一宗地，形成整理决定，并依法在当地进行公告。第三，公布现状图和现状标记。整理机构还要公布整理区域的土地利用现状图和现状标记，描述各宗地的位置、形状、利用现状和权属关系。第四，制定整理规划。明确整理区域内地产边界和布局调整的总体方案，该方案由整理图和整理标记组成。整理图类似于地籍图，用于展现土地整理后的地产状况。整理标记一般按地块编制，要综合反映整理前后土地权属关系的变化情况。制定整理规划是一个反复讨论和协商的过程，花费的时间也会比较长，其成果由整理机构公布。第五，公布和实施整理规划。如果参与整理的权利人不提出异议，整理机关会再次发布公告，宣布整理规划正式生效，这也意味着分区整理活动也正式开始实施。

需要注意的是，在分区整理的过程中有两大要点（Konursay，2004）：一是信息公开和土地所有者的参与。在分区整理规划制定过程中，土地所有者可以详细地表达他们的利益诉求以及实现这些诉求的可能性和障碍。二是所有的地块都要被评估两次，包括土地整理前的价值和土地整理后的价值。通过评估，土地所有者的收益分配方案将得以确定。

2）分区整理的利益格局

德国的分区整理注重市场主体间的平等协商，通过一套制度化的成本分担与收益分配机制来构建公平合理的利益分配格局，促进分区整理引致的土地增值收益共享，为利益相关者的集体行动创造激励。

（1）成本分担。政府在分区整理前后对土地进行两次市场价值的评估。这种评估可以通过公立的或者私人所有的土地估价公司进行。根据评估前后的价值差异，政府和土地产权人通过协商，确定土地整理后重新分配给土地产权人的土地面积。对于土地产权人来说，其利益与整理前相比至少保持不变。对于政府而言，一般能够弥补 90%以上的土地改良投资，甚至有盈利的可能（Müller-Jökel，2004）。

当然，有的市级政府要求土地产权人在贡献土地的基础上再贡献一部分资金来弥补政府的改良成本。还有的地方政府尝试鼓励所有的土地所有者能投入更多的土地或资金。例如，让拥有 2 000 平方米的土地所有者 X 可以分得原有土地总量的 50%（超过既定的分配比例），即 1 000 平方米；同时要求 X 投入 100 €/米^{2}来支持规划的实施和公共设施的建设（Müller-Jökel，2004）。不过，在整理过程中的大多数费用仍由市镇政府承担。此外，政府也可按照自愿原则将有关事务委派给第三方私人投资机构进行。

（2）收益分配。分区整理后进行土地（收益）分配的方式比较复杂。在阐释收益分配方式之前，有必要解释与之相关的概念，即整理面积和分配面积。整理面积是指位于整理区域内的全部地产总面积。在整理面积中，要根据建设规划的具体要求，预先留出公共开发用地，包括交通用地、绿化用地及环保用地等。这部分公共开发用地被交给市镇政府，用于公共设施建设。市镇政府自己投入整理面积的土地不再参加整理后的分配和补偿。从整理面积中扣除公共开发用地面积后，剩余的部分称为分配面积。这些分配面积按照用途和建设规划要求划分为新的建设用地，分配给整理区域内的土地产权人。在原有建设用地范围内进行的再开发性的整理项目中，提取公共开发用地的比例应控制在整理面积的 10%。

具体的分配程序如下：首先，从整理面积中扣除道路、绿地和其他公共设施用地。其次，在分配面积中，每一个土地产权人将根据其原土地面积或者土地价值而分到一定比例的整理后的土地。如果还有剩余的土地，则归市镇政府所有，用于弥补市镇政府的成本。最后，根据每个产权人的土地投入，同时基于新的建筑规划，编制新的土地区划（规划）初稿。这个区划（规划）初稿会征求所有土地产权人的意见。在经过数次讨论和修改后，新的宗地边界将被划定，相关的补偿或者债务也将被清算。此时，这个规划基本成型，但在递交到相关机构审批前还需要进行最后的公示。

举例来说，假设规划调整和分区整理开始之前，A 拥有一块 1 000 平方米的土地，其市场价格为 1 000 平方米×5 €/米 ^{2}=5 000€。A 参与分区整理的投资为 1 000 平方米×200 €/米 ^{2}=200 000€。分区整理后，土地的市场价格增至 350€/米 ^{2}。假设按计划，A 可以得到 600 平方米的建设用地，价值 600 平方米×350 €/米 ^{2}=210 000€。在这种情况下，土地所有者 A 支付 210 000€−200 000€=10 000€作为获得该建设用地的补偿。所以，地方政府可以获得剩下 400 平方米的建设用地和 A 支付的 10 000€的补偿金。可见，土地所有者和地方政府都在此次分区整理中获益。土地所有者 A 获得了改良的建设用地，地方政府不费成本地获得了用于基础设施建设的地块以实现城市规划。但是，也可能会出现不同的分配结果。假设 A 倾向获得更多的建设用地，如 800 平方米的建设用地，那么他要支付 800 平方米×350€/米 ^{2}−200 000€=80 000€。或者，A 倾向获得更少的建设用地，如 400 平方米的建设用地，那么他会获得地方政府额外的补偿金，即 200 000€−400 平方米×350€/米 ^{2}=60 000€。地方政府则获取了 600 平方米的建设用地（Müller-Jökel，2004）。

3）小结

整体而言，土地所有者在参与完成分区整理后依然可以分得土地。这就为分区整理的参与者预留了一定利润空间。这也正是地方政府资助存量用地再开发和激励土地产权人的关键。从地方政府的角度看，分区整理不仅使之不再必须采取土地征收的方式推进存量用地再开发，还为政府获取土地用于公共设施建设创造了条件。

可以说，分区整理是把各行为主体的执行者、受益者和成本承担者角色统一起来的有效途径。它有力推动了建设规划和存量土地再开发项目的实施，提高了土地资源的配置效率。同时，从看似复杂但兼顾各方利益的收益分配方式可以看出，分区整理做到了以土地产权和生产要素的归属为依据来分配土地增值收益，促进土地再开发后的增值收益在土地产权人与政府及其代表的社会公众之间的共享。因此，就土地收益的初次分配而言，分区整理兼顾了效率与公平。

2. 美国

美国的工业用地管理包括在城市更新中。1937 年出台的《住宅法》提出对有能力买房建房的民众给予抵押贷款；对于既买不起也建不起房的，则由政府实施公共住房计划，推倒贫民窟，为之提供公共住房。1954 年美国修正了城市更新政策，提出要加强私人企业的作用和公众参与，以提高城市更新的效率（曲凌雁，1998）。20 世纪 70 年代以来，联邦政府实施“城市复兴”政策，各州以减免税收、发放债券、贴息贷款及控制土地交易价格等措施促进了城市中心区及商业区的再开发（杨静，2004）。总体而言，美国城市更新的主要任务是通过存量土地再开发来完善项目区的基础设施、改善生活环境、提高居住品质、增强区域发展活力。

1）多元化的运行模式

组织与管理模式的多元化是美国城市更新的突出特点。公私合作和社区居民自组织是其中的典型运行模式。

（1）公私合作模式。美国城市更新的一种典型运行模式是公共部门与私人部门的相互协作。公私合作模式减少了公共部门对于存量土地再开发活动的过度干预。该模式改变了传统的政府提供规划、投入资金、实施管理的角色。基于市场机制，建立起了政府与开发商、社区居民等利益相关者之间的伙伴关系。美国城市更新中的公私合作模式主要表现为两种形式。

第一，税收增值融资（tax incremental financing，TIF）。它是指地方政府在特定地区吸引私人投资，促进地区的再开发。税收增值融资通过发行城市债券并将筹得的资金用于改善公共设施，或直接向私人开发商贷款进行区域再开发。城市债券和贷款通过财产税收入来偿还（Lloyd et al.，2002）。例如，芝加哥（Chicago）为了鼓励开发商投资、对特定区域进行再开发，当地政府以向开发商贷款和向开发商发放债券的形式承担该区域再开发的部分成本（如道路等公共基础设施建设），并承诺以再开发完成后该区片的财产税来偿还开发商提供的贷款或兑现债券。芝加哥税收增值融资关注的重点是物质环境层面（基础设施、建筑物、环境整治等）的城市更新，特别是商业区的综合整治。得益于税收增值融资模式，芝加哥内城得到了复兴，城市形象得到提升。

第二，商业发展区域（business improvement district，BID）。它是一种基于商业利益自愿联合的地方机制，依靠征收地方税和自行吸引其他组织机构的投资为特定地区的存量土地开发提供资金（Ward，2007）。以密尔沃基（Milwaukee）内城商业发展区域为例，该商业发展区域成立于 1998 年，是威斯康星州（Wisconsin）最大的商业发展区域。它由该区内的不动产所有者自愿组成。它的目标是保持本区域的竞争力，为区域内的商业活动创造一个安全、整洁的环境。该商业发展区域覆盖 120 个街道，超过 400 个纳税不动产。该商业发展区域的理事会由 19 个成员组成，具有广泛的代表性。他们分别代表大规模多租户办公楼的所有者、中小规模多租户办公楼的所有者、单租户办公楼的所有者、旅馆的所有者、免纳税但又出资的不动产所有者以及其他类型不动产的所有者。商业发展区域的日常事务由执行主任和执行委员会负责（由副主任、秘书、会计、助理秘书组成）。2008 年，该商业发展区域的预算超过 300 万美元，其中的 285 万美元来自应纳税的不动产，剩余的来自免税的不动产（如学校、教堂、制造厂等）。超过 65%的预算被用于商业发展区域的两大项目，即公共服务改进和环境整治。剩余的预算被用于广告、营销、吸引劳动力等增强商业发展区域商业活力的项目。密尔沃基内城商业发展区域的运行成果显著。2008 年该商业发展区域内的土地和房屋的评估价值保持在 20 亿美元以上。

（2）社区居民自组织模式。美国的城市更新实践中还出现了社区居民自组织的运行模式。该模式以居民自治为基础，首先由社区居民自行组建社区开发合作组织（community development corporation，CDC）及理事会，其次自行制定再开发规划并交由政府规划部门批准，最后自行融资实施土地再开发。该模式的主要特点如下：建立利益相关者间的共识和伙伴关系；从长远发展角度进行规划设计与建设，改善当地的基础设施、配套设施以及整体的物质环境，包括公共和私人建筑、路标、公共空间、店面、停车设施、街道、景观等，并对它们进行维护；增强当地经济发展活力，吸引新投资，提高经济活动多样性（Iwanow and Kirkpatrick，2007）。

以加利福尼亚州（California）奥克兰市（Oakland）的弗鲁特韦尔（Fruitvale）社区改造项目为例。2000 年弗鲁特韦尔社区内有 49%的家庭年收入不足 30 000 美元，34%的居民参加了加利福尼亚州的福利救济项目。为了避免因政府、开发商主导的城市更新项目导致本社区大量低收入居民被迫迁出原有的居住区造成社区消亡，社区居民自行建立了社区开发合作组织来整合土地，实施本区域的城市更新。该社区开发合作组织由社区成员管理和控制，鼓励社区成员参与。组织理事会的成员具有多样性，涵盖不同族裔、不同性别和不同收入阶层的人员。理事会负责组织的日常运营。社区开发合作组织的资金主要来源于银行投资。例如，当地的城市银行投入了 2 700 万美元。当然，也有一些基金会出资支持社区开发合作组织的运转。需要指出的是，银行与社区开发合作组织之间的特殊关系。银行往往将社区开发合作组织视为借款者而非合作伙伴。因此，社区开发合作组织的城市更新决策和行为往往受到银行的干预，逐利导向明显。城市更新中社会服务和配套设施的建设和完善往往与房地产开发项目相结合。

弗鲁特韦尔社区更新的经济效益显著。2004年更新项目完成后，该区域的财产税收入增加了 40%以上，其增长率居奥克兰市首位。居民住宅销售价格的中位数值提高了 43%，为该社区所属县的次高增长率。同时，弗鲁特韦尔社区创造的消费税还位列奥克兰市第二。商业区的空置率也从 1999~2000 年的 50%下降到 1%，并为当地居民提供了 500 个就业岗位。但是，日益上涨的房地产价格和不断下降的住房空置率也表明，正在有大量外来的富裕阶层进入该社区。长此以往，由于原社区居民收入增幅低于房价和其他生活成本的上涨幅度，他们将难以承担城市更新后高涨的房价和生活成本，而最终被迫迁出该社区。因此，社区开发合作组织可能最终也无法达成它的初衷，弗鲁特韦尔社区或难逃消亡的命运。

2）城市更新的分配效应

从初次分配的角度来看，美国城市更新的成本与收益分配同样也做到了兼顾效率与公平。不论是公私合作还是社区自组织的模式都调动了利益相关者参与城市更新的积极性和主动性，既降低了由政府单方面推行土地再开发计划引致的执行和监督成本，又减轻了政府的财政负担，让开发商、商业区业主等私人部门和社区居民等承担了部分融资责任。进而，提高了城市更新的效率。当然，私人部门和社区居民也分享了城市更新所带来的土地增值收益。开发商的房地开发项目得以实现，并通过销售经营房地产获益；商业区重现昔日的繁荣景象，业主的收入增长，经营状况好转；社区居民的居住环境明显改善，不动产价值提升，并且有的居民还获得了工作岗位。

进一步地，美国的城市更新通过存量土地再开发带动整个区域的经济社会发展，既美化了城市，又完善了城市的服务功能。由此而来的城市生活的方便性和舒适性吸引了更多的居民，有助于城市规模扩大和消费需求增长，从而有效增进原业主、开发商、社区居民、地方政府等多个主体的共同利益。

3）小结

整体而言，美国城市更新的直观效果是优化了城市用地结构，促进了城市土地资源的利用效率提升，创造了新的社会财富。尤其是内城原有的工商业中心的功能得以恢复和增强，服务业、金融贸易等第三产业在原有基础上得以扩大，进而让城市空间资源得到有效利用，并有助于城市经济结构的调整和扭转内城衰败的趋势。通过更新对城市的重新规划，城市空间扩大，区域分工更为鲜明，一些城市中住宅区、工业园区和商业区规划更为合理，有利于城市产业的专业化和社会化，实现大城市的聚集效益，促进城市繁荣。同时，如前所述，城市更新也创新了成本分担方式，坚持“谁投资、谁受益”，推动了存量土地再开发引致的增值收益在各利益主体间的共享。

不过，美国的城市更新也存在着不足之处。例如，再开发项目完成后，低收入居民几乎没有选择机会，而只能搬到另一个廉价的住宅区，居住状况并无多大的改变。同时，新建的高质量住房的高租金和高售价让原住户望尘莫及，导致许多更新后的社区都与弗鲁特韦尔社区一样面临着消亡的潜在威胁。实际上，这反映出美国当前的城市更新模式在促进土地收益共享方面的“盲区”，即弱势群体的生存与发展权难以得到有效保障。

3. 韩国

每个国家都会面临工业用地供给的挑战，而韩国的形势比其他国家更为严峻，因为韩国是世界上人口最稠密的国家之一。其中，首都首尔的人口密度为 17 046 人/千米^2，仅次于法国巴黎，居世界第 2 位（张蔚文和吴宇哲，2002）。为了缓解有限的土地资源与城市化、工业化、现代化之间的矛盾，韩国政府在不同的历史时期采取了一系列行之有效的土地政策（主要包括工业用地的法律法规制定以及供应管理等方面），以保证经济的可持续发展。

1）韩国工业用地的法律法规制定

韩国《国土利用管理法》是其最基本的土地管理法律，其中对工业用地的管理特别做了详细规定：①对工业用地的交易严格实行交易许可制和申报制，即在指定的管制区域内，一切土地交易、土地分割行为均须由政府审查其利用目的和价格，审查合格才发给许可证。若无许可证，便不能进行所有权转移登记。②规定交易面积的许可下限。在城市规划区域内的住宅地域、商业地域为 330 平方米，准工业地域、绿地地域为 600 平方米，城市规划区域外的农业用地为 3 000 平方米，林业地域为 6 000 平方米，等等。③若申报价格在基准价格一定水平以下，政府要劝告申报者按基准价格以上的价格再申报，若不听劝告，由政府经营的土地开发公社使用优先购买权，按申报价格购买（汪秀莲，2003）。

1989 年初韩国颁布的《关于公示地价与土地等级的评价法律》和《地价公示与土地估价法》，则是专门针对地价管理而制定的法律。此外，韩国实行的土地交易规则制度是为抑制地价飞涨及土地投机而专门制定的阶段性政策。

2）韩国工业用地供应管理

韩国工业用地供应主要是采取企业立地（团地）、计划立地（团地）等方式，由国土开发规划或城市总体规划确定工业团地的开发个数及位置。地方政府也可以申请工业团地开发，但有一定的限制。当几家企业竞争同一地块时，通常不以价格高低作为供应标准，而是由地方政府来决定，依据的标准是行业的性质和发展前景。目前，韩国土地公社对于工业团地的供应方式正向着再开发的方向进行，即走内涵挖掘的道路，其再开发的条件包括：①建成 20 年以上；②其四周城市的发展必须以土地再开发为内容来满足现代产业发展需要。同时，针对国内工业地价高涨的状况，韩国政府以优惠政策来吸引投资，对土地首次实行"年租制"，以较低租金来吸引国内投资转移回国和国外投资（赵欣，2008）。韩国采取的是地价公示制度，地价公示制度统一由建设部掌管，实现地价管理一元化领导。具体做法如下：在全国范围内选定 2 000 个标准地进行地价评定，结果每年一次由建设部公布，作为土地交易的指标和土地收购补偿的计算基准，并在土地交易申报及发给土地交易许可证时作为判断适当地价的标准和依据。标准地则是从土地利用情况、周围环境（包括自然条件和社会条件等）相类似的一块地域之中选出的。这个公示地价，不但可以作为有关行政机关地价计算的依据，而且可以作为个别土地评价或一般土地交易中评定地价的基准。韩国对工业用地价格的定价方式，是采用开发公社指定估价机构进行的价格评估值及居民指定估价机构进行的价格评估值二者的平均值来进行定价的。

3）小结

韩国在对工业用地进行管理时，充分结合自身特点，既兼顾国家利益，又保障私人的合法权益，以土地市场为主导，并利用国家规划和用途管制等强制性手段来规范市场。同时，政府在工业用地市场交易时，不是以出售工业用地获得收入作为政府目标，而是以合理价格出售城市所有工业用地来推动地方经济发展。韩国是典型的资本主义国家，在实行土地私有制的同时，却十分强调土地资源的公共性和社会性特征。为缓解日益突出的土地供求矛盾，韩国在坚持切实保护耕地的大前提下，在土地供应机制上做文章，适当扩大土地供给，辅之以相应的需求调控政策，以达到调节土地市场的作用（张蔚文和吴宇哲，2002）。纵观韩国工业用地管理政策的演变过程，其中不乏内涵丰富、成效明显的政策，但也有一些政策是短期性的，缺乏超前性和系统性。例如，韩国的国土乱开发问题是由土地利用规划法制的非体系性和落后性引起的；又如，国土利用规划与城市规划的统一和协调工作也存在需要改进的地方。我国在借鉴国外工业用地利用管理的经验时，需要“取其精华、去其糟粕”。

12.2　新型城镇化背景下的土地利用管理路径

12.2.1　准入环节：严格落实产业用地政策，提高供地门槛

做好产业规划，严格落实产业用地政策。当前，世界处于百年未有之大变局，我国的经济社会发展既有机遇，也有挑战。我国应积极应对，抓住机遇，制定科学的产业规划，逐步推进产业转型升级。未来产业规划既要充分重视现有传统化工、纺织、机械等产业对经济增长的作用，又要从集约用地、提质增效的角度，大力发展电子、食品、轻工等地均销售收入高、税收高、吸纳就业人员多的产业，促进产业升级转型。按照产业结构转型升级和供给侧结构性改革“三去一降一补”要求，在项目引进上，由一般类型企业向科技含量高、投资规模大、经济效益好的企业调整，从源头上遏制产能过剩行业用地，从政策上支持低效企业腾退存量用地。贯彻落实国家有关产业用地政策，联合相关部门建立新增建设项目用地综合评审机制，严格限制“两高一资”和过剩产能新增项目用地，把好土地供应关口。

建立产业用地门槛制度。可以考虑从资源、能耗、环保、财富等四个方面构建合理的供地准入门槛指标体系。资源方面，主要考虑企业土地资源的利用效率，包括土地资源的投入和产出方面的指标。能耗方面，主要考虑企业耗电、燃油等折合为标准煤后的值（即单位工业产值能源消耗量），这个值与企业产值的关系能在很大程度上反映该企业是否属于高耗能产业。环保方面，可以选择化学需氧量和 SO_2 排放量来反映用地项目的环境保护状况。财富方面，需要着重考虑税收因素，因为一个地区的整体

工业税收提升便能带动地区经济整体的向上发展，造福当地。根据不同区域的产业发展重点，制定不同的用地门槛标准。随着社会经济的发展和科学技术的进步以及工业产业的转型升级，供地门槛值可以进一步提升，以促进工业企业不断提高工业用地效率。

积极推进差别化用地政策。认真贯彻落实国家和省重大战略部署，坚持有保有控，完善省级以上重大产业支持政策和产业用地差别化供应机制，优先供应科技含量高、附加值高的先进制造业、战略性新兴产业、现代服务业，以及新产业、新业态和“大众创业、万众创新”项目用地，促进现代产业体系构建和产业结构调整；重点支持基础设施建设用地，优先安排社会民生用地，保障健康、养老、体育、文化、扶贫脱困等民生项目发展用地。

12.2.2 配置环节：充分发挥市场在土地资源配置中的决定性作用

扩大国有土地有偿使用范围。深化土地有偿使用制度改革，推进经营性基础设施用地有偿使用，逐步缩小划拨用地范围。探索建立城乡统一的建设用地市场，完善城乡土地价格形成机制，使市场在土地资源配置中起决定性作用，更好发挥政府作用。

全面实施国有建设用地使用权网上交易。依托已建立的国有建设用地使用权网上交易平台，全面推进市、县土地使用权网上交易，使土地交易信息公开、透明，减少土地交易的寻租行为。不断规范土地市场，完善土地出让公告审查制度；提高信息技术应用水平，将各类土地供应信息及时纳入建设用地全程管理系统，确保在土地出让过程中各投资主体均享受同等待遇。同时，加强土地市场监测监管力度，防范土地市场交易风险。

综合利用两种资源、两个市场，高效配置利用土地资源。首先，加大土地一级市场和土地二级市场建设力度，一级市场以控制增量、促进转型为目标，土地二级市场以盘活存量、集约利用为目标。其次，立足国内市场，参与国际市场，开拓国外土地资源，缓解国内土地资源的压力。

12.2.3 使用环节：提高工业用地利用效率

强化用途管制制度。探索产城融合、互动协调的新机制，推进以城市群为主要载体、大中小城市和小城镇协调发展的新型城镇化空间格局。探索建立以用途管制、权益管理为基础，覆盖地上地下空间的国土空间规划体系，划定基本农田边界线、城镇建设用地边界线和生态红线，建立土地用途转用许可的规划管理新模式。

盘活存量用地。在工业用地调查的基础上，全面推进城镇低效用地再开发，采取收购储备、鼓励流转、协议置换、“退二进三”等各种方式推进城镇低效用地再开发，多措并举盘活存量用地。加快推进旧城镇、旧厂房等的改造，积极支持和推动城镇低效工业用地再开发。持续加大批而未供和闲置土地处置力度，整合各类建设用地审批、供应数据库。通过空间分析等技术手段，建立实时动态的批而未供和闲置土地主动发现、预警机制。对于空闲土地，要想方设法盘活，加大对关停并转、迁移或破产倒闭企业用地的处置力度，使有限的土地资源产生更好的用地效益；对于闲置土地，加强检查、督促使用，闲置一年以上的收取闲置费，闲置两年以上的可考虑收回土地，重新出让。

推动土地立体复合开发利用。采取多元化措施，积极推进土地复合利用、立体利用、综合利用，鼓励企业通过厂房加层、老厂改造、内部整理等提高土地利用率。持续推进功能齐全、设施先进的四层及以上配工业电梯高标准厂房建设与使用，为小微企业创新创业用地提供保障。探索科学合理开发利用地下空间资源。

发挥税收杠杆作用。优化城镇土地使用税政策，细化城镇土地使用税分档分类管理，通过适当调整不同等级土地的保有成本，倒逼工业企业高效利用土地资源，优化土地资源配置，促进产业转型升级和土地资源节约集约利用。

12.2.4　监管环节：加强土地利用的跟踪监管

严格执行相关土地使用标准，对项目用地进行监管。按照国家制定的产业政策，进一步压减粗钢、煤炭、水泥、平板玻璃等行业的用地，逐步退出低端低效产能。依托卫星遥感等工具手段，积极发挥国土资源综合动态智能监管系统全天候监测监管功能。此外，对工业用地等建设用地建立全程跟踪管理信息系统，以供地政策的落实和合同履约为重点，通过信息公示、预警提醒、开竣工申报、现场核查、跟踪管理、竣工验收、闲置土地查处、建立诚信档案等手段，实现对工业用地供后开发利用的全程监管。

建立工业用地利用动态评价与监测系统。建立工业用地效率评价机制，根据评价结果，对产业发展绩效好、土地集约利用好的区域进行用地指标奖励和表彰，并在土地利用、规划的相关方面给予适当的政策倾斜。参照相关部门的预警系统建设经验，建立健全工业用地利用预警系统，运用地理信息系统和土地交易信息系统对土地利用现状和土地市场进行监测，并定期向社会公布监测情况，及时对土地利用效率下降的区域进行严格监督，对土地利用效率长期缺乏改进的地区进行警告和处罚。同时提高执法力度，加强土地利用动态监察和巡查。

12.3　新型城镇化背景下的工业发展路径

12.3.1　“加法”路径

“做加法”主要通过多做大项目、好项目及主导产业，推动高端产业加快发展。积极发展地均产出高、地均税收高、吸纳就业人数多的战略性新兴产业、高新技术产业、现代服务业和先进制造业等，大力实施企业分类培育工程，加大对科技型、成长型企业培育扶持力度。着力培育发展先进制造业集群，对全产业链进行梳理，围绕产业链发展上下游企业，形成集聚效应。同时，充分发挥龙头企业支撑引领和示范作用，着力突破“卡脖子”关键核心技术，加强资金和政策整合，集中力量培育发展一批具有国际竞争优势、自主可控的万亿级产业集群，打造一批高端制造品牌，使中国由“制造大国”向“制造强国”转变。

12.3.2　“减法”路径

“做减法”主要通过对落后、低端产能的整合、淘汰，重在以“减”提质、以“减”增效。工信部印发的《工业绿色发展规划（2016~2020年）》提出要加快构建绿色制造体系、推进工业绿色协调发展等十大任务，并明确要求六大高耗能行业占工业增加值比重继续下降。同时，工信部、国家发改委等十六部门联合发布《关于利用综合标准依法依规推动落后产能退出的指导意见》，明确以钢铁、煤炭、水泥、电解铝、平板玻璃等行业为重点，促使一批能耗、环保、安全、技术达不到标准和生产不合格产品或淘汰类产能（以上为落后产能），依法依规关停退出。同时，国家规定了六大高耗能行业，包括化学原料及化学制品制造业、非金属矿物制品业、黑色金属冶炼及压延加工业、有色金属冶炼及压延加工业、石油加工炼焦及核燃料加工业、电力热力的生产和供应业。对这些高耗能行业，需要加大整合、淘汰和退出力度，为发展工业用地效率高的行业腾出发展空间。同时，还需要对纺织、化工、机械等传统产业加快改造提升力度，结合促进企业改革、“僵尸企业”处置、去产能及推动产业重组等，探索收购储备、土地流转、协议置换、“退二进三”、增容技改等形式多样的再开发模式。在确保基础设施、社会事业项目投资精准的同时，重点提高各级政府对产业投资的引导水平，切实提高项目用地的投资效率和利用质量。按照提升空间布局水平、提升产业集聚水平、提升行业技术水平和降低排放强度的要求，加大对重点地区的产业布局调整，支持引导基础条件好、转型意愿强的企业率先调整、加快升级。

第 13 章　总结与展望

改革开放四十余年来，工业用地在全国遍地开花、蔓延扩张、规模骤增，在工业化发展的特定阶段，大规模的工业用地投入促进了我国工业经济的迅速发展。时至今日，随着“十三五”规划要求推进以人为核心的新型城镇化、要求工业结构升级与布局优化，提升工业用地利用效率已成为转变经济发展方式的重要手段和措施。本章将对前面各章的分析进行简要总结和归纳，同时结合前面各章的研究分析，针对性地提出对策建议。

13.1　研究结论

13.1.1　基于宏观尺度研究的结论

本书以中国省级行政区域为研究对象，利用 2006~2016 年全国统计面板数据样本，首先运用全局主成分分析法构建了新型城镇化评价指标体系，并对中国省级行政区域城镇化水平进行得分评价，在此基础上提取因子使得城镇化发展模式的变化更为清晰。其次，基于 DEA 方法测算工业用地利用效率，并分别讨论传统分区和聚类分区的工业用地利用效率的区域差异。再次，探讨了工业用地利用效率与城镇化水平的耦合关系，通过构建工业用地利用效率与城镇化水平的耦合系统，分析工业用地利用效率与城镇化水平的耦合协调度，探讨工业用地利用效率与城镇化之间的关系。最后，运用计量经济方法，验证了城镇化对工业用地利用效率的影响。通过前面各章的分析研究，本书得出有关结论如下。

（1）在 2006~2016 年，中国城镇化水平逐年提高，在空间分布上呈现“东高西低”的特征，地区间的差距有收敛趋势，发展模式更为多样化。

我国各区域城镇化水平均有了不同程度的提高，尽管区域间仍存在不小的差距，空间分布上体现出“东高西低”的特征，但这种差距正在缩小。此外，城镇化的发展重心也有所转移，传统的依靠工业化拉动城镇化、通过人口集聚和城市扩张推动城镇化的发展模式已经转变为新型的增加收入消费、产业结构升级、完善城市基础建设、创造非农就业机会等多方面推动城镇化的发展模式，总体而言，城镇化发展水平在不断提高，发展模式趋于多样化。

（2）我国较多省份工业用地利用不充分，具有一定的梯度差异，自东向西工业用地利用效率逐渐降低。

天津和广东两个地区多数年份位于生产前沿面上，对工业用地利用最为充分；江苏、重庆、山东、湖南、广西、四川等也有年份接近或位于生产前沿面上，工业用地的利用效率平均值处于 0.600 以上，工业用地利用效率较高；山西、海南、贵州等的工业用地利用效率均值较低，都在 0.400 以下，这些省份主要位于中西部地区，反映出这些省份工业产出能力偏低，工业用地不必要的投入较多，利用效率低下。对工业用地利用效率进行聚类分区后发现，以长三角和珠三角为主的东南沿海经济发达地区领先中西部地区，中西部地区所有省份都位于利用中效区和低效区。通过对比传统分区和聚类分区的结果，可以发现两种分区结果具有较高的一致性，体现出目前我国省份的工业用地利用效率具有一定的梯度差异，自东向西工业用地利用效率逐渐降低，但中部与西部的差别不大。

（3）我国工业用地利用效率与城镇化水平的耦合协调度总体水平还比较低，但呈现出上升的趋势。

2006 年，耦合协调类型仅包括勉强协调、濒临失调、轻度失调和中度失调四种类型，没有出现优质协调、良好协调、中级协调和初级协调四种类型，意味着没有省份达到协调发展区的类型。2016 年，我国 29 个省级工业用地利用效率与城镇化水平的耦合协调类型包括初级协调、勉强协调、濒临失调、轻度失调四种类型。其中，初级协调区域仅有江苏、广东两个省份。其余省份均未达到协调发展区，仍处于过渡区和失调衰退区。京津冀及东南沿海经济发达地区耦合协调度明显高于其他地区，说明经济越发达，工业用地利用效率与城镇化水平两个子系统协调发展程度越高。

（4）新型城镇化水平对工业用地利用效率有显著正向影响，且中西部的影响更为明显。土地市场化水平、工业发展规模、工业研发投入、工业所有制结构、工业产业结构等因素对工业用地利用效率也有不同程度的影响，并存在区域差异。

结合理论框架，检验了城镇化水平、土地市场化水平、工业发展规模、工业研发投入、工业所有制结构、工业产业结构等因素对工业用地利用效率的影响。并且将回归样本分为东部、中西部两大经济带，从更微观的视角考察城镇化对工业用地利用效率的影响及其区域差异，各模型中城镇化都表现出了显著的正向影响，并且中西部地区城镇化更能刺激工业用地利用效率的提升。土地市场化水平、工业发展规模、工业研发投入、工业产业结构也对工业利用效率有不同程度影响。从全国层面来看，土地市场化供应程度、非国有工业企业占比及高技术工业企业占比越高，越有利于提高工业用地利用效率；工业发展规模遵循着规模经济的规律，在一定技术水平的条件下，规模并非越大越好；工业研发投入在短期来看，未能有效促进工业用地利用效率的增加。从区域层面来看，东部省份工业用地利用效率的提高更依赖于土地市场化供应程度、小微企业和高技术工业企业占比的提高；而中西部地区工业用地利用效率的提升需要更加关注市场的规范化程度和增加高技术工业企业的数量。

13.1.2 基于微观尺度研究的结论

本书基于 2016 年江苏省工业企业调研数据，从区域、行业、开发区不同角度测算了工业企业用地效率，并进行了比较研究。然后分析影响工业行业用地效率的因素，还利用利益相关者理论，以江苏省工业企业用地为对象，从地方政府、企业和员工等不同利益主体的视角，对工业用地社会效率及其影响因素进行了深入、系统研究，体现了新型城镇化“以人为本”的根本要求。微观尺度的研究结论主要包括以下几个方面。

（1）江苏工业企业用地效率在区域和行业层面差异显著。

从三大区域来看，苏南地区工业用地利用效率在全省处于领先地位。分地级市来看，南京和苏州的工业企业用地效率较高，一个是江苏省会，一个是经济较发达城市，本身经济发展水平较高，劳动力、资本等资源丰富，工业基础雄厚，因而工业用地利用效率较高。从行业角度来看，烟草制品业，石油加工、炼焦和核燃料加工业，计算机、通信和其他电子设备制造业，电力、热力生产和供应业，燃气生产和供应业等行业工业企业用地效率较高，可能的原因是这些行业的地均产出和地均税费比较高。从开发区视角分析，相对于省级开发区，国家级开发区工业用地利用整体比较充分；但是国家级开发区和省级开发区处于不同梯度的行业类型差异很大。

（2）江苏省新型城镇化水平对工业企业用地效率有正向影响，全省工业企业用地效率水平在地理空间的邻接上表现出负溢出效应，城市间存在明显的竞争关系。

全省工业企业用地效率水平存在区域发展不平衡，总体上呈现出由南向北逐渐降低的中心–外围空间结构，在空间上具有明显的依赖性，有着空间集聚的趋势。在新型城镇化的四个维度中，人口、经济、土地和社会城镇化对全样本、采矿业和制造业表现出正向作用，而对于电力、热力、燃气及水生产和供应业而言，仅社会城镇化表现出正向作用，其余三项均为抑制作用。新型城镇化能有效促进采矿业、制造业等工业企业用地效率的提升。工业企业地均劳动投入、土地市场化程度与工业用地效率存在不同程度的正相关关系，而综合容积率、人均地区生产总值、固定资产投资对全样本和制造业企业用地效率存在负向影响，综合容积率对采矿业有促进作用，综合容积率为负向作用、热力、燃气及水生产和供应业工业企业表现出正向作用。

（3）利益相关者理论能够为工业用地社会效率的评价提供一个新的分析视角，地方政府、企业和员工之间的价值取向存在差异，不同利益主体的工业企业用地社会效率也存在区域差异。

在新型城镇化发展的背景下和新时代的目标下，用于企业管理的利益相关者理论能够为工业用地社会效率的评价提供一个新的分析视角，利益主体包括地方政府、企业和员工等，他们之间的价值取向存在差异。在江苏省的评价中，对于政府视角的工业用地社会效率，全省范围内基本呈现“南高北低，区域极化”的格局特点；对于企业视角的工业用地社会效率，高效率值城市主要集中在省内沿江城市带，淮安市和徐州市在苏北地区优势明显；对于员工视角的工业用地社会效率，效率值较高的城市为苏州市、镇江市、南京市，而无锡市、盐城市、常州市效率值处于较低水平。从主成分影响因子来看，区域社会经济水平对三个利益主体均有显著正向影响，土地市场化程度对地方政府视角的工业用地社会效率有影响，区域资源利用水平对企业视角的工业用地社会效率有影响。

13.2　政 策 建 议

本书基于全国层面的宏观尺度和以江苏省工业企业用地为例的微观尺度，系统地研究新型城镇化背景下的工业用地效率。通过分析可见，城镇化对工业用地利用效率有明显的正向作用，因此提高城镇化水平既能够使得我国经济社会健康发展，也能促进工业用地利用效率的提高。另外，除了城镇化水平，影响工业用地利用效率的因素是多种多样的。城镇化和工业用地利用效率均存在着区域差异也说明应对不同地区采取差异性的推进城镇化和工业用地引导、管理措施。因此，立足于提升城镇化水平和工业用地利用效率的目的，从宏观、微观两个尺度针对性地提出对策建议。

13.2.1 基于宏观尺度的对策建议

（1）有步骤地推动城镇化，关注不同地区新型城镇化的均衡发展。在研究中发现我国整体城镇化发展态势良好，但区域之间并不平衡，东部地区的发展水平要明显高于中西部地区。而且收入消费-产业结构、基础设施-舒适环境、非农就业机会等方面已经成为城镇化重要的拉动力量。因此，一方面，应当从提高收入、拉动内需、完善基础设施等多方面推进城镇化协调发展。另一方面，国家的宏观调控政策更应当注重“因地制宜”，关注不同地区的城镇化均衡发展。重点加强中西部地区的城市基础设施建设和产业扶持，对于东部地区可以创造更多的非农就业机会。积极并且有步骤地消除城乡制度差异，为劳动力等要素在城乡间自由流动提供制度平台，释放改革活力，推进城镇化进一步发展。

（2）降低工业用地供应比例，合理控制工业行业规模。我国的工业用地比例已经高于西方国家的同期水平，过去靠工业用地的宽供应促进经济增长的粗放型发展模式已经不再适应新型城镇化的要求，应当将注意力转向工业用地效率的提升方面，实行存量工业用地再开发，进一步挖掘工业用地潜力，对工业用地效率低下的工业企业进行整改。首先，加强工业用地批后监管，防止土地闲置，对工业用地获批后的开工率、竣工率、投产率、容积率进行监管，不符合要求的用地企业相应地核减用地指标，减少资源浪费。其次，施行差别化征收土地使用税，按照土地所产生的效益征税，对闲置土地高额征税，对低效工业用地企业和高效用地企业设定差别化的税率，以此调控土地利用。最后，进一步加强市场化配置机制，现行工业用地出让制度，实际上大部分仍是一对一的协议供地，应当建立全国统一的工业用地市场，完全由市场主导工业用地配置。

（3）紧紧围绕城镇化发展质量来开展新型城镇化工作。当前我国的城镇化率已经接近 60%，在我国经济增长由高速增长阶段过渡到高质量发展阶段的背景下，城镇化也需要向高质量阶段发展，过去粗放的发展模式和僵化的体制机制影响城镇化的健康和高质量发展。新型城镇化高质量发展的内涵就是转变城镇化发展方式，以人的城镇化为核心，以城市群为主体形态，以提高综合承载能力为支撑，以创新体制机制为保障，不断优化城镇空间布局和形态，增强可持续发展能力，推动城乡统筹发展，稳步提升城镇化发展的水平和质量。在坚持城镇化发展与人口、资源、环境相协调的前提下，通过市场机制实现资源有效配置，将生态文明纳入“五位一体”的总体布局，严格保护基本农田和水资源，控制城市边界，严格控制污染物排放，加强生态建设和环境保护，确保生态安全，推动经济发展方式由粗放型向集约型转变。

（4）优化外资营商环境，加快外资引进结构转变，发挥外资及本土企业协同集聚效应。针对近年来外资企业逐渐撤离，减少对中国投资的现象，政府应进一步扩大对外开放水平，释放体制机制红利，建立平等竞争的市场环境，改善市场投资环境，营造公开透明的法律环境，健全高效便利的行政环境，提高公共服务水平，切实降低外资企业隐形成本，保障外资企业合法权益。优化引进的外资产业结构，由低端制造业向资本技术密集型的高端产业转化，注重境内外资产业转型升级，加强对汽车制造、重化工业、生化制药等先进行业的政策吸引。增强外资企业与本土企业间产业联系，发挥区域产业间协同集聚效应，通过上下游产业一体化节约生产、运输、交易等成本支出。政府在引进相关产业时要跟本地区产业长远发展的规划相匹配，制定“补强”战略，即外资企业的引进注入能延伸该地产业链，修复地方发展的薄弱环节。鼓励并加深本地与外资企业间的交流合作，促进外企向本地企业进行技术转移和知识溢出。

（5）改革工业用地供应制度，提高土地利用效率。很多地方当前仍然按照工业用地最低价的要求供应土地，用地企业还可以通过其他形式获得补贴，实际上还是低地价或零地价供应，土地的真实价值难以体现，也无法对企业形成成本约束。要想提高工业用地利用效率，需要充分发挥市场配置土地资源的决定性作用，彰显土地的市场价值，使土地成本成为企业的内在约束。改革土地供应制度，摒弃政府在工业用地的定价与供应上的主导地位，避免过度招商引资导致的大量低效企业入驻和产能过剩。可以因地制宜，灵活采用“先租后让”“弹性出让”等工业用地出让方式，实行差别化的工业用地供应制度，还可以根据企业生命周期，合理确定工业用地供应年限，避免土地资源浪费。

（6）以城镇化带动工业化，缩短区域差异，实现提高城镇化水平和工业用地利用效率的双赢局面。城镇化水平提高有利于产业集聚和人才集聚，改善地区产业结构和劳动力结构，同时能够促进技术创新和各项投资的增长。这些要素均能够带动地区工业发展，提高工业用地利用效率。政府可以通过制定激励机制，适当鼓励东部地区过剩的高素质劳动者及管理人才向中西部地区流动，为地区工业发展奠定人力资本基础。同时，中西部地区需要加大人才引进力度，做好各方面的公共配套，甚至引进海外的优秀人才。此外，中西部地区通过制定适宜的优惠政策，吸引外商投资向内陆转移，逐步完善自己的产业链，在提高新型城镇化发展质量的同时，提高工业用地利用效率。

13.2.2 基于微观尺度的对策建议

（1）提高企业入驻门槛，逐步淘汰“两高一低”落后企业。当前，我国经济发展已从高速发展向中低速发展转变，实体经济发展面临重大挑战。产业转型升级压力较大，经济发展亟须从降速中寻求转变发展方式，不能再走老路，什么企业都一并往里引。需要有意识地进一步营造良好氛围，进一步引进一些高科技含量、高附加值、低能耗并拥有自主知识产权的项目，从源头抓起，严格控制一些高能耗、高污染、低产能的企业。在控制新增的同时，还要对大量存量，尤其是那些低效落后企业进行逐步的分阶段的淘汰。除了对企业的关注外，还要重点关注诸如石油加工类、塑胶类、金属冶炼类行业，因为这些行业由于自身特性容易出现“两高一低”的企业。这些“两高一低”的企业不是没有做过贡献，也不否认现在依然在当地经济发展中具有相当大的份额，但是转型升级是有阵痛的，舍不得现在粗放的发展方式，带来的只能是一时的光鲜亮丽的数据，不可持续的背后隐含着更为深刻的矛盾。从存量和增量双头管控是今后江苏省发展产业经济的必经之路。

（2）扶持中小规模工业企业，推动大型工业企业内外部改革。政府管理部门应从激发微观主体创新创造活力出发，根据行业属性对中小规模工业企业实行科学引导，借助融资贷款优惠及税收减免等政策助力中小企业开展规模化经营，鼓励企业之间相互融通发展，共同进步，增强产品质量和竞争力。同时，针对规模较大企业过度臃肿、发展受阻等问题，应削减落后产能，有选择性地淘汰污染严重、能源消耗高、产品附加值低的产业，严格市场准入制度，明确行业准入条件，提高市场准入门槛，公开明晰落后产业、产能界定标准，提高落后产能的建设和运营成本，建立落后企业退出机制和补偿措施。企业从自身出发应科学规划，高效用地，合理管控自身规模，避免规模不经济现象出现，减少落后机器设备，重视自主研发，提高吸收学习能力，合理引进先进技术，坚持以自主创新为主要导向的发展方式，提高产品营利能力，促进企业向高价值端迈进。内部管理上企业应根据现代化企业发展特点和趋势，深化管理体制改革，优化制度设计，消除治理混乱，提升管理效率，预防盲目追求企业规模及市场份额的短期行为。

（3）国有工业企业进一步深化改革，壮大民营工业经济，引导私企稳步发展。建立权责清晰、职能明确的市场主体，推行现代化、规范化公司管理制度，强化竞争意识，创新激励和约束机制，调动职工在国企生产活动中的积极性，加快国企内部运转速度，激发国企生产活力。加强各类国有资产管理，优化国有经济布局，加快产业结构调整，合理配置生产资源，提高创新能力和水平，培育核心技术，着力推动产业升级。围绕供给侧结构性改革进行企业瘦身运动，重组整合低效企业，淘汰“僵尸企业”，推动混合所有制改革，积极吸引非国有资本投入，发挥国有资产合理价值。私企相对国企而言发展不够充分，行业布局狭窄，信贷资金获取难，不易发挥规模优势，因此应放宽其经营范围监管，鼓励私企参与投资和建设原本由国有企业垄断的相关行业及项目，拓宽行业布局。另外，改善私企融资环境，创新金融服务供给，破除私企资金缺乏、融资受约束的困局。政府应从制度和政策设计层面出发，既要做好服务者，又要做好监管者，一方面着力破除体制机制障碍，加大简政放权力度，建立权责明晰的市场管理制度；另一方面改善束缚企业发展的行政管理体制，出台并逐步完善相关政策法规，营造更公平的法律与经济环境，利用“政府管制”和“市场调节”两只手共同优化资源配置。

（4）推广和应用新兴技术，完善企业内部的技术自主研发体系，促进容纳新技术的产业园区的长远发展。及时更新机器设备，转变发展方式，鼓励企业向现代化、智能化、科技化为主要特征的战略性新兴产业转型升级。强化网络大数据、机器学习算法、3D 打印等系列的现代成熟技术与工业领域的有效联合，促进新旧动能转化。针对目前中国技术研发和创新力量主要在科研单位和高校的现实，应加强对本土企业内部技术的自主创新支持，有效开发和整合研究资源，从财政、税收、信贷、金融政策等方面给予适当优惠，增强本土企业的自主研发能力，逐步完善技术研究开发体系，实现技术创新来源多元化。高新技术园区作为促进工业成长的重要引擎，应发挥园区内部产业集聚优势，打造区域性品牌价值，吸引人才、资金、技术等要素集中，加强园区内企业间合作与互动，实现信息、知识的高速流动。政府层面应加强园区内部基础设施的更新改造，构建中介服务平台，提高公共服务水准，完善企业集聚运行机制，制定科学适宜的长远规划，吸引新型高技术产业入驻。

（5）提高土地产出标准，加快企业转型升级和产品创新。对用地企业制定具体的投资规模、投资强度和亩均年缴纳税金标准，与用地企业签订补充协议，预期达不到投资协议要求的，按面积补交土地闲置费。规定用地企业应委托有相应资质的设计单位进行提高工业用地利用效率论证、交通影响评估及设计方案编制，涉及安全生产的，还应进行安全评价，充分考虑上层次规划、城市风貌、交通组织、市政配套、结构安全、安全生产等内容，使用地企业对自身发展做出长远规划，在符合用地规划的前提下，保证用地年限内土地的高效利用。此外，在推进企业产业转型发展的同时注重保护生态、不断提升企业社会形象。政府应注重地区文化氛围、创新机制、公共服务等软环境的建设。针对当前工业用地存在的问题要结合产业发展基础、条件和产业发展动向，对现有企业进行“整理、优化、升级”，确立地区主导产业，围绕主导产业打造产业链经济，保证可持续提升的经济效益。

（6）注重微观企业自身过程发展与注重宏观行业整体环境条件需双轮驱动。本书发现企业自身发展的条件在绝大程度上决定了企业用地效率，因此除了从前端入驻和末端淘汰进行管控外，还要建立起一整套的过程管控。企业自身是一个动态的发展过程，有关部门需要适时监控，可以对低效用地抓早抓小，防止最后产生更大的不必要的损失。同时，工业企业发展的宏观行业环境也不可忽略，需要政府有关部门有所作为，为工业企业发展营造公平、公正、有序的市场环境，才能更好地发挥市场配置资源的决定性作用。企业自身和行业层面的双轮驱动是现实所需，大势所向。

（7）建立企业分类评价机制，明确实施路径。可将企业划分为重点发展、鼓励提升、帮扶整治、淘汰关停等类型进行分类综合评价。将现有考核指标化繁为简，建立以亩均税收、亩均销售收入、单位能耗税收为核心指标的评价指标体系。根据评价得分，对各类企业实行分向引导，实行精准服务政策，配套实施用电、用水、用地、信贷、财税、排污权等资源要素的差别化政策。制定正向激励和反向倒逼的资源配置政策，对重点发展和鼓励提升类企业实行项目扶持，对帮扶整治类企业指导制订计划，加快转型升级，对淘汰关停类企业实行精准政策处置，提高资源要素的使用成本，加大整治淘汰力度。

（8）加大对闲置、空闲土地处置力度，最大限度地挖掘工业用地潜力。尽快出台闲置、空闲工业用地处置与流转管理办法，加大存量建设用地盘活与处置力度，缓解新增建设用地压力。对于空闲土地，要想方设法盘活，加大对关停并转、迁移或破产倒闭企业用地的处置力度，使有限的土地资源产生更好的用地效益；对于闲置土地，加强检查、督促使用，闲置一年以上的要收取闲置费，闲置两年以上的可考虑收回土地、重新出让。同时，最大限度地挖掘已建成工业用地的集约利用潜力。除了挖掘闲置和空闲工业用地的管理潜力外，还需要加大投入不断提高工业用地的建筑容积率、投资强度和产出强度，以充分挖掘工业用地的强度潜力。

13.3 本书的可能创新

本书的学术创新主要体现如下：①构建了一个基于新型城镇化、工业要素投入改变、工业用地报酬曲线移动的理论框架。运用新古典经济理论与新经济地理理论，系统分析新型城镇化对工业用地利用效率的影响。尝试性地探讨了新型城镇化对工业用地利用效率的影响机制，弥补了现有研究中城镇化对工业用地利用效率影响研究的不足，为理解中国城镇化进程、工业用地利用效率的差异以及帮助决策部门营造良好的经济发展环境提供了新的视角。②从宏观和微观两个尺度系统研究了新型城镇化背景下工业用地的利用效率。宏观方面，首先，根据新型城镇化的内涵建立评价指标体系，对省级行政区域的城镇化水平进行定量评价；其次，根据省域层面的工业产出与投入要素面板数据，采用单要素DEA方法测算省级工业用地利用效率，并通过传统分区和聚类分区两种方式考察工业用地利用效率的区域差异；最后，对城镇化影响工业用地利用效率的机理进行总结，并借助经验数据验证城镇化对工业用地利用效率的作用。微观方面，以江苏省工业企业调查数据为基础，运用DEA方法，从区域、行业、开发区不同角度测算了工业企业用地效率，并进行了比较研究，然后分析影响工业行业用地效率的因素。③对工业用地社会效率进行了较为系统的研究，拓展了工业用地效率的研究范畴。本书利用利益相关者理论，以江苏省工业企业用地为对象，从地方政府、企业和员工等不同利益主体的视角，对工业用地社会效率及其影响因素进行了深入、系统的研究，体现了新型城镇化“以人为本”的根本要求。

13.4 研究展望

本书受数据的局限，微观尺度的分析只是基于2016年的江苏省工业调查数据，难以在更长时期内分析新型城镇化背景下工业用地效率演化趋势特征，这也是下一步需要改进的方向。同时，由于数据的可获取性，当运用DEA方法测算江苏省工业企业用地效率时，投入指标只考虑了工业企业用地面积和工业企业从业人数，产出指标只是考虑了规模以上工业企业上缴税费和工业企业开票收入。如果条件允许，在今后的研究中，进一步完善投入产出指标，以使工业企业用地效率的测算更加完善。如果能够获取生态环境方面的数据，还可以对工业企业用地生态效率进行探讨。此外，在宏观尺度研究中，省级差异导致影响工业用地利用效率的因素是多种多样的，考虑到模型不能损失太多自由度，综合以往相关学者研究成果，仅选取了具有代表性的控制变量，有待后续研究中细化样本区域，结合各地实际情况弥补此方面不足。

参 考 文 献

艾永中. 1994. 西方区位理论在我国区域经济发展中的应用. 财经理论与实践，（5）：29-30.

敖荣军，梅琳，梁鸽，等. 2018. 湖北省县域人口迁入与工业集聚的空间关联性研究. 长江流域资源与环境，27（3）：514-522.

白俊红，蒋伏心. 2015. 协同创新、空间关联与区域创新绩效. 经济研究，50（7）：174-187.

鲍超，陈小杰，梁广林. 2016. 基于空间计量模型的河南省用水效率影响因素分析. 自然资源学报，31（7）：1138-1148.

鲍新中，刘澄，张建斌. 2009. 城市土地利用效率的综合评价. 城市问题，（4）：46-50.

鲍艳，胡振琪，柏玉，等. 2006. 主成分聚类分析在土地利用生态安全评价中的应用. 农业工程学报，22（8）：87-90.

贝涵璐. 2016. 建设用地利用效率时空差异及其与城镇化质量的耦合关系. 浙江大学博士学位论文.

毕宝德. 2005. 土地经济学. 4 版. 北京：中国人民大学出版社.

毕学成，谷人旭，苏勤. 2018. 制造业区域产业专业化、竞合关系与分工——基于江苏省市域面板数据的计量分析. 长江流域资源与环境，27（10）：2201-2213.

边学芳，吴群，刘玮娜. 2005. 城市化与中国城市土地利用结构的相关分析. 资源科学，27（3）：73-78.

曹飞. 2018. 建设用地利用效率与城镇化耦合效应研究——以河南省 17 个地级市为例. 现代城市研究，（2）：125-132.

曹蕾，邱道持，刘力，等. 2005. 工业园区土地利用经济评价探讨——以重庆市高新技术开发区为例. 西南师范大学学报（自然科学版），（1）：180-183.

曹文慧，赵小风，黄贤金，等. 2016. 江苏省不同类型工业企业土地集约利用与影响因素. 地域研究与开发，35（3）：104-108.

常艳. 2005. 人力资本对中国工业增长贡献的实证研究. 华中科技大学硕士学位论文.

车冰清，沈正平，陆玉麒，等. 2017. 江苏省流动人口分布的格局演变及其驱动因素——基于城乡建设用地的探讨. 人文地理，32（6）：80-86.

陈国生，丁翠翠，郭庆然. 2018. 基于熵值赋权法的新型工业化、新型城镇化与乡村振兴水平关系实证研究. 湖南社会科学，（6）：114-124.
陈立定. 2013. 工业用地供需矛盾及解决途径研究. 改革与战略，29（6）：86-89.
陈诗一. 2009. 能源消耗、二氧化碳排放与中国工业的可持续发展. 经济研究，（4）：41-55.
陈伟. 2014. 城市工业用地利用效率的区域与行业差异研究. 南京农业大学博士学位论文.
陈伟，彭建超，吴群. 2014. 中国省域工业用地利用效率时空差异及影响因素研究. 资源科学，36（10）：2046-2056.
陈伟，彭建超，吴群. 2015a. 基于容积率指数和单要素 DEA 方法的工业用地利用效率区域差异研究. 自然资源学报，30（6）：903-906.
陈伟，彭建超，吴群. 2015b. 城市工业用地利用损失与效率测度. 中国人口·资源与环境，25（2）：15-22.
陈昱，陈银蓉，马文博. 2012. 基于 Bayes 判别的工业用地集约利用评价与潜力挖掘分析——以湖北省典型企业为例. 资源科学，34（3）：433-441.
丛茂昆，张明斗. 2016. 内生型城镇化：新型城镇化的模式选择. 南京农业大学学报（社会科学版），16（3）：30-36.
崔功豪，王本炎，查彦玉. 1992. 城市地理学. 南京：江苏教育出版社.
丁林可，田燕. 2007. 工业用地集约利用评价指标体系初探. 国土资源科技管理，24（5）：18-21.
范剑勇. 2006. 产业集聚与地区间劳动生产率差异. 经济研究，（11）：72-81.
方创琳，马海涛. 2013. 新型城镇化背景下中国的新区建设与土地集约利用. 中国土地科学，27（7）：4-9.
冯达，黄华明，张毅，等. 2007. 湖南省城市土地利用效率 DEA 分析. 国土资源科技管理，（24）：51-54.
盖美，王宇飞，马国栋，等. 2013. 辽宁沿海地区用水效率与经济的耦合协调发展评价. 自然资源学报，28（12）：2081-2094.
高宝棣，王成新，崔学刚. 2016. 人口—经济—空间视角下山东省城镇化时空演变. 经济地理，36（5）：79-84.
高波，樊学瑞，王辉龙. 2019. 土地市场化能改善城乡收入差距吗？——来自中国 232 个地级及以上城市的经验证据. 华东师范大学学报（哲学社会科学版），51（1）：140-149，174，175.
高辉娜. 2015. 工业用地对中国城市工业经济增长的贡献. 城市发展研究，22（3）：86-92.
高辉娜，郭琪，贺灿飞. 2014. 工业用地增长与工业经济增长的关系. 城市问题，

（7）：53-61.
耿海清，陈帆，詹存卫，等. 2009. 基于全局主成分分析的我国省级行政区城市化水平综合评价. 人文地理，（5）：47-51.
辜胜阻. 1991. 中国城镇化的发展特点及其战略思路. 经济地理，11（3）：22-27.
顾湘. 2007. 区域产业结构调整与土地集约利用研究. 南京农业大学博士学位论文.
顾湘，王铁成，曲福田. 2006. 工业行业土地集约利用与产业结构调整研究——以江苏省为例. 中国土地科学，20（6）：3-8.
郭贯成，丁晨曦，王雨蓉. 2016. 新型城镇化对工业用地利用效率的影响：理论框架与实证检验. 中国土地科学，30（8）：81-89.
郭贯成，任宝林，吴群. 2009. 基于 ArcGIS 的江苏省金坛市工业用地集约利用评价研究. 中国土地科学，23（8）：24-30.
郭贯成，熊强. 2014. 城市工业用地效率区域差异及影响因素研究. 中国土地科学，28（4）：45-52.
郭虹，陈梦雪，龙炫睿. 2019. 工业用地的产出效率与影响因素研究——基于武汉市 631 家工业企业样本的实证分析. 江汉学术，38（2）：103-110.
郭进，徐盈之. 2016. 城镇化与工业化协调发展：现实基础与水平测度. 经济评论，（4）：39-49.
郭庆旺，贾俊雪. 2005. 中国全要素生产率的估算：1979-2004. 经济研究，（6）：51-60.
何江. 2008. 我国大都市工业布局的实证分析——以广州市为例. 珠江经济，（1）：32-41.
何江，张馨之. 2006. 中国区域经济增长及其收敛性：空间面板数据分析. 南方经济，（5）：44-52.
何鹏，林正雨，李晓，等. 2013. 基于GIS适宜性评价的农业用地结构优化——以永商镇为例. 中国农业资源与区划，34（4）：51-56.
何庆. 2001. 台湾关于空间权与发展权的立法研究. 中外房地产导报，（18）：50，51.
何如海，张雪梨，杨晗宇，等. 2020. 安徽省城镇化发展与土地集约利用耦合关系评价. 云南农业大学学报（社会科学），14（1）：105-110.
赫希 W Z. 1990. 城市经济学. 刘世庆，李泽民，廖果译. 北京：中国社会科学出版社.
贺建风，吴慧. 2016. 科技创新和产业结构升级促进新型城镇化发展了吗. 当代经济科学，38（5）：59-68，126.
黄大全. 2005. 北京经济技术开发区工业用地指标研究. 地理与地理信息科学，21（5）：99-102.
黄大全，洪丽璇，梁进社. 2009. 福建省工业用地效率分析与集约利用评价. 地理学报，64（4）：479-486.

黄金升，陈利根，张耀宇. 2015. 基于评价指标性状差异的工业用地集约利用评价研究——以义乌市为例. 资源科学，37（4）：680-689.

黄敏. 2008. 外资工业对江苏工业结构变化与升级的影响. 上海经济研究，（11）：27-34.

黄亚平，陈瞻，谢来荣. 2011. 新型城镇化背景下异地城镇化的特征及趋势. 城市发展研究，（8）：11-16.

霍华德 E. 2000. 明日的田园城市. 金经元译. 北京：商务印书馆.

贾宏俊，黄贤金，于术桐，等. 2010. 中国工业用地集约利用的发展及对策. 中国土地科学，24（9）：52-56.

姜爱林. 2004. 城镇化与工业化的互动关系研究. 财贸研究，（4）：1-9.

金剑. 2007. 生产率增长测算方法的系统研究. 东北财经大学博士学位论文.

柯新利，马才学. 2013. 城镇化对耕地集约利用影响的典型相关分析及其政策启示. 中国土地科学，27（11）：4-10.

克雷伏特 I，里夫 J. 2007. 多层次模型分析导论. 邱皓政译. 重庆：重庆大学出版社.

蓝庆新，陈超凡. 2013. 新型城镇化推动产业结构升级了吗？——基于中国省级面板数据的空间计量研究. 财经研究，39（12）：57-71.

李海英. 2019. 民族地区新型城镇化高质量发展研究. 企业经济，38（12）：147-153.

李红波，吴江国，张小林，等. 2018. "苏南模式"下乡村工业用地的分布特征及形成机制——以常熟市为例. 经济地理，38（1）：152-159.

李慧，焦隽，李裕瑞，等. 2008. 江苏省沿江地区工业土地利用效率的初步研究. 农业系统科学与综合研究，24（3）：323-326.

李佳佳，罗能生. 2015. 城镇化进程对城市土地利用效率影响的双门槛效应分析. 经济地理，35（7）：156-162.

李建强，曲福田. 2012. 土地市场化改革对建设用地集约利用影响研究. 中国土地科学，26（5）：70-75.

李克煌，秦耀辰. 1988. 西峡县土地利用最优结构模式的初步研究. 自然资源学报，3（3）：262-270.

李力行，黄佩媛，马光荣. 2016. 土地资源错配与中国工业企业生产率差异. 管理世界，（8）：86-96.

李茂. 2009. 美国土地利用规划特点及其对我国的借鉴意义. 国土资源情报，（3）：38-42.

李明. 2010. 美国土地管理制度考察与借鉴. 黑龙江水利科技，38（3）：24-26.

李倩倩，董会忠. 2020. 基于熵权可拓模型的城镇化发展水平评价——以山东半岛蓝色经济区为例. 山东理工大学学报（自然科学版），34（2）：58-63.
李琼. 2000. 世界经济学大词典. 北京：经济科学出版社.
李伟芳，吴迅锋，杨晓平. 2008. 宁波市工业用地节约和集约利用问题研究. 中国土地科学，22（5）：23-27.
李小建. 2006. 经济地理学. 2 版. 北京：高等教育出版社.
李小建，罗庆. 2014. 新型城镇化中的协调思想分析. 中国人口·资源与环境，24（2）：47-53.
连玉君，王闻达，叶汝财. 2014. Hausman 检验统计量有效性的 Monte Carlo 模拟分析. 数理统计与管理，33（5）：830-841.
廖进中，韩峰，张文静，等. 2010. 长株潭地区城镇化对土地利用效率的影响. 中国人口·资源与环境，20（2）：30-36.
廖重斌. 1999. 环境与经济协调发展的定量评判及其分类体系——以珠江三角洲城市群为例. 热带地理，（2）：76-82.
林本喜，邓衡山. 2012. 农业劳动力老龄化对土地利用效率影响的实证分析——基于浙江省农村固定观察点数据. 中国农村经济，（4）：15-25.
林娟. 2014. 新型城镇化与建设用地集约利用的耦合关系研究——以广东省为例. 江西师范大学硕士学位论文.
林毅夫. 2018. 改革开放 40 年，中国经济如何创造奇迹. 金融经济，（1）：17-18.
蔺雪芹，郭一鸣，王岱. 2019. 中国工业资源环境效率空间演化特征及影响因素. 地理科学，39（3）：377-386.
刘东伟. 2011. 四川省城市土地利用经济效率及影响因素研究. 四川农业大学硕士学位论文.
刘贵利，朱波. 2012. 新版《城市用地分类与规划建设用地标准》中“工业用地”标准修正研究. 规划师，（2）：29-33.
刘海洋，孔祥贞，袁鹏. 2013. 城市宏观环境如何影响企业微观效率. 中国人口·资源与环境，23（2）：144-149.
刘欢，邓宏兵，李小帆. 2016. 长江经济带人口城镇化与土地城镇化协调发展时空差异研究. 中国人口·资源与环境，26（5）：160-166.
刘嘉汉，罗蓉. 2011. 以发展权为核心的新型城镇化道路研究. 经济学家，（5）：82-88.
刘琼，吴斌，欧名豪，等. 2014. 土地利用总体规划与城市规划冲突的利益关系及协调——基于规划管理者和规划编制者的问卷调查和深度访谈. 中国土地科学，28（4）：3-9.
刘守英. 2014. 直面中国土地问题. 北京：中国发展出版社.
刘守英. 2017a. 土地制度变革与中国经济发展. 新金融，（6）：9-14.

刘守英. 2017b. 中国土地制度改革：上半程及下半程. 国际经济评论，（5）：29-56.
刘守英. 2018. 土地制度变革与经济结构转型——对中国 40 年发展经验的一个经济解释. 中国土地科学，32（1）：1-10.
刘书楷，曲福田. 2018. 土地经济学. 4 版. 北京：中国农业出版社.
刘涛，齐元静，曹广忠. 2015. 中国流动人口空间格局演变机制及城镇化效应——基于 2000 和 2010 年人口普查分县数据的分析. 地理学报，70（4）：567-581.
刘向南，单嘉铭，石晓平，等. 2016. 发达地区城市工业用地效率评价及影响因素研究——以浙江省绍兴市为例. 华东经济管理，30（12）：70-76.
刘小玄. 2003. 中国转轨经济中的产权结构和市场结构——产业绩效水平的决定因素. 经济研究，（1）：21-29.
刘晓佳. 2019. 云南省新型城镇化影响入境旅游发展的效应研究. 云南财经大学硕士学位论文.
刘耀，陶立新. 2001. 企业产品最优结构的判据与产品结构调整. 数量经济技术经济研究，（7）：103-106.
刘耀林，范建彬，张梦珂，等. 2016. 开发区用地效率与收敛性——基于湖北省 98 个开发区的面板数据. 生态经济，32（7）：121-126，147.
刘玉海，武鹏. 2011. 转型时期中国农业全要素耕地利用效率及其影响因素分析. 金融研究，（7）：114-127.
刘云中，许超诣. 2014-05-27. 合理规模的工业用地有助于城镇化发展. 中国经济时报.
龙开胜，陈利根，占小林. 2008. 不同利用类型土地投入产出效率的比较分析——以江苏省耕地和工业用地为例. 中国人口 · 资源与环境，18（5）：174-178.
龙开胜，秦洁，陈利根. 2014. 开发区闲置土地成因及其治理路径——以北方 A 市高新技术产业开发区为例. 中国人口 · 资源与环境，24（1）：126-131.
卢纹岱. 2002. SPSS for Windows 统计分析. 北京：电子工业出版社.
罗能生，彭郁. 2016. 中国城市工业用地利用效率时空差异及地方政府竞争影响. 中国土地科学，30（5）：62-70，97.
罗遥，吴群. 2018. 城市低效工业用地研究进展——基于供给侧结构性改革的思考. 资源科学，40（6）：1119-1129.
马历，龙花楼，戈大专，等. 2018. 中国农区城乡协同发展与乡村振兴途径. 经济地理，38（4）：37-44.
马文月，马芳，杨美玲. 2019. 宁夏沿黄城市带新型城镇化水平评价. 宁夏大学学报（自然科学版），40（1）：1-6.
马侠. 1988. 中国城乡划分标准与城镇发展水平. 人口与经济，（6）：29-33.
马歇尔 A. 1981. 经济学原理（下卷）. 陈良璧译. 北京：商务印书馆.

马歇尔 A. 2012. 经济学原理. 廉运杰译. 北京：华夏出版社.

毛建素，曾润，杜艳春，等. 2010. 中国工业行业的生态效率. 环境科学，31（11）：2788-2794.

聂雷，郭忠兴，彭冲. 2017. 基于 SBM-Undesirable 和 Meta-frontier 模型的城市建设用地利用效率研究. 资源科学，39（5）：836-845.

牛飞亮，黄庆华. 2006. 社会公正与社会效率：建立社会主义和谐社会的思考. 社会科学家，（1）：40-43.

牛乐德，彭籽明，熊理然，等. 2015. 昆明市城镇化对土地利用效率影响的实证分析. 中国农学通报，31（4）：286-290.

欧名豪，李武艳，刘向南，等. 2004. 区域城市化水平的综合测度研究——以江苏省为例. 长江流域资源与环境，13（5）：408-412.

欧向军，甄峰，秦永东，等. 2008. 区域城市化水平综合测度及其理想动力分析——以江苏省为例. 地理研究，27（5）：993-1002.

彭冲，陈乐一，韩峰. 2014. 新型城镇化与土地集约利用的时空演变及关系. 地理研究，33（11）：2005-2020.

渠丽萍，张丽琴，胡伟艳. 2010. 城市土地集约利用变化影响因素研究——以武汉市为例. 资源科学，32（5）：970-975.

曲福田，诸培新. 2004. 土地经济学. 2 版. 北京：中国农业出版社.

曲凌雁. 1998. 我国现阶段城市物质层面若干问题. 城市问题，（1）：2-5，9.

瞿忠琼，濮励杰，黄贤金. 2006. 中国城市土地供给制度绩效评价指标体系的建立及其应用研究. 中国人口·资源与环境，16（2）：51-57.

饶映雪，戴德艺. 2016. 工业用地供给对工业经济增长的影响研究. 管理世界，（2）：172，173.

任彧. 2019. 城镇化进程中如何优化利用土地资源. 人民论坛，（12）：98，99.

单海燕，王文平. 2010. 面向产量决策的多寡头网络最优结构分析. 管理科学学报，13（5）：33-43.

单卓然，黄亚平. 2013. "新型城镇化"概念内涵、目标、内容、规划策略及认知误区解析. 城市规划学刊，（2）：16-22.

沈迟. 1997. 关于城市化水平计算方法的探讨. 城市规划，（1）：22.

沈坤荣，赵倩. 2019. 土地功能异化与我国经济增长的可持续性. 经济学家，（5）：94-103.

施建刚，徐天珩. 2017. 基于 VRS-DEA 模型与 Malmquist 指数的工业园区土地利用效率评价——以长三角城市群 16 个工业园区为例. 资源科学，39（6）：1026-1036.

施秧秧. 2009. DEA 方法与 Tobit 模型相结合的工业用地效率研究——基于浙江省的实证.

浙江大学硕士学位论文.
石利广. 2009. 中国投资规模高速增长之谜——基于工业层面的分析. 中国集体经济，（21）：24，25.
史丹，冯永晟. 2015. 中国电力需求的动态局部调整模型分析——基于电力需求特殊性的视角. 中国工业经济，（10）：5-20.
孙东琪，张京祥，张明斗，等. 2013. 长江三角洲城市化效率与经济发展水平的耦合关系. 地理科学进展，32（7）：1060-1071.
孙国茂，陈国文. 2014. 金融业利润增长对制造业的影响. 中国工业经济，313（4）：45-57.
孙祁祥，王向楠，韩文龙. 2013. 城镇化对经济增长作用的再审视——基于经济学文献的分析. 经济学动态，（11）：20-28.
孙早，王文. 2011. 产业所有制变化对产业绩效的影响——来自中国工业的经验证据. 管理世界，（8）：66-78.
谈明洪，吕昌河. 2005. 国外城市土地整理及对中国合理用地的启示. 农业工程学报，（S1）：154-158.
谭丹，黄金贤，胡初枝，等. 2008. 不同行业工业用地集约利用水平比较研究——以江苏省典型区域为例. 江西科学，26（6）：922-927.
唐成祥. 2010. 重庆市都市区工业用地利用与城市规划管理研究. 重庆大学硕士学位论文.
唐玲，杨正林. 2009. 能源效率与工业经济转型——基于中国 1998-2007 年行业数据的实证分析. 数量经济技术经济研究，（10）：34-48.
陶志红. 2000. 城市土地集约利用几个基本问题的探讨. 中国土地科学，（5）：1-5.
万伦来，朱琴. 2013. R&D 投入对工业绿色全要素生产率增长的影响. 经济学动态，（9）：25-26.
汪群芳，李植斌. 2005. 杭州市土地利用结构与效率研究. 国土资源科技管理，22（4）：5-9.
汪秀莲. 2003. 韩国土地管理法律制度. 中国土地科学，17（3）：57-62.
王镝，唐茂钢. 2019. 土地城市化如何影响生态环境质量？——基于动态最优化和空间自适应半参数模型的分析. 经济研究，54（3）：72-85.
王发曾. 2010. 中原经济区的新型城镇化之路. 经济地理，30（12）：1972-1977.
王芳萍，师燕，姚步青，等. 2016. 西宁市土地利用效益与新型城镇化耦合协调度研究. 水土保持研究，23（6）：253-259.
王河流. 2017. 利益相关者价值取向的企业社会责任绩效评价——基于福建省上市公司财务报告数据的研究. 商业研究，（12）：146-152.

王建康，谷国锋. 2015. 土地要素对中国城市经济增长的贡献分析. 中国人口·资源与环境，25（8）：10-17.

王军. 2013. 甘肃省城镇化与新型工业化耦合关系实证研究. 西北师范大学硕士学位论文.

王军，陈健. 2013. 江苏工业化与新兴城市化协调发展研究. 中国统计，（11）：48-50.

王玲，Szirmai A. 2008. 高技术产业技术投入和生产率增长之间关系的研究. 经济学（季刊），7（5）：913-932.

王梅，刘琼，曲福田. 2005. 工业土地利用与行业结构调整研究——基于昆山 1400 多家工业企业有效问卷的调查. 中国人口·资源与环境，15（2）：80-84.

王梦迪，袁中金，汪亚静. 2016. 苏南“土地红利”开发模式演进研究. 城市发展研究，23（4）：74-79.

王清刚，徐欣宇. 2016. 企业社会责任的价值创造机理及实证检验——基于利益相关者理论和生命周期理论. 中国软科学，（2）：179-192.

王世元. 2014. 新型城镇化之土地制度改革路径. 北京：中国大地出版社.

王筱明，闫弘文. 2005. 城市土地利用效率的 DEA 评价. 山东农业大学学报（自然科学版），36（4）：573-576.

王学渊. 2008. 基于前沿面理论的农业水资源生产配置效率研究. 浙江大学博士学位论文.

王亚华，袁源，王映力. 2017. 人口城市化与土地城市化耦合发展关系及其机制研究——以江苏省为例. 地理研究，36（1）：149-160.

王瑜炜，秦辉. 2014. 中国信息化与新型工业化耦合格局及其变化机制分析. 经济地理，34（2）：93-100.

魏楚，沈满洪. 2007. 能源效率及其影响因素：基于 DEA 的实证分析. 管理世界，（8）：66-76.

魏莉华. 1998. 美国土地用途管制制度及其借鉴. 中国土地科学，（3）：43-47.

吴尘，李红，王冬艳，等. 2013. 基于 DEA 分析和样点调查的工业企业用地效率研究. 安徽农业科学，41（29）：11779-11780.

吴得文，毛汉英，张小雷，等. 2011. 中国城市土地利用效率评价. 地理学报，66（8）：1111-1121.

吴海民. 2008. 中国工业经济运行效率研究：1980-2006. 西南财经大学博士学位论文.

吴敬琏. 2006. 中国应当走一条什么样的工业化道路？管理世界，（8）：1-7.

吴敬琏. 2012. 我国城市化面临的效率问题和政策选择. 新金融，285（11）：4-7.

吴九兴. 2010. 土地利用政策：市场效率与社会效率——以建设用地为例. 经济体制改革，（5）：12-17.

吴南，刘征. 2011. 小城镇工业用地布局研究. 小城镇建设，（10）：97-99.
吴熙铭. 2011. 基于 DEA 方法的土地利用经济效益评价研究——以台州经济开发区为例. 浙江工业大学硕士学位论文.
吴振华，黎响，王亚蓓. 2018. 动态视角下的工业用地集约利用评价研究——基于改进熵权 Topsis 法. 生态经济，34（7）：125-130，136.
习近平. 2017. 决胜全面建成小康社会 夺取新时代中国特色社会主义伟大胜利——在中国共产党第十九次全国代表大会上的报告. 北京：人民出版社.
席强敏，梅林. 2019. 工业用地价格、选择效应与工业效率. 经济研究，54（2）：102-118.
夏庆利，罗芳. 2012. 土地利用效率影响因素分析——基于湖北的调查. 农业经济问题，（5）：15-21.
向仁康，曾伟. 2012. 土地资源在经济增长中的影响效应研究. 技术经济与管理研究，（12）：89-95.
谢花林，王伟，姚冠荣，等. 2015. 中国主要经济区城市工业用地效率的时空差异和收敛性分析. 地理学报，70（8）：1327-1338.
熊强，郭贯成. 2013. 中国各省区城市工业用地生产效率差异研究. 资源科学，35（5）：910-917.
徐林，曹红华. 2014. 从测度到引导：新型城镇化的“星系”模型及其评价体系. 公共管理学报，11（1）：65-74.
徐绍史. 2009-06-25. 保障科学发展保护耕地红线. 中国国土资源报.
许港. 2019. 基于信息不对称的城市工业用地集约利用效率研究——“土地配给”假说及其检验. 西北大学博士学位论文.
许学强，李郇. 2009. 改革开放 30 年珠江三角洲城镇化的回顾与展望. 经济地理，29（1）：13-18.
闫昊生，孙久文，苏玺鉴. 2019. 土地要素：一个中国特色的政策工具. 经济学家，（5）：104-112.
严思齐，彭建超，吴群. 2018. 中国工业用地利用效率收敛特征. 资源科学，40（6）：1163-1174.
颜银根. 2013. 论新经济地理学的理论脉络——从新经济地理到新新经济地理. 中南财经政法大学学报，（6）：3-12.
杨彬，宁小莉. 2017. 新型城镇化背景下老工业基地城镇化的综合测度与时空演化——以吉林省为例. 干旱区资源与环境，31（1）：19-24.
杨静. 2004. 英美城市更新的主要经验及其启示. 中国房地信息，（11）：60-62.
杨楠，邱丽颖. 2012. 我国国际储备资产的最优结构研究——基于时变 Copula 及 VaR 的投资组合模型分析. 财经研究，38（5）：15-25.

杨其静，卓品，杨继东. 2014. 工业用地出让与引资质量底线竞争——基于2007~2011年中国地级市面板数据的经验研究. 管理世界，（11）：24-34.

杨剩富，胡守庚，叶菁，等. 2014. 中部地区新型城镇化发展协调度时空变化及形成机制. 经济地理，34（11）：23-29.

杨顺元. 2008. 经济增长中效率测度的参数与非参数方法比较研究. 天津大学博士学位论文.

杨朔，李世平，罗列. 2011. 陕西省耕地利用效率及其影响因素研究. 中国土地科学，25（2）：47-54.

杨勇，郎永建. 2011. 开放条件下内陆地区城镇化对土地利用效率的影响及区位差异. 中国土地科学，（10）：19-26.

杨州，陈万旭，朱丽君. 2018. 河南省城镇化对耕地利用效率影响的空间计量分析. 水土保持研究，25（2）：274-280，287.

姚士谋，张平宇，余成，等. 2014. 中国新型城镇化理论与实践问题. 地理科学，34（6）：641-647.

叶晓燕. 2004. 商品住宅建筑策划方法研究——以资源配置理论为基础. 清华大学博士学位论文.

叶依广. 2006. 区域经济学. 北京：中国农业出版社.

叶裕民，焦永利，朱远. 2013. 统筹城乡发展框架下的政府职能转变路径研究. 城市发展研究，（5）：118-127.

伊利 R T，莫尔豪斯 E W. 1982. 土地经济学原理. 滕维藻译. 北京：商务印书馆.

伊利 R T，魏尔万 G S. 1943. 土地经济学. 李树青译. 北京：商务印书馆.

余吉祥，沈坤荣. 2019. 城市建设用地指标的配置逻辑及其对住房市场的影响. 经济研究，（4）：116-132.

余泳泽，刘大勇. 2013. 我国区域创新效率的空间外溢效应与价值链外溢效应——创新价值链视角下的多维空间面板模型研究. 管理世界，（7）：6-20.

张兵，金凤君. 2007. 1990年代以来长江三角洲城市土地利用效率研究. 重庆建筑大学学报，29（5）：38-43.

张红凤，曲衍波. 2018. 我国城镇化发展与土地集约利用的时空耦合及调控格局. 经济理论与经济管理，（10）：44-54.

张洪，张晓娟，樊玉杰. 2017. 云南坝区工业用地集约利用控制指标研究. 经济地理，37（5）：166-172.

张鸿雁. 2013. 中国新型城镇化理论与实践创新. 社会学研究，28（3）：1-14.

张建波，张丽. 2012. 中国外资工业企业全要素生产率的增长特征及其空间差异——基于2001–2007年省域面板数据的随机前沿分析. 当代经济科学，34（3）：67-73.
张乐勤，陈素平，陈保平，等. 2014. 城镇化与土地集约利用耦合协调度测度——以安徽省为例. 城市问题，（2）：75-82.
张雷，雷雳，郭伯良. 2003. 多层线性模型应用. 北京：教育科学出版社.
张立峰. 2004. 工业区用地的规划控制与策略. 规划师，20（6）：32-34.
张琳，王亚辉. 2014. 新增工业用地效率的区域差异性研究. 中国国土资源经济，27（4）：59-63.
张明斗，莫冬燕. 2014. 城市土地利用效益与城市化的耦合协调性分析——以东北三省34个地级市为例. 资源科学，36（1）：8-16.
张仁桥. 2007. 上海工业集聚区的空间整合与模式创新研究. 华东师范大学博士学位论文.
张蔚文，吴宇哲. 2002. 韩国土地政策沿革及其对我国的启示. 城市开发，（11）：26-29.
张文彤，董伟. 2013. SPSS统计分析高级教程. 2版. 北京：高等教育出版社.
张文新，周璞. 2009. 城乡结合部土地利用效率及其影响因素研究——以北京市丰台区为例. 中国地理学会百年庆典学术论文摘要集.
张源，周丽亚. 2007. 低效工业用地成因解析及改造策略研究——以深圳为例. 哈尔滨：黑龙江科学技术出版社.
张再生. 1997. 人口城镇化动态分析模型浅探——以山东省淄博市为例. 人口学刊，（1）：16-20.
张志永. 2011. 江苏省工业产业结构升级研究——基于内资与外资贡献度的分析. 扬州大学硕士学位论文.
章韬. 2012. 经济地理、产业集聚与全要素生产率空间差异——基于宏、微观数据的研究. 复旦大学博士学位论文.
赵爱栋，马贤磊，曲福田. 2016. 市场化改革能提高中国工业用地利用效率吗？中国人口·资源与环境，26（3）：118-126.
赵崔莉，刘新卫. 2012. 浅析中国工业化不同时期的土地管理政策. 资源科学，34（9）：1698-1704.
赵丹丹，胡业翠. 2017. 城市土地利用效率与城市化耦合协调性研究——以我国285个地级及以上城市为例. 水土保持研究，24（1）：291-297，304.
赵茜宇，张占录. 2015. 农村居民点整理中的利益分配——以陕西省东樊村为例. 资源科学，37（7）：1376-1383.
赵小风，黄贤金，李衡，等. 2011. 基于RAGA-AHP的工业行业土地集约利用评价——以江苏省为例. 自然资源学报，26（8）：1269-1277.

赵小风，黄贤金，钟太洋，等. 2012. 江苏省开发区土地集约利用的分层线性模型实证研究. 地理研究，31（9）：1611-1620.

赵欣. 2008. 国外工业用地管理模式对我国借鉴研究. 鄂州大学学报，15（2）：41-44.

郑华伟，刘友兆，王希睿. 2011. 中国城镇化与土地集约利用关系的动态计量分析. 长江流域资源与环境，20（9）：1029-1034.

郑华伟，张锐，刘友兆. 2014. 利益相关者视角下农村土地整理项目绩效评价. 中国土地科学，28（7）：54-61.

郑凌志. 2013-01-19. 推进土地制度改革需要国家顶层设计. 中国经济导报.

周翔宇. 2013-12-02. 工业用地价格看涨. 中国房地产报.

周一星. 2007. 城市地理学. 北京：商务印书馆.

周毅. 2004. 城市化释义. 理论与现代化，（1）：24-31.

周咏馨，李恬，吕玉惠. 2017. 基于责任定位法的工业用地集约利用绩效评价——以江苏省盐城市为例. 中国土地科学，31（10）：59-68.

周咏馨，田鹏许，林陵娜，等. 2018. 工业用地经济贡献率的解析. 城市发展研究，25（9）：133-136.

朱莉芬，黄季焜. 2007. 城镇化对耕地影响的研究. 经济研究，（2）：137-145.

朱孟珏，庄大昌，李涛. 2018. 基于环境约束的中国矿业城市工业用地效率评价. 中国土地科学，32（10）：59-66.

朱明峰，朱潇璇. 2011. 基于土地利用的工业项目投入产出效率研究. 资源与产业，13（1）：142-146.

朱卫东，张超，吴勇，等. 2019. 员工与股东的劳资共生演化动力模型研究——基于增加价值与利益相关者理论. 管理科学学报，22（2）：112-126.

朱晓华，蔡运龙. 2005. 中国土地利用空间分形结构及其机制. 地理科学，25（6）：671-677.

朱艳娜，何刚. 2019. 皖江示范区新型城镇化发展水平测度研究. 辽宁工业大学学报（社会科学版），21（1）：27-29.

朱英明. 2004. 外商投资企业空间集聚的路径选择研究——以长江三角洲地区为例. 中国软科学，（11）：118-123.

朱英明. 2009. 区域制造业规模经济、技术变化与全要素生产率——产业集聚的影响分析. 数量经济技术经济研究，（10）：3-18.

邹伟，赵杰，吴群. 2014. 土地保有税对工业企业土地利用效率影响研究——基于江苏省的典型企业调查. 中国土地科学，28（1）：60-67.

Lloyd M G，McCarthy J，McGreal S，et al. 2002. 美国城市更新中的财政奖励措施. 易海贝译. 国外城市规划，（3）：14-17.

Aigner D，Lovell C A K，Schmidt P. 1977. Formulation and estimation of stochastic frontier production function models. Journal of Econometrics，6（1）：21-37.

Anselin L. 1988. Spatial Econometrics：Methods and Models. Boston：Kluwer Academic Publishers.

Anselin L，Rey S. 1991. Properties of tests for spatial dependence in linear regression models. Geographical Analysis，23（2）：112-131.

Banker R D，Charnes A，Cooper W W. 1984. Some models for estimating technical and scale inefficiencies in data envelopment analysis. Management Science，30（9）：1078-1092.

Braid R M. 1988. Optimal spatial growth of employment and residences. Journal of Urban Economics，（36）：79-97.

Brookfield H C. 1972. Intensification and disintensification inpacific agriculture. Pacific Viewpoint，13（1）：30-48.

Chakravorty S. 2003. Inter-regional divergence and intra-regional convergence. The Journal of Development Studies，40（2）：120-152.

Charnes A，Cooper W W，Rhodes E. 1978. Measuring the efficiency of decision making units. European Journal of Operational Research，2（6）：429-444.

Cobb C W，Douglas P H. 1928. Atheory of production. The American Economic Review，18（1）：139-165.

Coelli T J. 1996. A guide to DEAP version 2.1：a data envelopment analysis（computer）program. CEPA Working Paper. Armidale：CEPA：1-23.

D'Amato D，Korhonena J，Toppinen A. 2019. Circular，green，and bio economy：how do companies in land use intensive sector salign with sustainability concepts? Ecological Economics，158：116-133.

Dan T，Xianjin H. 2008. Influencing factors of the levels of intensive use of typical industrial land. China Populiation，Resources and Environment，18（3）：54-57.

Den X，Huang J，Rozell S，et al. 2015. Impact of urbanization on cultivated land changes in China. Land Use Policy，45：1-7.

Ding C R，Erik L. 2011. Land and urban economic growth in China. Journal of Regional Science，51（2）：299-317.

Du J F，Peiser R B. 2014. Land supply，pricing and local governments' land hoarding in China. Regional Science and Urban Economics，48：180-189.

Dzinkowski R. 2000. The value of intellectual capital. Journal of Business Strategy，21（4）：3-4.

Fan C C, Scott A J. 2003. Industrial agglomeration and development: a survey of spatial economic issues in East Asia and astatistical analysis of Chinese regions. Economic Geography, 79（3）: 295-319.

Fare R, Grosskopf S, Lovell C A K. 1994. Production Frontiers. Cambridge: Cambridge University Press.

Farrell M J. 1957. The measurement of productive efficiency. Journal of the Royal Statistical Society, 120（3）: 253-281.

Greenhut M L. 1952. Integrating the leading theories of plant location. Southern Economic Journal, 15（4）: 526-538.

Han X, Wu P L, Dong W L. 2012. An analysis on interaction mechanism of urbanization and industrial structure evolution in Shandong , China. Procedia Environmental Sciences, 13: 1291-1300.

Harrod R F. 1948. Towards a Dynamic Economics: Some Recent Developments of Economic Theory and Their Applications to Policy. London: Macmillan.

Harvey J, Jowsey E. 2004. Urban Land Economics. 6th ed. London: Palgrave Macmillan.

Henger R, Bizer K. 2010. Tradable planning permits for land-use control in Germany. Land Use Policy, 27（3）: 843-852.

Homburg S. 1991. Interest and growth in an economy with land. The Canadian Journal of Economics, 24: 450-459.

Hui E C M, Wu Y, Deng L, et al. 2015. Analysis on coupling relation ship of urban scale and intensive use of land in China. Cities, 42: 63-69.

Ibrahim M D , Ferrfeira D C , Daneshvar S , et al. 2019. Transnational resource generativity: efficiency analysis and target setting of water, energy, land, and food nexus for OECD countries. Science of the Total Environment, 697: 134017.

Iwanow T, Kirkpatrick C. 2007. Trade facilitation, regulatory quality and export performance. DSA 2006 Annual Conference: The Private Sector, Poverty Reduction and International Development August 2007, 19: 735-753.

Kalhor K, Emaminejad N. 2019. Sustainable development in cities: studying the relationship between ground water level and urbanization using remote sensing data. Ground Water for Sustainable Development, 9: 100243.

Konursay S Y. 2004. Land readjustment process in urban design: project management approach.

Krugman P. 1991. Increasing returns and economic geography. Journal of Political Economy, 99（3）: 483-499.

Lansink A O，Pietola K，Bäckman S. 2002. Efficiency and productivity of conventional and organic farms in Finland 1994-1997. European Review of Agricultural Economics，29（1）：51-66.

Leibenstein H. 1966. Allocative efficiency vs. x-efficiency. American Economic Review，（56）：392-415.

LeSage J，Pace R K. 2009. Introduction to Spatial Econometrics. London：Chapman and Hall/CRC.

Lin G C S. 2002. The growth and structural change of Chinese cities：a contextual and geographic analysis. Cities，19（5）：299-316.

Lockeretz W. 1988. Urban in fluences on the amount and structure of agriculture in the north-eastern United States. Land Scape and Urban Planning，（11）：229-244.

Manski C F. 1993. Identification of endogenous social effects：the reflection problem. There View of Economic Studies，60（3）：531-542.

McGowan D，Vasilakis C. 2019. Reap what you sow：agricultural technology，urbanization and structural change. Research Policy，48（9）：103794.

Melitz M，Ottaviano G. 2008. Market size，trade and productivity. Review of Economic Studies，75（1）：295-316.

Moran P A P. 1950. A test for the serial in dependence of residuals. Biometrika，37（1/2）：178-181.

Müller-Jökel R. 2004. Land readjustment：a win-win-strategy for sustainable urban development. Paper Presented at FIG Working Week.

Pandey B，Seto K. 2015. Urbanization and agricultural land loss in India：comparing satellite estimates with census data. Journal of Environmental Management，148：53-66.

Ramankutty N，Foley J A，Olejniczak N J. 2002. People on the land：change sing lobal population and croplands during the 20th century. Ambio，31（3）：251-257.

Raudenbush S W，Bryk A S. 2002. Hierarchical Linear Models：Applications and Data Analysis Methods. 2nd ed. London：Sage Publications，Inc.

Rhee C Y. 1991. Dynamic inefficiency in an economy with land. The Review of Economic Studies，58（4）：791-797.

Schmidt S，Buehler R. 2007. The planning process in the US and Germany：a comparative analysis. International Planning Studies，12：55-75.

Selvaggi R，Pappalardo G，Chinnici G，et al. 2018. Assessing land efficiency of biomethane industry：a case study of Sicily. Energy Policy，119：689-695.

Simon A，Lin S，Fabrizio Z. 2013. The effect of economic reform and industrial policy in a panel of Chinese cities. Center for Institutions，Policy and Culture in the Development Process，Working Paper.

Solow M R. 1974. Intergenerational equity and exhaustible resources. The Review of Economic Studies，41：29-45.

Speelman S，D'Haese M，Buysse J，et al. 2008. A measure for the efficiency of water use and its determinants，a case study of small-scale irrigations chemes in north-west province，South Africa. Agricultural Systems，98（1）：31-39.

Stewart T A. 1997. Intellectual Capital：The New Wealth of Organizations. New York：Bantam Double Day Dell Publishing Group，Inc.

Sun Y，Ma A，Su H，et al. 2020. Does the establishment of development zones really improve industrial land use efficiency？Implications for China's high-quality development policy. Land Use Policy，90：104265.

Verburg H P，Veldkamp T，Bouma J. 1999. Land use change under condition of high population pressure：the case of Java. Global Environmental Change，（9）：303-312.

Wang J. 2013. The economic impact of special economic zones：evidence from Chinese municipalities. Journal of Development Economics，101：133-147.

Ward K. 2007. Business improvement districts：policy origins，mobile policies and urban liveability. Urban Geography Compass，1：657-672.

Wieand K. 1987. An extension of the monocentric urban spatial equilibrium model to amulti-center setting：the case of the two-centercity. Journal of Urban Economics，21（3）：259-271.

Wu Y Z，Zhang X L，Shen L Y. 2011. Theimpact of urbanization policy on land use change：ascenarioanalysis. Cities，28（2）：147-159.

Xie H L，Zhai Q L，Wang W，et al. 2018. Does intensive land use promote a reduction in carbon emissions？Evidence from the Chinese industrial sector. Resources，Conservation&Recycling，137：167-176.

Xin G，Anlu Z，Zhanli S. 2020. How regional economic integration influence on urban land use efficiency? A case study of Wuhan metro politan area，China. Land Use Policy，90：104329.

Yuan M，Feng-Rong Z，Ping Li A，et al. 2008. Industrial land-use efficiency and planning in Shunyi，Beijing. Landscape and Urban Planning，85（2）：40-48.

后　记

当今世界正经历百年未有之大变局，我国发展的内部条件和外部环境正在发生深刻复杂变化。新一轮科技革命和产业革命的大规模快速发展，加上全球化进程深刻的传播、扩散、冲刷作用，使得世界正在形成新的政治、经济、社会、文化生态。在此大背景下，坚持新发展理念，集约利用土地，切实转变经济发展方式，实现产业优化升级和工业用地效率提升显得刻不容缓。未来，城镇化将继续其增长趋势，新型城镇化要求城镇化的推进模式发生转变，如何推动城镇化又快又好地发展、如何发挥城镇化和工业化的交互作用来促进工业用地效率的提高等问题成为社会各界极为关注的焦点，对这些问题的探索也显得尤其重要。

2013 年，我和我的研究生熊强一起讨论了工业用地效率的研究选题，并将其作为熊强的硕士学位论文题目；后来，我的另一个研究生丁晨曦以“城镇化对区域工业用地利用效率的影响研究”为题开展了学位论文的研究工作。本书是在综合了他们的学位论文基础上完成的，并吸收了作者研究团队近年来发表在国内外期刊上的学术论文的相关成果，我的研究生崔继昌、李学增等也做了大量的工作，为本书撰写做出了贡献。

由于工业用地效率涉及面广，内容丰富，体系复杂，有许多理论与实践问题还需要深入探索，本书不足之处在所难免，希望同仁们能提出宝贵的意见，以利于我们今后的研究。

本书得到了国家社会科学基金后期资助项目“新型城镇化背景下的工业用地效率研究”的资助，同时也得到了南京农业大学公共管理学院和江苏省自然资源厅的支持和帮助，出版过程中得到了科学出版社的大力支持，在此一并深表谢忱！

作　者

2020 年 10 月